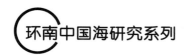
环南中国海研究系列

环南中国海现代产业体系与经济圈研究

吴迎新 等 著

Studies on the Modern Industrial System and
Economic Ring of South China Sea

中山大学环南中国海项目资助

社会科学文献出版社
SOCIAL SCIENCES ACADEMIC PRESS (CHINA)

序　言

谁赢得了海洋，谁就将赢得世界。

中华民族的历史是一部波澜壮阔的海洋史，从"下海"到"禁海"，从"海防"到"出海"，记录了辉煌与屈辱，封闭与开放。"海洋强，则国家强；海业兴，则民族兴"，绝非哲人的感慨，而是历史的结论。

关注中国的未来，必须关注中国的海洋，必先关注中国的南海。环南中国海地区不仅与中国的领土完整、民族利益、国家安全有着直接关系，不仅对中国未来的发展具有难以估量的影响，而且直接影响着亚太地区乃至世界的和平与发展。

世界上没有任何地方像南海那样，将中国、美国、日本以及欧盟都不同程度地牵涉其中。南海问题错综复杂，深层矛盾短期内不可能彻底解决，南海岛礁被多国割据的局面还将长期维持。如何纾解纷争各方对海洋资源无限渴望诱发的亢奋，如何理性地化解《联合国海洋公约》引致的其他国家和地区不切实际的法律幻觉造成的冲动，是环南地区亟待解决的首要问题。幻想与企盼今日的中国无视民族感情、抛弃原则与底线，无异于美丽的泡影，只能严重损害环南沿海国家与地区的共同利益，只能严重违背环南地区共同开发的诚挚意愿，只能严重阻碍环南地区经济与社会发展的进程。

以极强的耐心、极度的忍让、极大的诚意，积极寻求破冰的路径，是中国殚精竭虑追求的方向，是中国人民和世界爱好和平的人们不懈努力的目标。

献给读者的这部著作提出，构建环南海洋经济圈是基于复杂现实的理性选择。这是一个政治构想，希望以沿海国家和地区的沿海大都市群为引领，构建海洋经济圈，推动经济圈内现代海洋产业集聚，形成海洋产业集群，实现现代海洋产业跨国、跨地区、跨行业的专业化协作。以经济推动政治、以对话化解对抗、以谅解达成协作是海洋经济圈的宗旨，促进环南沿海国家和地区的和平、稳定与繁荣是海洋经济圈的目标。

本书深入研究了环南中国海地区"七国八方"的海洋渔业、海洋油气业、滨海旅游业、海洋交通运输业、海洋电力业、船舶制造业和海洋工程装备制造业的资源利用和发展现状，经济与社会效益，存在的优势与劣势，现有的产业政策等，提出了双边或多边合作的对策建议。本书提出了建立中央政府、地方政府、城市政府、企业、各类跨地区的非政府组织间的多层次、网络型的协调机制，构建"圈中有圈、多圈组团"模式。经济圈由东西部海洋渔业合作圈、南部海洋油气资源合作圈、北部粤港澳经济圈、粤闽经济圈、粤桂琼经济圈组成。经济圈内有嵌入海洋城市群中的环南滨海旅游圈、环南海洋产业集群。

环南中国海地区的稳定与发展涉及政治、经济、军事、社会、文化、生态环境等诸多方面，本书仅以经济和产业为切入点也许难免偏颇与疏漏。由于"七国八方"可得统计数据、情报资料极为有限，研究工作犹如沙里淘金，虽耗时年余，终难获取丰富的、口径统一的、高质量的数据，无法运用计量模型进行实证研究，较多的定性分析难以得出更为精密的结果，也许是本应避免的缺憾与瑕疵。客观原因虽多，但笔者学识粗浅，能力有限不容回避，笔者衷心欢迎各界读者商榷指正。

本书旨在抛砖引玉，希望对海洋经济、海洋产业理论构建与发展，对中国海洋强国建设、对环南地区的蓝色发展与繁荣贡献绵薄之力。

本书各章执笔人如下：

吴迎新，总体统筹，撰写导论、第一章、第十章，全书统稿。

贺淑玉　撰写第二章。

杨宜晴　撰写第三章。

陈芷君　撰写第四章。

俞　露　撰写第五章、第八章。

罗道俊　撰写第六章。

黄泽旭　撰写第七章。

以上成员共同撰写第九章。

吴迎新

2014 年 5 月于中山大学

目 录

导　论

一　环南中国海海域范围以及研究背景

环南中国海地区，泛指南中国海及其相邻地区。南中国海南至南纬3°，位于南苏门答腊和加里曼丹岛之间，北及东北部至中国的广东、广西、福建、台湾和台湾海峡，东至菲律宾群岛，西南至越南与马来半岛，经巴士海峡、苏禄海、马六甲海峡连接太平洋和印度洋，为太平洋和印度洋之间的重要航道。

南中国海为世界第三大陆缘海，幅员辽阔，面积约356万平方千米，分布着数以千计的岛、礁、滩、沙。主要岛屿有南沙群岛（斯普拉特利群岛）、中沙群岛（马克勒斯菲群岛）、东沙群岛（普拉塔斯群岛）、西沙群岛（帕拉塞尔群岛）。南中国海地处低纬度热带、亚热带地区，拥有异常丰富的渔业资源、深海动植物资源和石油天然气资源。据初步估算，海底石油蕴藏量达200亿吨，有"第二个波斯湾"之美誉。

环南中国海周边国家和地区为菲律宾、马来西亚、文莱、印度尼西亚、新加坡、泰国、柬埔寨、越南。

丰富的海洋动植物资源和海洋能源、至关重要的战略位置，使环南沿海国家对海洋权益争夺十分激烈。在南海海域，中国与菲律宾、马来西亚、印度尼西亚、文莱、越南等存在着海域划界问题，已经形成"六国七方"的占领格局。同时，越南、菲律宾、马来西亚等国在南沙问题上异常活跃，菲律宾不断以把南沙问题提交国际法庭为要挟，企图把南沙问题推向国际化，进而掌控南沙问题的主导权。

越南于 1977 年 5 月 12 日宣布《关于越南领海、毗连区、专属经济区和大陆架的声明》，其专属经济区由领海基线向外扩展到 200 海里宽的海域；大陆架为"越南大陆自然延伸部分的海底和底土，凡是大陆架边缘距越南领海基线不到 200 海里的地方，大陆架扩展到 200 海里"。1982 年 11 月，越南又发表《关于越南领海基线的声明》，公布了其领海基线的 11 个基点的坐标。1994 年 6 月 23 日，越南在《关于批准 1982 年联合国海洋法公约的决议》中指出：越南"再次强调越南对黄沙群岛和长沙群岛（即中国的西沙群岛和南沙群岛——作者注）的主权，主张本着平等、尊重沿海国家专属经济区、大陆架主权和裁判权的精神，通过和平协商的办法解决领土争端以及东海（即南中国海）有关的各种分歧"，强调"应该区分解决黄沙和长沙群岛的争端问题与保卫根据 1982 年海洋法公约的原则和标准属于越南主权和裁判权的领海和大陆架的问题"。

马来西亚于 1966 年 7 月颁行《大陆架法》，宣布其大陆架边缘为 200 米等深线或容许开发的深度。1969 年 8 月，马来西亚颁布《第 7 号紧急（基本权力）法令》，宣布其领海宽度为 12 海里。1979 年 12 月，马来西亚公布了一张 1：150 万比例尺的大陆架图，将中国南沙群岛南部划入其大陆架范围。1980 年 4 月，马来西亚宣布建立 200 海里专属经济区。

菲律宾和印度尼西亚是较早宣布实施群岛制度的国家。1978 年 6 月，菲律宾颁布总统法令，宣布建立 200 海里专属经济区。1983 年 10 月，印度尼西亚通过《专属经济区法》，主张除协议外，以中间线或等距离线划界。[①]

当前尤为严峻的是中国南沙群岛几十个岛礁被侵占、资源被掠夺。在中国南沙群岛，由中国控制的岛屿仅 9 个（大陆 8 个，台湾 1 个），其他 40 多个岛礁则被其他国家侵占。其中，越南占领岛礁 29 个，并将南威岛设为越南南海油气作业海上据点；菲律宾先后占领 10 个；马来西亚先后占

---

① 朱凤岚：《亚太国家的海洋政策及其影响》，《当代亚太》2006 年第 5 期。

领包括弹丸礁、南海礁和星仔礁在内的岛礁6个。文莱、印度尼西亚也宣布了对中国海疆的"主权";文莱8个油田中有2个在中国海域内。

环南中国海地区已成为国际政治、经济、军事较量的重要舞台,有剑拔弩张的危机、暗流涌动的角逐、温情脉脉的合作。在该地区推进现代海洋产业发展并构建经济圈,所面临的政治分歧、划界争夺、利益纠葛等都代表了世界多边关系中最复杂的背景、最艰巨的挑战。

二 研究意义与研究方法

1. 研究意义

2500 年前,古罗马哲学家西塞罗指出:"谁控制了海洋,谁就将控制世界。"世界发展史表明,世界强国的崛起,无不始于海洋,"海洋强,则国家强;海业兴,则民族兴"。

2001 年,联合国确认"21 世纪是海洋世纪"。随着经济全球化步伐的加快,资源、能源约束的加剧,全球竞争态势日益多样性和复杂化,内在动力与外在压力迫使沿海各国再次将目光聚焦于海洋,而日新月异的科技进步,则为大规模开发利用海洋提供了技术支撑。随着《联合国海洋法公约》的生效,沿海国家纷纷调整国家海洋发展战略,以谋求最大化的海洋利益。海洋迅速升级为国际政治、军事、经济、外交的重要舞台。

关注中国的未来,就必须关注中国的海洋,尤其要关注中国的南海。环南中国海地区不仅与中国的领土完整、民族利益、国家安全有着直接关系,对中国未来的发展具有难以估量的影响,而且它的稳定与否,直接影响亚太地区乃至世界的和平与发展。研究环南中国海地区海洋产业体系发展模式、思考构建海洋经济圈的有效途径,对于缓和划界矛盾、达成政治共识、推动区域国际合作、促进区域稳定与和平,具有重要的现实意义。

自中共十七大提出发展海洋产业的新战略以来,海洋被国家列为超前部署的五大重点战略领域之一。2008 年《国家海洋事业发展规划纲要》强调,要以建设海洋强国为目标,统筹国家海洋事业发展。海洋事业是党中央、国务院和全国人大高度重视的重大问题之一。

建设海洋强国，必须推进海洋经济发展，"十二五"规划阐述"推进海洋经济发展"时要求"坚持陆海统筹，制定和实施海洋发展战略，提高海洋开发、控制、综合管理能力"，并明确提出两个着力点，一是"优化海洋产业结构"，一是"加强海洋综合管理"。

十八大报告指出，要"提高海洋资源开发能力，发展海洋经济，保护海洋生态环境，坚决维护国家海洋权益，建设海洋强国"。

海洋战略是中国的强国战略。如何在中国南海地区建立现代海洋产业体系，构建环南经济圈，是当前决策层、学术界、企业界亟待研究和解决的重大理论和现实问题。因此，本研究具有前沿性、理论综合性的特点及一定的应用价值。

2. 研究方法

本研究运用主流经济学、区域经济学、产业组织、创新理论、产业结构优化升级等有关理论和研究方法，研究中国南海地区海洋产业结构的现状及存在的主要问题。

借鉴 PESTL 方法，研究环南沿海国家和地区海洋产业的外部宏观环境，即政治、经济、社会、技术、法律环境，借鉴肯尼斯·R. 安德鲁斯（1971）的 SWOT 战略分析框架，重点理清环南沿海国家和地区主要海洋产业的优势、劣势。

采用定性与定量结合的方法，进行历史对比、空间比较，使用时间序列数据进行定量分析。采用产业结构综合评价方法，对该地区海洋产业的经济效益、社会效益进行综合考查，探索环南沿海国家和地区海洋产业结构存在的主要问题及深层原因。

运用静态与动态结合的方法，既考查环南沿海国家和地区海洋产业某一时点的现状，又从时间序列角度考查该地区主要海洋产业的发展演变趋势，避免得出以偏概全的结论。

采用归纳法，从环南沿海国家和地区海洋产业原始数据处理结果表现出来的规模水平、效率程度、演变趋势中，得出综合性的结论。

通过运用上述研究方法，探索中国南海地区建立现代海洋产业体系和环南经济圈的有效方法、途径，并据此给出可操作性的对策建议，为政府的顶层设计和决策提供参考。

三　研究内容

本课题研究对象为"七国八方"，即中国、越南、马来西亚、新加坡、印度尼西亚、文莱、菲律宾、中国台湾。

研究的主要海洋产业为海洋渔业、海洋油气业、滨海旅游业、海洋交通运输业，受数据来源制约，主要对上述海洋产业进行比较分析。由于可得部分国家、地区的海洋电力业、海洋工程装备制造业、海洋矿业、海洋船舶工业的数据资料，亦对其进行单独分析研究。

研究视角侧重上述环南沿海国家和地区海洋产业的资源现状、优势、劣势、经济效益、社会效益、与中国的合作关系及合作前景等。

具体研究内容有文献综述、越南海洋产业研究、印度尼西亚海洋产业研究、新加坡海洋产业研究、文莱海洋产业研究、马来西亚海洋产业研究、菲律宾海洋产业研究、中国台湾地区海洋产业研究、中国南海地区海洋产业研究、环南中国海海洋经济圈构想等。

四　数据来源

数据的真实准确是研究报告信度和精度的坚实基础，是对策建议的性质、效度和可行性的重要保障。本研究采用的数据均来自环南沿海国家和地区的统计局系统及重要国际组织的有关年度报告等，数据具有权威性及合法性。本研究对数据进行了认真、严谨的处理。

主要数据来源如下：

中国国家统计局、中华人民共和国商务部、国家海洋局、《中国统计年鉴》、《国际统计年鉴》、中国石油天然气集团公司、上海行业情报网。

《台湾统计年鉴》。

越南国家统计局。新加坡统计局。马来西亚统计局。

印度尼西亚中央统计局、印度尼西亚旅游与创意经济部、印度尼西亚海洋与渔业部。

菲律宾国家统计局、菲律宾国家渔业局、菲律宾能源部、《菲律宾旅游年鉴》。

联合国统计月报数据库、联合国粮农组织、世界银行 WDI 数据库、《BP 世界能源统计年鉴》、世界旅游旅行理事会等。

主要网站已在文中详细注明。

第一章

文献综述

一 发展经济学和区域经济学相关文献

应借鉴发展经济学的经济增长理论、区域产业理论研究海洋经济和海洋产业的发展。按区域海洋经济不同资源禀赋、不同发展阶段、不同产业优势，探索南中国海海洋经济和海洋产业的非均衡发展。

法国经济学家弗朗索瓦·佩鲁（Fransols Perroux，1988）提出增长极（Growth pole）概念，强调区域经济的发展主要依靠条件较好的少数地区和少数产业带动，应把少数区位条件好的地区和少数条件好的产业培育成经济增长极。目前，我国学界将增长极理论发展为发展极理论，以"发展"区别于单纯的"增长"。[①]

瑞典经济学家冈纳·缪尔达尔（Myrdal）的循环累积因果论认为，经济发展过程在空间上并不是同时产生和均匀扩散的，而是从一些条件较好的地区开始的。由于既得优势，这些区域通过累积因果过程，不断积累有利因素继续向前发展，由此可能产生两种相反的效应：一是回流效应，表现为各生产要素从不发达区域向发达区域流动，使区域经济差异不断扩大；二是扩散效应，表现为各生产要素从发达区域向不发达区域流动，使

---

① Perroux, F. Note sur la notion de spolesde croissance. econimic appliqué, 1955, 1 and 2, pp. 307 – 320（中译文见弗朗索瓦·佩鲁《略论增长极概念》，《经济学译丛》1988 年第 9 期）。

区域发展差异得到缩小。①

美国经济学家艾尔伯特·赫希曼（1991）提出不平衡增长论，认为经济进步并不同时出现在每一处，增长极的出现必然意味着增长在区域间的不平等是经济增长不可避免的伴生物，是经济发展的前提条件。在经济发展的初期阶段，极化效应占主导地位，因此区域差异会逐渐扩大；但从长期看，涓滴效应将缩小区域差异。②

德国农业经济学家约翰·海因里希·冯·杜能（Von Thunen，1986）提出圈层结构理论，认为城市在区域经济发展中起主导作用，区域经济的发展应以城市为中心，以圈层状的空间分布为特点逐步向外发展。城市圈层分为三个部分，即内圈层、中间圈层、外圈层。内圈层即中心城区，人口和建筑密度都较高，地价较贵，以第三产业为主；中间圈层即中心城区向乡村的过渡地带，居民点密度低，建筑密度小，以第二产业为主，并积极发展城郊农业；外圈层即城市影响区，第一产业在经济中占绝对优势，是城市的水资源保护区、动力供应基地、假日休闲旅游之地。③

英国经济学家阿尔弗雷德·马歇尔（1890）以外部经济为动因，首次提出产业集聚概念，研究产业从分散到集中的空间转变过程，以及由此带来的规模经济收益。他认为外部规模经济是企业集聚的动因，经济规模可分为两类：第一类外部规模经济，指产业发展规模；第二类内部规模经济，受企业、资源及组织管理效率制约。企业集聚由外部规模经济引致。④

20世纪末，韦伯（1997）在前述研究基础上建立了工业区位论。他认为有两类因素影响工业区位的选择：区域因素和集聚因素。前者影响工业在各个区域的布局，后者影响厂商在工业区域内的集中。他着重强调了运输费用、劳动力费用和集聚因素在产业集聚中的作用，指出上述因素是影

① 谭崇台：《发展经济学概论》，武汉大学出版社，2001，第183页。
② 赫希曼：《经济发展战略》，经济科学出版社，1991，第22页，第58~59页，第107~171页。
③ 约翰·冯·杜能：《孤立国同农业和国民经济的关系》，商务印书馆，1986，第20~27页，第111~130页，第149页，第168页，第185~188页，第192页，第311~314页。
④ 马歇尔：《经济学原理》（上册），商务印书馆，1981，第280~286页。

响工业区位的决定性因素，产业集聚是企业决策者权衡集聚利益与成本的结果。韦伯的研究已包含了新经济地理学有关集聚的主要因素：运输成本、厂商间的产业关联、市场规模、集聚力与分散力的相互作用。[①]

20 世纪 30 年代，德国地理学家克里斯泰勒建立了中心位置理论，德国经济学家廖什进行了该理论的扩大应用，使它成为现代区位论的核心内容。中心位置理论是由沃尔特·克里斯泰勒（Walter. Christaller）于 1933 年创立的，后经奥古斯特·廖什（August. Losch, 1995）补充和修正。中心位置理论认为，城市商业区主要由中央商业区、区域性商业区和邻里性商业区共同有序构成。[②]

美国经济学家弗里德曼提出中心－外围理论，认为在考虑区际不平衡较长期演变趋势的基础上，可将经济系统空间结构划分为中心和外围两部分，中心区发展条件较优越，经济效益较高，处于支配地位，而外围区发展条件较差，经济效益较低，处于被支配地位。因此，经济发展必然伴随着各生产要素从外围区向中心区的净转移。随着经济进入起飞阶段，随着政府政策的干预，中心和外围的界限会逐渐消失，经济会在全国范围内实现一体化，各区域优势充分发挥，经济获得全面发展。[③]

区域经济发展梯度转移理论源于弗农 1966 年 5 月在《经济学季刊》上发表的《产品周期中的国际投资和国际贸易》一文中提出的工业生产生命周期阶段理论。该理论认为，工业各部门及各种工业产品，都要依次经历创新、发展、成熟、衰退等四个不同的生命周期，在产业周期的不同阶段，配置资源的空间选择是不同的。[④] 区域经济学家将这一理论引入区域经济学中，便产生了区域经济发展梯度转移理论，主张产业和要素从高梯

---

① 韦伯：《工业区位论》，商务印书馆，1997，第 5～100 页。
② 廖什：《经济空间秩序——经济财货与地理间的关系》，商务印书馆，1995，第 15～16 页，第 28～38 页。
③ 彼得·尼茨坎普：《区域和城市经济学手册（第 1 卷）区域经济学》，经济科学出版社，2001，第 604～605 页。
④ Raymond Vernon. International Investment and Investment Trade in the Product Cycle. *Quarterly Journal of Economics*, 1966 (80), pp. 190 – 207.

度到低梯度有序发展，认为较为发达地区属于高梯度地区、不发达地区属于低梯度地区。新兴产业和高技术产业应在高梯度地区优先发展，而传统产业应在低梯度地区发展，产业结构的升级逐步有次序地由高梯度地区向低梯度地区转移。

威廉姆逊的倒"U"形理论。1965年，威廉姆逊在其发表的《区域不平衡与国家发展过程》一文中把库兹涅茨的收入分配倒"U"形假说应用到分析区域经济发展方面，提出了区域经济差异的倒"U"形理论。他通过实证分析指出，无论是截面分析还是时间序列分析，结果都表明，发展阶段与区域差异之间存在倒"U"形关系。[1] 这一理论将时序问题引入了区域空间结构变动分析，特征在于指出了均衡与增长之间的替代关系依时间的推移而呈非线性变化。

点轴开发理论。最早由波兰经济学家萨伦巴和马利士提出，德国经济学家沃纳·松巴特也较早深入研究了这一问题。该理论是增长极理论的延伸，也是从区域经济发展的不平衡规律出发，研究欠发达地区的发展问题。该理论十分重视"点"即增长极和"轴"即交通干线的作用，认为随着重要交通干线如铁路、公路、河流航线的建立，连接不同地区的人流和物流迅速增加，生产和运输成本降低，形成了有利的区位条件和投资环境。产业和人口向交通干线聚集，使交通干线连接地区成为经济增长点，沿线成为经济增长轴。增长点和增长轴是区域经济增长的发动机。该理论对地区发展的区位条件十分注重，强调交通条件对经济增长的作用。与增长极理论不同的是，点轴开发是一种地带开发，它对地区经济发展的推动作用，要大于单纯的增长极开发。[2]

网络开发理论。"网络"（network）的概念，早已在社会学、运筹学、

① J. G. Williamson: Regional Inequality and the Process of National Development: A Description of the Patterns, *Economic Development and Cultural Change*, 1965, Vol. XIII, No. 4, Part II.
② 崔功豪、魏清泉、陈宗兴：《区域分析与规划》，高等教育出版社，1999，第153～154页。

地理学、经济学、神经生理学、现代传播学等学科中被广泛应用（Nohria 和 Eccles，1992）。

网络开发理论是点轴开发理论的延伸。该理论认为，在经济发展到一定阶段后，一个地区形成了增长极即各类中心城镇和增长轴即交通沿线，增长极和增长轴的影响范围不断扩大，在较大的区域内形成了商品、资金、技术、信息、劳动力等生产要素的流动网及交通、通信网。网络开发理论强调加强增长极与整个区域之间生产要素交流的广度和密度，促进地区经济一体化发展；同时，通过网络的外延，加强与区外其他区域经济网络的联系，在更大的空间范围内，将更多的生产要素进行合理配置，促进经济全面发展。[①]

网络开发理论认为地区间、城乡间的发展差距会趋向于缩小。增长极开发、点轴开发都以强调重点发展为特征，认为在一定时期内地区发展差距会扩大，而网络开发以均衡分散为特征，将增长极、增长轴的扩散向外推移。

加纳模式。格蒂斯（Gertis）在1961年揭示了随着离开地价最高的中心地带，总零售量逐渐递减的规律，证实了城市土地地租变动及其与商业经济活动之间关系的规律。1966年，加纳（B. J. Garner）进一步对商业中心的内部结构进行了研究，形成了城市地理学中的加纳模式。[②] 加纳模式的主要思想可概括为：高门槛（所谓"门槛"threshold，是指一个企业从事正常经营活动所需赚取的最低收入）的职能是有较高的地租支付能力的人或企业能够居于商业区中地租较高的地方。由此可见，城市不同区域地价的差异（级差地租）会影响不同产业的分布以及不同商业业态的布局。

城市圈域经济理论。第二次世界大战后，随着世界范围内工业化与城市化的快速推进，以大城市为中心的圈域经济发展成为各国经济发展中的主流。各国理论界和政府对城市圈域经济发展逐渐重视，并加强了对城市

---

① 魏后凯：《走向可持续协调发展》，广东经济出版社，2001，第37~43页。

② Garner J. B. & Delobez, *A. Geography of Marketing.* Longman，1979.

圈域经济理论的研究。

戈特曼 1957 年发表了著名的论文《城市群：东北海岸的城市化》（*Megalopolis：or the Urbanization of the Northeast Seaboard*）。1961 年，戈特曼出版《城市群：城市化的美国东北海岸》一书。Megalopolis 是希腊语的特大城市之意，国人翻译不一，有"特大城市""城市群""大城市群""城市带""大都市带""都市经济圈"等。学界认为是戈特曼首次提出了此类概念，即若干密集城市构成的经济区域。此后，Megalopolis 作为崭新的城镇群体理念在世界范围内掀起研究热潮。许多学者，如希腊的杜克西亚迪斯（C. A. Doxiadis）、帕佩约阿鲁（J. G. Papaioannou），加拿大的纳什（P. H. Nash）等都支持、验证和发展了这一理论。

戈特曼指出：在大都市带中，支配空间的形式已不再是单一的大城市或都市区，而是聚集了若干都市区，在人口和经济活动等方面密切联系的一个多核心、多层次的巨大整体。如美国东北海岸的城市密集区域，北起波士顿，南至华盛顿、费城、巴尔的摩，是由一系列大城市组成的功能性地域，城市沿交通沿线分布，产业高度集聚，城市间联系密切。

戈特曼认为大都市带是工业化后期城市空间布局的典型特征，是在城市发展历程中经历了以集聚为主的城市化和集聚与扩散并行两个阶段后形成的基本布局，具有其自身的特点与功能：①大都市带呈多核心结构，人口高度集聚。②大都市带由大都市区组合而成。不但整个城市连绵带保持整体功能的完整性，并且各个大都市区在城市带中承担有不同的功能，各具特色。③大都市带在国家和世界经济发展中具有枢纽作用，是产生新技术、新思想的"孵化器"。④大都市带大多具有沿交通轴线或河流、湖泊、海岸线呈带状分布的空间结构。⑤大都市带内部一般具有发达的区域性基础设施网络，戈特曼称其为枢纽（Hinge）、干道（Main street）和十字路口（Crossing）。

1961 年，戈特曼提出了"大都市带"的概念，确立了世界五大都市群，即以纽约为中心的美国东海岸城市群、以芝加哥为中心的美国中部城市群、以伦敦为中心的英国城市群、以巴黎为中心的法国城市群，以及以东京为中心的日本城市群。同时，以上海为中心的中国长三角城市群也被预言为世界"第六大都市带"。

1961 年，戈特曼出版《城市群：城市化的美国东北海岸》（*Megalopolis: the Urbanized Northeastern Seaboard of the United States*）一书。1976 年发表论文《世界上的城市群体系》，在这篇论文中他提出世界上有六大城市群。

1990 年，戈特曼与罗伯特·A. 哈珀共同编写了《城市群以来：让·戈特曼的城市作品》（*Since Megalopolis: The Urban Writings of Jean Gottmann*），这是第一本收录了戈特曼关于城市群最佳著述的精选集。在书中，戈特曼写道：在远古时代爱琴海中的小岛得洛斯岛上，有一座兴旺发达了 600 年的大城市，因为环境阻隔了它与周围关系网的联系，最终走向消亡。得洛斯岛提醒我们，城市的存在，在于融入各城市的关系网体系之中，而不能像老鹰那样，总把自己的巢筑在树梢或悬崖峭壁上。

二 产业集聚和集群相关文献

迈克尔·波特（美）和保罗·克鲁格曼（美）对于产业集聚现象的研究具有开创性的贡献，构建环南海洋经济圈，建立现代行业产业体系应借鉴产业集聚和产业集群理论。

1. 产业集聚可产生规模收益递增效应

经济理论认为集聚是一个资源空间配置概念，用规模收益递增来解释集聚经济的存在。集聚对成本节约的收益与集聚所带来的拥挤效应之间进行权衡，当前者大于后者时，集聚依然会持续，当后者大于前者时，集聚减弱、扩散增强。

规模经济可分为地方规模经济和企业规模经济。地方规模经济通常以产品市场占有率、经济密度、信息与技术交流频率等来衡量。

统计资料显示，作为集聚经济体的城市、大都市群具有地方规模收益递增的效应。城市规模扩大一倍，生产率的提高在 3% ~ 8%，一个人或一个企业从 10 万人口的城市搬到 1000 万人口的城市，预计生产率会提高 40% 左右（世界银行，2006）。

（1）产业集聚可使企业获得外部经济

马歇尔（Marshall，1890）提出，产业区作为专业化聚集地，是许多性质相似的小型企业即专门工业在特定地方的集中，小型企业集中在这里可以获得外部经济。这种外部性主要体现在三个方面：①当地技术知识的外溢效应显著。企业集群有利于技能、信息、技术、技术诀窍和新思想在区域内企业之间的传播与应用。① ②企业集群还为辅助工业的成长创造了条件。当一种工业建立后不久，辅助的工业就会在附近的地方产生，供给上述工业以工具和原材料，即中间品。③同一部门的熟练劳工在当地聚集，有利于人才市场的建立。

20 世纪 80 年代末以来，学者们对马歇尔的产业区理论进行了深化与发展，如 Bellandi（1989）将马歇尔的产业区定义为：一个生产类似"出口产品"的中小企业大量集聚的区域，这些企业的业绩依赖于居住在本地的员工长期积累的区域技能。②

斯福尔齐（Sforzi，1990）将马歇尔的产业区定义为：一个基于单一专业化产业的生产过程的产业组织，这一产业组织通过大量有类似特征的中小企业在特定区域的集聚，能够获得类似大规模生产的"外部"（非企业内部）经济性，并且存在区域居民遵守相对统一的价值观、通过生产或社会联系结成区域网络等社会环境特征。③

1977 年，意大利社会学家巴格纳斯科（Bagnasco）根据对"第三意大利"（包括意大利东北部和中部的 7 个省）经济迅速增长现象的研究，提出新产业区（new industrial district）的概念，区内的中小企业在竞争与合

① 马歇尔：《经济学原理》（上册），商务印书馆，1981，第 280 ~ 286 页。
② 转引自王缉慈《创新的空间——企业集群与区域发展》，北京大学出版社，2001，第 137 页。
③ Sforzi，F. The Geography of Industrial District in Italy. *In Small Firms and Industrial Districts in Italy*, ed. E. 转引自朱华晨、王缉慈《大塘袜业产业区分析》，《中外科技信息》2001 年第 11 期。

作的网络组织中形成了产业活动聚集体。①

意大利学者贝卡蒂尼（Becattini，1991）将产业区定义为：以同业工人及其企业集群在特定地域内大规模自然地、历史地形成为特征的地域性社会实体。②

贝安奇（Bianchi，1993）认为产业区是企业与区域性机构组成的一个系统。产业区的四个基本要素是：共享的非正式社会规范、大量专业化于特定工序的独立企业、企业与区域性机构之间频繁的非正式沟通、生产在特定地理区域内的集中。

（2）产业集群利于新企业形成、利于企业创新

迈克尔·波特（2002）指出，集群是在某一特定领域下的一个特别领域，存在着一群相互关联的公司、供应商，关联产业和专门化的制度与协会。③

集群不仅仅降低交易成本、提高效率，而且改进激励方式，创造出信息、专业化制度、名声等集体财富。更重要的是，集群能够改善创新的条件，加速生产率增长，也更有利于新企业的形成。全球化由于移去人为的贸易和投资壁垒，使传统投入要素的产地变得不再重要，公司因此也没有必要设立在原料或市场附近，而更应选择有利于公司生产率增长的地域。

产业集群的作用：当一个产业具有国际竞争优势时，它的技术转移，通过与现有企业联手，或因扩散效应关系，还会创造新的相关产业。产业集群形成后，集群内部的产业间可形成互助关系；产业集群也会帮助产业克服内在的惯性与僵化、破解竞争过于沉寂的危机，进而促使竞争

① Bagnasco A. Tre italic：La problematica territoriale dello sviluppo italiano. Bologna：IIMulino，1977.

② Becattini G.，distretto industriale marshalliano come concetto socio – economico，in Pyke F.，Becattini G.，and Sengenberger W.（eds.），Distretti industriali e cooperazione tra imprese in I-talian，Quadernon n. 34 di Studi e Informazione della Banca Toscana，1991.

③ 迈克尔·波特：《国家竞争优势》，李明轩、邱如美译，华夏出版社，2002，第 2～3 页，第 142～143 页，第 610～611 页。

升级；完整的产业集群也会放大或加速国内市场竞争时生产要素的创造力；产业集群的竞争力大于各个部分加起来的总和；产业集群出现后，为寻求最大生产效益，一个国家的经济资源会自动远离单打独斗的产业，改向产业集群集中；产业集群内顺畅的互动机制会协助信息的流通更顺畅，缓和经济利益的冲突，替垂直或水平连接的公司创造合作与信任的空间。

（3）产业集群有利于知识外溢

Nelosn 和 Winter（1982）等学者从社会网络视角分析集群，由于创新过程的长期复杂性和外部环境的不确定性，企业创新能力不再仅限制在单个企业内部，创新过程不再简单地仅按照原来的线性模式发生，企业生产经营过程中的每一个环节都可能成为创新的节点，创新的来源也扩展到企业的供应商、客商等。[①]

Asheim（1998）认为线性创新模式正在逐渐被非线性（网络化）创新模式替代。[②]

创新网络理论认为，知识外溢是创新网络节点进行地理集聚的重要原因，因为创新过程涉及大量的隐含经验类知识，创新主体在地理上与相关知识源的邻近和频繁互动有助于这种知识的转移和扩散（Lundvall，1992；Feldman，1994）。[③][④]

隐含经验类知识在一定地理范围内的转移和扩散，可以有效降低集群企业所面临的由于技术和市场的不确定性给企业创新活动带来的风险，帮助单个企业克服在从事复杂技术系统创新时的能力局限，从而使集群企业赢得正和博弈所带来的收益增长（De Bresson & Amesse，1991）。技术与知

① 纳尔逊、温特：《经济变迁的演化理论》，商务印书馆，1997，第 6 页。

② Asheim B. Territoriality and Economics：On the Substantial Contribution of Economic Geography. In O. Jonsson，& L. O. Olander（Eds.），*Economic Geography in Transition：The Swedish Geographical Yearbook*. Swedish：Lund，1998，pp. 98 – 109.

③ Lundvall，B. *National Innovation Systems：Towards a Theory of Innovation and Interactive Learning.* London：Pinter，1992.

④ Feldman M. P. *The Geography of Innovation*，Kluwer Academic Publisher，London. Dordrecht，1994.

识的传播和溢出是指一家公司的创新发明可使其他公司因外在性而受益。[1]

罗默（Romer，1986）在知识溢出模型中，用知识溢出效应说明内生的技术进步是经济增长的唯一源泉，强调知识的外部性对经济的影响。[2]

卢卡斯（Lucas，1988）的人力资本溢出模型认为整个经济体系的外部性是由人力资本的溢出造成的。[3]

他们认为知识溢出的外部性会引起经济活动在地域空间的集聚。因此，在区域增长模型中，规模经济是内生变量，规模经济内生化使区域经济增长差距日益扩大。

Jaffe 和 Trajtenberg（1998）研究发现，美国的专利更多地被美国本土引用，而非被外国引用。[4]

（4）空间集聚是工业活动的一般性趋势

保罗·克鲁格曼（Krugman，1995）主要从经济地理的角度探讨了产业聚集的动因，从理论上证明了工业活动倾向于空间集聚的一般性趋势。[5]现实中产业区的形成具有路径依赖性，而且产业空间集聚一旦建立，就倾向于自我延续下去。区域发展因此被"锁定（lock‐in）"，即所谓的"路径依赖（path‐dependence）"。路径依赖对于企业在空间内的聚集同样具有明显的地理含义。由于技术是路径依赖的，区域经济发展的轨道也可能是路径依赖的。藤田昌九指出，如一些历史学家、发展理论学家所关注的：经济增长趋于区域化。[6]

（5）产业集群是"后福特主义"的企业战略和"第三意大利"的

---

① De Bresson, C. and Amesse, F., Networks of Innovators: a Review and Introduction to the Issue. *Research Policy*, 1991 (20), pp. 363 – 379.

② Romer, P., Increasing Returns and Long – run Growth, *Journal of Political Economy*, 1986 (94), pp. 1002 – 1037.

③ Lucas, R. E., Jr., On the Mechanics of Economic Development, *Journal of Monetary Economics*, 1988 (23), pp. 3 – 42.

④ Jaffe, A. and Trajtenberg, M. International Knowledge Flows: Evidence from Patent Citations, NBER Working Paper, 1998, No. 6507.

⑤ Krugman, P. *Development, Geography, and Economic Theory*, MA: MIT Press, 1995.

⑥ 藤田昌九等：《集聚经济学》，西南财经大学出版社，2004，第2页。

经验

后福特主义（Post‒Fordism）的企业战略要求，企业生产模式要以满足个性化需求为目的，以信息和通信技术为基础，生产过程和劳动关系都具有灵活性（弹性）。特点是：个性化需求，大规模定制；组织形式扁平化；保障消费者主权；弹性生产；竞合型的市场结构。

皮奥里和萨贝尔（Piore and Sabel）（1984）首次将"第三意大利"地区及欧美其他国家的新产业区引进英语国家。他们认为，这些新产业区是"柔性专业化"时代的产物。[①]

柔性生产方式是建立在现代科学技术与垂直分离基础之上的多品种、少批量、定制式的生产方式。柔性体现着在不可预见的、连续改变的环境中企业的生存能力和应变能力。柔性生产方式能提高企业生产率、改善产品质量、降低产品成本、缩短产品交货期，有助于企业在激烈的国际竞争中保持或获得优势。柔性制造企业的核心是强调企业间的动态集成和进行各种形式的合作，其最高形式为虚拟企业。

皮奥里和萨贝尔在《第二次产业分工》（1984）中指出，柔性专业化必然导致新的产业空间组织形式，这种空间组织不同于传统的产业区或工业区，这种空间组织是以中小型企业为主导的、一种新型的产业区，企业间的信息沟通越发重要，即时生产更使供应商、生产商、顾客三位一体，相互靠近。[②]

（6）制约现代海洋产业集聚及形成集群的原因

第一，海洋资源禀赋差异

瑞典经济学家赫克歇尔（Heckscher）和俄林（Ohlin）在20世纪早期，提出了资源禀赋学说。他们认为，李嘉图只用劳动支出这一个因素的差异来解释国际贸易是片面的。在生产活动中，除了劳动起作用外，还有

---

① Michael J. Piore and Charles F. Sabel. *The Second Industrial Divide*：*Possibilities for Prosperity*. NewYork：Basic Books，1984.

② Michael J. Piore and Charles F. Sabel. *The Second Industrial Divide*：*Possibilities for Prosperity*，New York：Basic Books，1984.

资本、土地、技术等生产要素，各国产品成本的不同，必须同时考虑到各个生产要素。俄林在 1933 年出版的《区域贸易和国际贸易》一书中用生产要素的丰缺来解释国际贸易的产生和一国的进出口，标志着要素禀赋说的诞生，他的要素禀赋说也被称为赫克歇尔－俄林模型（H－O模型）。由于环南沿海国家海洋资源禀赋的不均匀分布，会形成不同特色或种类的海洋产业，各国家和地区的海洋产业布局应立足于区域资源禀赋及其差异，实现地域分工与地区综合发展相结合、地区生产专业化与多样化相结合，方能带来收益递增。

第二，运输成本对海洋产业的产业集聚和集群会造成影响

冯·杜能（Von Thunen）在《孤立国同农业和国民经济的关系》中提出：为实现利润最大化，决定农业生产选择产品和经营方式的首要因素是：生产地与市场的距离。地租与距离负相关，即距离市场越远的耕地，其地租越低。

该理论对我们的启示是：海洋产业经营方式并非集约化程度越高越好，往往离中心城市越近，集约化程度越高，离中心城市越远，经营越粗放；海洋产业布局，并非哪里适合从事什么就从事什么，最重要的决定因素是与距离有关的地租、运费。

韦伯（Alfred Weber）在《工业区位论》（1909）中指出影响工业所在空间位置的决定因素是成本，成本优势可吸引工业选址，从而使产品成本更低。他将影响工业空间位置的因素分为：区域因素、聚集因素。其中区域因素主要指要素（原材料和劳动力）成本和运输成本，这是决定区位选择的最主要成本。追求成本最小化的动机将特定产业分布在特定地区。运输成本又通过工业区位影响集聚：若仅考虑运输成本，不考虑其他因素，工业将被吸引到运输成本最低的地方，既要顾及消费地，又要顾及原材料、燃料地。原料运输成本越高，工厂越靠近原料、燃料地。反之，若获得原料的运输差异不显著，工厂位置就会靠近消费地。

沃尔特·克里斯塔勒（Walter Christaller）的《德国南部的中心地区》（1933）一书系统阐明了中心地区理论（Central Place Theory）。厂商定位

应考虑能保持正常利润的最低的需求限度，考虑市场范围（市场大小的地理限制），超出这个限制，消费者会选择其他较近的市场。由此形成商品市场的地理分布范围，形成若干大小不同的"中心地"。每一个中心地的相对重要性取决于它所提供的商品和服务的数量与等级。

廖什（August Losch）在《区位经济学》（1939）中认为，企业选址不仅受原料、运输、劳动力等成本因素的影响，还受到生产地与市场之间距离的影响。企业倾向于在接近市场的地方布局选址，如炼油厂、跨国公司的区域布局都受到市场力量（规模、购买力等）的影响。

胡佛（Edgar Hoover，1937）指出与中心城市的距离影响企业对规模的选择，涉及企业的选址与网点安排。他首次将集聚经济分解为：内部规模经济、地方化经济、城市化经济。内部规模经济指企业从事专业化生产形成的单位成本随着产量增加而递减的效应；地方化经济指在企业之外、产业之内集中化运营的经济，企业在特定地区集中会产生熟练劳动力集聚、投入和产出费用降低以及信息溢出等效应；城市化经济指在个体厂商和产业外部出现的报酬递增效应，它反映一定地区内的公共物品、基础设施、交通运输以及专业化服务对私人企业部门所产生的正的外部性。[1]

克鲁格曼（Krugman，1995）在《发展地理学与经济理论》中提出，规模报酬不变且完全竞争范式不能解释大规模集聚现象的出现与增长。生产活动的报酬递增与运输成本之间的权衡是理解地理集聚性分布的核心。[2]

上述理论提示我们，现代海洋产业究竟集聚在哪里取决于运输成本。因此，现代海洋产业可划分为"原料（资料）为导向的集聚"和"市场为导向的集聚"。靠近资源地选址进行生产，会使流通（运输）成本增大；靠近市场地（消费地）选址进行生产，可减少流通（运输）成本。

第三，海洋产业集聚与产业生命周期理论有关

① 胡佛：《区域经济学导论》，商务印书馆，1990，第7～12页，第18～25页，第67～68页，第88页，第91～107页。
② 克鲁格曼：《发展地理学与经济理论》，北京大学出版社、中国人民大学出版社，2000，第55～56页，第90页。

弗农（R. . G. Vernon）（1966）在《产品周期中的国际投资和国际贸易》一文中，首次提出了产品周期理论，将产品周期划分为三个阶段：产品推出阶段，企业通常在国内组织生产，大部分产品供应国内市场，并通过出口贸易满足国际市场需求。产品成熟阶段，随着技术成熟，产品定型，国内生产的边际成本和运输成本超过国外生产的成本，因而，生产基地由国内转移到国外更为有利。产品标准化阶段，企业拥有的垄断技术优势已消失，它们会通过境外直接投资将产品的生产转移到原材料和劳动力成本低的区域，使产品在价格上获得竞争优势。[①]

该理论提示我们，在海洋产业生命周期的不同阶段，配置资源的空间选择是不同的。

2. 集群可以深化专业化经济，提高分工效率

（1）专业化与分工效率

专业化（Specialization）让国家或个人各自集中精力完成某一种（或一系列）任务，使之都能发挥其特殊技能和资源优势。分工（劳动分工Division of labor）将生产划分为许多细小的专业步骤或作业任务。专业化（根据人的不同特长从事某一项作业）可带来人们之间、国家之间复杂的贸易网（人们很少能够独立生产一件最终产品）。[②]

威廉·配第在 17 世纪末已认识到专业化对生产力进步的推动作用，认为荷兰人之所以有较高的商业效率，在于他们使用专用的商船来运输不同的货物。

斯密在《国富论》（1776）中以做针为例阐述了劳动分工对提高劳动生产率和增进国民财富的作用，并得出重要结论：分工水平由市场大小决定；市场大小由运输效率决定；某个地区选择具有绝对优势的产业，由资源禀赋差异决定。

李嘉图提出在两个地区内，两种产品的价格比不同，会形成比较优

---

① Vernon. International Investment and International Trade：In the Product Cycle. *Quarterly Journal of Economics*，1966（80），pp. 197 - 207.

② 萨缪尔森、诺德豪斯：《经济学》，人民邮电出版社，2008，第 27 页。

势，并导致区域分工。

迪克西特和斯蒂格利茨（Dixit and Stiglitz，1977）认为，即使在初始条件相同的情况下，没有比较优势，但存在规模经济，两个地区也可以选择不同的专业，产生后天的比较优势或绝对优势。[①]

杨小凯（1988）用分工解释产业的集聚现象：集聚利于减少运输成本、共享公共设施、减少信息不对称和不确定性风险等，因此，以个人、企业为基础的分工单位有本能地集聚在一起的偏好，从而有利于分工的形成和发展；同时，分工的进一步发展，使各个分工单位间的依赖性加强，交易行为的种类和频率大大增加，从而有更强的节约交易费用的欲望，进而强化向同一区位的集聚。这种相互促进使区位集聚与分工深化相互推进，最终在土地、水源、交通等资源约束下，达到分工和区位分布的最佳均衡。[②]

日本学者小岛清认为，在比较优势不存在的条件下，决定分工的主要因素是规模经济，除了市场机制外，还需要当事各方的某种协议加以实现，故称协议分工。[③]

（2）专业化、分工对生产率的促进作用

一般说来，专业化、分工对生产率的促进作用表现在如下几个方面。企业只专注自己最具优势的生产环节；使资源禀赋的潜力发挥至最大；提高熟练程度；将复杂生产过程分解为连续的简单工作，简化个人的工作；使机器更容易替代工人；提高社会获取信息的能力，加速知识积累和创新。

分工可分为企业内分工和企业间分工，即杨小凯所指的"自我供给经济体系下的分工、分工经济体系下的分工"，二者带来的经济效率不同。

从分工方式和生产组织方式看，集群是以企业间分工替代企业内分工

---

① Dixit, Avinash K. and Joseph E. Stiglitz. Monopolistic Competition and Optimum Product Diversity, *American Economic Review*, 1977（67），pp. 297 – 308.

② 杨小凯：《经济学原理》，中国社会科学出版社，1998，第 286 ~ 296 页。

③ 魏守华：《集群竞争力的动力机制以及实证分析》，《中国工业经济》2002 年第 10 期。

（企业内部一体化程度低，一个产品的作业链条分布在集群内不同的企业之间）。企业间分工是更高水平的分工方式，除了具有上述分工带来的一般好处，还会带来以下好处。

第一，实现各个生产环节的规模经济

由企业内的分工演化为企业间的分工时，原属企业内的各个环节变成一个个独立企业，并各自单独面对市场上众多购买者，可实现每个独立环节的最佳规模。

施蒂格勒（George Stigler，1996）认为，生产活动是一系列不同操作：购买、贮存原材料；将原材料变成半成品、最终产品；贮存、销售产品等等。这些操作可在一个企业内部进行，也可在不同企业间进行。[①]

企业间的分工使同一产业中的相关企业在特定区域集聚，使每个企业至少可达到最小的有效经济规模（MES，Minimum Efficient Scale）。

第二，能够产生更有效的激励

集群内企业间的分工代替企业内分工，使原来企业内的车间主任变成小老板。小老板直接面对市场，要对自己的行为后果（风险、盈亏）承担完全责任，市场机制的优势在于具有更强的激励机制。

第三，能够获得速度经济，利于实现规模经济

速度的意义在于提高资产效率，对于实现规模经济具有决定性意义。阿尔弗雷德·钱德勒（Alfred Chandler，1999）认为："规模经济含有速度经济的内容，因为规模经济既依靠规模——额定生产能力，又依赖速度——利用生产能力的强度。"潜在的生产能力"如果不能保持材料通过车间或工厂的不断流动以确保有效生产能力的利用，就不能充分实现。如果所实现的流量下降，并且低于生产能力，那么实际单位成本就迅速上升"。他认为，美国19世纪后期以来的纵向一体化浪潮的动机在于提高生产各环节间的配套衔接能力，以实现"速度经济"。由于可通过企业间分

---

① 施蒂格勒：《市场容量限制劳动分工》，载《产业组织和政府管制》，上海三联书店，1996，第22~37页。

包、转包分解订单任务，企业满足市场需求的能力大为提高，生产能力和设备也保持在了最高利用水平。[①]

第四，能够获得企业间分工的网络效应

企业间的分工会形成开放式的分工网络，产生网络规模效应。加入分工网络中的成员越多，从中获得的专业化配套等好处就越多，从而产生更大的吸引力，吸引更多成员加入，使网络效应进一步扩大。

第五，能够降低交易成本

科斯（Coase）1937年提出了交易费用的概念，认为企业是作为市场的替代物而产生的。威廉姆森（Williamson）于1975年、1985年分别出版的《市场与科层》和《资本主义经济制度》两部著作，界定了交易费用的分析方法，用不确定性、交易频率和资产专用性解释了经济活动的体制结构，提出了"中间性体制组织"的概念。"中间性体制组织"指介于纯市场组织和纯层级组织之间的组织形式。因为利用层级组织可能会带来协调成本过高导致规模不经济，而市场交易成本过大也会导致市场失灵。

产业集群是基于专业化分工和协作的众多企业集合起来的组织，是介于纯市场和科层组织之间的中间性组织。它比市场稳定，比层级组织灵活。这一组织形式通过企业之间的分工与协作，可引起交易成本的降低，达到追求区域范围经济的目的。

重复交易可有效遏制机会主义行为。地域的临近、交易的重复、信息的快速流动，使企业间要挟等机会主义行为和欺诈行为受到很大遏制（集群内口碑相传使人的名声等信息迅速传播）。波特认为，集群提高了交易对象达成交易的机会。

同行集聚有助于增加信任等社会资本，有助于限制机会主义行为，降低交易费用。

同行集聚和竞争增加了交易过程的透明度，降低了信息搜寻成本；同类企业集聚容易获得工资标准、业绩评价等信息，限制了管理中的机会主

---

① 钱德勒：《企业规模经济与范围经济》，商务印书馆，1999，第27页。

义行为。

同行集聚能够促进行业技术标准、商业惯例的形成，从而减少交易中的不确定因素，降低交易费用。

同行集聚可共享区域销售网络和区域品牌，降低交易费用。[①]

（3）产业集群具有本地化嵌入与全球性嵌入的特点

产业集群的稳定发展既要重视内生的本地化基础与优势，又要加强与全球经济网络的联系。因此，产业集群的嵌入可分为本地化嵌入与全球性嵌入。

格兰诺维特（Granovettor）的《经济行为与社会结构：嵌入性问题》（1985）一文较完整地提出了嵌入性（embeddedness）的概念。他指出经济行为是根植在网络与制度之中的，这种网络与制度由社会构筑并具有文化意义。他指出通过企业在本地的扎根和结网所形成的地方聚集，可以使企业构筑起交流与合作的系统，增强企业的竞争力。因为，依赖于人际信任关系的社会网络可以超越企业的边界，使企业的社会互动在某种程度上强于其原有状态。第一，以信任为基础的社会网络中的企业有强烈的合作愿望，可减少机会主义行为；第二，企业间的关系相对稳定，不容易出现报复行为；第三，企业间有着共同的利益，容易采取一致行动达到共同的目标。[②]

新制度经济学认为，产业集群具有嵌入性特点。

本地化嵌入指集群区域内部的企业之间及企业同政府、行业协会、中介服务机构等组织之间的网络联系。

本地化嵌入即格兰诺维特提出的关系性嵌入（relational embeddedness）和结构性嵌入（structural embeddedness）。关系性嵌入即集群成员间的互动联系；结构性嵌入即集群受其所处外部宏观环境的影响与制约。

---

① 张元智、马鸣啸：《产业集群——获取竞争优势的空间》，华夏出版社，2006，第 63～66 页。

② Granovetter Mark. Economic Action and Social Structure: The Problem of Embeddedness. *American Journal of Sociology*, 1985, (91), pp. 481 –510.

全球性嵌入主要指集群对全球价值链（Global Value Chain，简称GVC）的嵌入。

早期的经济地理学及相关社会科学的大量研究文献，强调本地化嵌入的重要性，认为集群本地企业间网络、企业与其他机构之间的网络联系是集群竞争优势的重要来源。

但是，集群过密、过强的本地化联系可能导致集群创新能力的退化和竞争力的下降。因为过度嵌入会导致集群的"锁定效应"，即集群网络互动模式对外部环境变化反应能力的弱化或丧失。当外在环境发生变化时，系统便可能因资产高度专用性所带来的高转换成本，放弃进行内在调整的努力，继续沿着原有路径演变，甚至导致衰落。

为了弥补本地化嵌入研究的不足，一些学者开始从集群与外部联系的角度探讨促进集群稳定发展的路径。

拉法尔·卡普林斯基和迈克·莫里斯（英）（Raphael Kaplinsky & Mike Morris）等人对全球价值链进行了深入分析。全球价值链是指在全球范围内考察产品的定义、设计、生产、销售直至消费这一价值不断增值的过程。[①]

新经济时代的全球价值链各环节的价值量，不同于工业时代的全球价值链各环节的价值量。工业时代，制造环节的价值量最高，而研发、设计与营销等环节的价值量较低，所以企业以内部一体化取代市场一体化，以企业组织形式代替市场形式来规避市场风险。

新经济时代，由于价值链各环节价值量的变化，众多跨国公司将非核心的制造业务外包出去以增强其竞争优势。跨国公司借助世界各国及众多企业之间存在的专业化分工与协作关系，将生产过程分解为散布于世界各地的诸多步骤，将全球价值链进行了分割。

通过全球价值链的分割，跨国公司将自己不具优势的、使用标准化技

---

① Kaplinsky R & Morris M.：Governance Matters in Value Chains. *Developing Alternatives*，2003，9（1），pp. 11 – 18。

术的制造业转移到劳动力成本低廉的发展中国家，而集中自己的资源优势于研发、设计和营销环节，从而获取最大的价值量。

正是由于跨国公司分割价值链以及将制造业外包的行为，发展中国家的产业集群获得了嵌入全球价值链的机会。[①]

很多发展中国家的产业集群是在利用外资的过程中形成的，具有先天的外生性，即首先通过嵌入全球价值链的某个环节形成集群，然后通过培育集群的内部优势，促使集群中的企业从工艺流程升级、产品升级、产业功能升级，最后发展到链条升级。通过外生性嵌入，培养内生性嵌入的基础与优势，最后利用内外嵌入性的共同作用实现产业升级的目的。[②]

本地化嵌入与全球性嵌入在促进集群稳定发展中联系紧密，相辅相成。本地化嵌入是集群稳定发展的基础与优势来源，全球性嵌入是扩大集群优势的方式与手段。

嵌入机制对交易费用具有重要影响。内生型（内源型）集群是本地化嵌入的，本地化嵌入特别是关系性嵌入，信任成本较低。地域的临近、交易的重复、信息的快速流动，有助于增加信任等社会资本，使企业间要挟等机会主义行为和欺诈行为受到很大遏制，可降低交易费用。[③]

（4）产业集群可产生集体效率

通过域内合作和共同行动获取额外好处，称为集体效率（Collective Efficiency）。Schmitz（1995）提出了集体效率模型。[④] 这一模型的理论渊源是发展经济学家对发展中国家工业化道路的探讨。小型工业（small scale industry）在实现发展中国家的农村工业化过程中起着重要作用。中小企业的竞争劣势主要不在于其规模，而在于其孤独。由此 Schmitz 提出一个重

---

① 拉法尔·卡普林斯基（Raphael Kaplinsky）：《夹缝中的全球化：贫困和不平等中的生存与发展》，知识产权出版社，2008，第5页。

② 夏京文：《我国产业集群的外生性、嵌入性与内生性缺陷》，《税务与经济》2007年第3期。

③ 张元智、马鸣啸：《产业集群——获取竞争优势的空间》，华夏出版社，2006，第63～66页。

④ Hubert Schmitz. Collective efficiency: Growth Path for Small – Scale Industry. *Journal of Development Studies*, 1995, 31（4）, pp. 529 – 566.

要假设：聚集起来的中小企业将具有和大企业一样的绩效，即"集体效率"。

Schmitz（1997，1999）提出的集体效率模型已经成为研究集群企业竞争优势的经典框架。[①] 集群企业可获得来自外部经济性和共同行动所带来的集体效率。外部经济性，即被动的集体效率，企业无须努力就可以获得的优势，包括技术溢出、共享市场信息、共享劳动力市场等。共同行动，也称作主动的集体效率，企业只有通过与集群内部和外部的企业进行有效率的合作才能够获得，包括知识的共享、品牌的共建等。[②] 相对而言，主动的集体效率，即与集群内外部企业的战略合作是集群企业获得持续竞争优势、实现企业升级的关键。

（5）制约现代海洋产业专业化深化的因素

一般说来，制约专业化深化的两个因素分别是市场规模和交易费用。

专业化程度与市场规模相关。专业化分工受到市场规模（市场需求量）的限制，市场规模越大，专业化分工会越深入。产业集群所在地通常是行业的中心市场，该行业的产品市场需求量巨大，会促进该产业的分工向纵深发展。

威廉姆森（1975，1985）在《市场与科层》和《资本主义经济制度》两部著作中界定了交易费用的市场组织分析方法，提出当市场规模一定时，专业化程度与交易费用相关。专业化分工必然引起合作与交易，而合作与交易中必然发生的各种费用或成本就是交易费用或交易成本。[③][④]

3. 产业集群有利于互动式学习与技术外溢

斯多普（Storper）等认为产业在空间的聚集可以产生两种外部效应，即资本的外部性和技术的外部性，这两种外部性都是基于正式和非正式的

① Hubert Schmitz. Collective and Increasing Returns. IDS Working Paper, 1997（50）.

② Hubert Schmitz. Collective Efficiency and Increasing Returns, *Cambridge Journal of Economics*, 1999, 23（4）, pp. 465 – 483.

③ Williamson, Oliver E, *Markets and Hierarchies*, Free Press, New York, 1975.

④ Williamson, O. E., *The Economic Institutions of Capitalism*, Free Press, New York, 1985.

关系而形成的，特别是区域内非贸易性的沟通和交流，可以降低行为主体之间的交易成本，强化集群内的集体学习和技术创新，形成区域内特定的资产关系。他们认为地方化规则、制度和习俗是支持生产体系的地理集中的关键因素。①

斯多普（Storper，1992）强调本地集聚是学习和创新的最佳环境。②各国出口量中有一个增加的份额来自"技术区"。在这些区域，技术学习激励了产品创新，因而创造了作为出口基础的竞争力。

斯多普（Storper，1993）指出集群内行为主体相互作用的过程刺激了信息的溢出和集群的学习，同时，集群内企业还同享区域内创新制度的安排。集体学习是集群内企业共享规则和程序的知识累积的社会化过程，它构成区域创新网络和区域创新环境之间的互动机制。③

费尔德曼（Feldman，1994）在《创新地理学》一书中认为，知识的地理集中有利于信息搜寻、增大搜寻强度和任务合作力度；地理实际上是一个为新产品商业化过程提供所需不同知识的组织；创新是一个由多维空间因子决定的复杂地理过程；他还以美国各州数据为基础，对创新的空间模式、区域创新能力、技术基础设施等方面进行了数量分析。④

集群内各相关行为主体地理上的邻近、信任关系的维持以及地方文化背景的同一，使得通过非正式渠道分享知识变得容易（Feldman，1999）。⑤

费尔德曼（Feldman，2000）在《区位与创新：创新、溢出和集聚的新经济地理》一文中对与区位和创新相关的文献做了详细总结，认为知识

---

① Storper M. The Transition to Flexible Specialization in Industry: External Economies, the Division of Labor and the Crossing of Industrial Divides. *Cambridge Journal of Economics*, 1989 (13), pp. 273 ~ 305.

② Storper. M. The Limits to Globalization: Technology District and International Trade. *Econ. Geogr*, 1992 (68).

③ Storper M. Regional Worlds of Production: Learning and Innovation in the Technological Districts of France, Italy and the USA. *Regional Studies*, 1993 (27), pp. 433 – 455.

④ Feldman M. P. *The Geography of Innovation*, Kluwer Academic Publisher, London. Dordrecht, 1994.

⑤ Feldman. M. P, The New Economics of Innovation, Spillovers and Agglomeration: A Review of Empirical Studies. *Economics of Innovation and New Technology*, 1999 (8), pp. 5 – 25.

溢出往往限定于一定的地理空间内，在这一地理空间内相互作用和交流变得日益便利，研究活动的富集程度上升，企业合作会得到提升。[①]

国际著名知识创新专家、知识创新理论的创始人野中郁次郎（Nonaka）提出了著名的知识转换理论，即 SECI 知识创造模式。知识创造是在显性知识和隐性知识的相互作用与转化中不断发展的。通过社会化过程的作用，个体或组织通过共享经验将隐性知识汇聚在一起形成新的隐性知识，也可以经过下一个知识创造的阶段——外部化，将新的隐性知识外显为显性知识。外部化就是把个体或局部经验性、模糊的隐性知识上升为确定的、能够表达的显性知识。组合化是通过将不同的显性知识经过个体或组织的加工或融会贯通，升华为新的显性知识。内部化是个体或组织吸收新的显性知识内化为新的隐性知识。通过上述知识循环和创造的过程，形成了知识从低一级层次向高一级层次的不断提升和发展。

技术外溢与距离之间存在密切的关系（地理学第一法则），"任何事物都与其他一切事物相关联，但是它与附近事物的关联性大于它与远方事物的关联性"。一个中心区的溢出强度会随着距离的增加而逐步弱化。

集群中的知识外溢是显性知识和隐性知识的相互交流与转化，外溢的范围和强度取决于面对面交流的频率，同时又与距离相关，存在小范围场所交流的有效性与大范围交流的有限性之间的矛盾。集群中存在大量的、频繁的模仿及面对面交流等非交易的相互依赖，有利于推动创新，因而，集群被看成是一个区域性创新体系。

4. 集群具有规模经济

与市场中的企业相比，集群内的每个组织规模偏小，但交易费用较低。与内部化大企业相比，集群内企业的产品种类多样化，范围、规模经济明显，管理成本较低。

集群内的企业存在两种类型的联系：一是轮轴式联系（Markusen，

---

① Feldman, M. P. Location and Innovation: The New Economic Geography of Innovation, Spillovers, and Agglomeration, in Clark, G., Feldman, M. and Gert ler, M. (eds.), *Oxford Handbook of Economic Geography*, Oxford: Oxford University Press, 2000, pp. 373 – 394.

1996），处于"轴"位的少数大企业与处于"轮"位的众多中小厂商间基于产业链的紧密或松散联系。这种联系使集群内的企业生产具有多样化。二是市场式联系，集群内的中间产品是规模化生产的，而最终产品则是多样化生产的。[①]

三　评述

在现代众多的经济学科中，如区域经济学、城市经济学、产业经济学和投资经济学等学科中，区位理论是其中重要的一环。

圈层理论总结了城市扩张和经济圈发展的一般规律，对发展城市经济、推动经济圈发展具有重大指导意义。圈层结构理论已被广泛地应用于不同类型、不同性质、不同层次的空间规划实践。圈层结构理论在日本已成为国土综合规划的重要指导思想，并且被发展成为大城市经济圈构造理论。

区域经济学理论中的"极、轴、网、圈、群"理论对于环南区域海洋经济和海洋产业发展具有重要借鉴意义。从世界范围看，区域经济和产业发展具有"点、线、面、圈、群"演化趋势。

上述理论的借鉴意义在于如下几个方面。

沿海区域经济体的空间结构是由不同国家、不同规模的各类城镇在空间上形成的嵌入式分布格局。不同国家、不同规模的各类城镇海洋资源禀赋不同，海洋产业布局不同，产业发展存在差异，彼此各有优势劣势，可以进行专业化分工，取长补短，优势互补，共同促进区域内海洋经济的发展。

以沿海国家的沿海大都市群为引领，构建海洋经济圈，推动经济圈内现代海洋产业的建立与完善具有可行性。

大都市群是城市体系空间结构演进的高级阶段，代表着城市化的发展趋

---

① Markusen A. Sticky Places in Slippery Space: A Typology of Industrial Districts. *Economic Geography*, 1996, 72（3）, pp. 293 – 313.

势；大都市群呈多核心结构，人口高度集聚；大都市群整体功能完整，各具特色；大都市群在国家和世界经济发展中具有枢纽作用，是产生新技术、新思想的"孵化器"；大都市群大多具有沿交通轴线或河流、湖泊、海岸线呈带状分布的空间结构；大都市群内部一般具有发达的区域性基础设施网络；大都市群具有区域主导作用，对其腹地具有强大的辐射力；大都市群的职能分工相互协调，产业相互关联，城市间存在密切的经济联系，共同构成一个具有社会经济活动特色的地理区域，相互依赖、共同发展。

大都市群具备建立区域海洋经济圈所需的一切条件，专业化的人力资本、专用性的资本、创新与研发条件、基础设施、综合性的服务机构等，有利于构建具有海洋经济活动特色的地理区域，相互依赖、共同发展。

在区域海洋经济圈中大都市群是经济中心，以其中心辐射作用带动腹地城市，构成环状经济区域，形成具有"极化-扩散"效应的经济网络。区域海洋经济圈可将海洋制造业区、海洋能源生产加工区、海洋生产性服务区等进行整合，形成优势产业区和突出的区域特色。

产业集聚和产业集群理论提示我们，构建环南海洋经济圈，更有利于促进环南地区现代海洋产业集聚，并形成海洋产业集群。海洋产业集聚和集群具有收益递增、专业化经济、知识外溢、规模经济等优势，这是市场中独立的企业和实行内部分工的独立大企业无法具备的优势。

区域海洋经济圈旨在推动海洋经济发展在空间上的协调。按海洋经济圈组织经济活动，有利于充分发挥沿海国家的沿海大都市群的作用，有利于发挥沿海国家的综合优势，有利于促进该地区现代海洋产业的集聚，形成海洋产业集群，实现现代海洋产业跨国、跨地区、跨行业的专业化协作。这是环南中国海沿海国家和地区海洋经济、现代海洋产业协作与发展的一项重大实践创举，也必将进一步丰富区域经济理论、产业经济理论、新经济地理学理论，推动理论的重大创新。它对于推动环南中国海沿海国家、地区搁置争议，建立多边及双边合作协议具有破冰意义，也将进一步丰富国际政治、国际关系理论。重要的是它将对地区的稳定、和平、发展与繁荣发挥难以估量的作用。

第二章

越南海洋产业研究

越南地处东南亚，中南半岛东部，北与中国接壤，西与老挝、柬埔寨交界，东部和南部毗邻南海。自1986年实行革新开放以来，越南经济增长速度逐渐加快，2001年，开始建立市场经济体制，并大力推进工业化和现代化建设，经济总量不断扩大。2011年，越南国内生产总值1245.52亿美元，位列亚洲第22位。1995年，越南加入东南亚国家联盟（东盟），成为东盟第7位成员，2006年，正式加入WTO。目前，越南仍处于发展中国家行列。①

一　海洋渔业

越南海岸线长3260多千米，拥有十分丰富的海洋生物资源。越南地处亚热带地区，全年平均气温25℃，每年太平洋和印度洋的洋流给越南海域带来了丰富的浮游微生物，适宜的自然条件为海洋鱼类生物提供了非常优质的生长环境。另外，越南境内江河密布，大小河流为海洋生物带来了大量的食物，为越南海洋渔业的发展创造了良好的外部条件。越南有海洋生物6845种，其中鱼类2000种，蟹类300种，贝类300种，虾类75种。②

---

① 《发展论坛》，新华网，http：//forum. home. news. cn/thread/97162792/1. html。
② 《国际经济频道》，中国经济网，http：//intl. ce. cn/zhuanti/09fbbwjhlt/zbgj/200907/30/
t20090730_ 19669113_ 1. shtml。

1. 资源利用现状

有关资料显示，早在 2006 年，越南的水产养殖面积就已经达到 110 万公顷，水产品总产量达 148.8 万吨，并且水产养殖业产量占世界总产量的 30.6%，位居世界第二。水产品加工企业接近 500 家，生产能力 4500 吨/天。2010 年，越南水产养殖面积达 140 万公顷，水产品总产量 200 万吨。①

从表 2 - 1 可以看出，越南水产品的总产量逐年增加，到 2011 年水产品总产量达到 543.29 万吨，在过去的十多年间，年均增长率 8.34%，其中捕捞量年均增长率 3.80%，养殖量年均增长 15.69%。2011 年，越南渔业的增加值为 48.8 亿美元。

表 2 - 1   2000 ~ 2011 年越南渔业产量表

单位：千吨

年 份	总 量	捕捞量	水产养殖量
2000	2250.9	1660.9	590.0
2001	2435.1	1724.8	710.3
2002	2647.9	1802.6	845.3
2003	2859.8	1856.1	1003.7
2004	3143.2	1940.0	1203.2
2005	3466.8	1987.9	1478.9
2006	3721.6	2026.6	1695.0
2007	4199.1	2074.5	2124.6
2008	4602.0	2136.4	2465.6
2009	4870.3	2280.5	2589.8
2010	5142.7	2414.4	2728.3
2011	5432.9	2502.5	2930.4

数据来源：越南国家统计局。

2. 经济效益

2000 年，越南渔业的总产值为 265515 亿越南盾，其中捕捞产值占

---

① 《越南水产业有关情况》，中国国际贸易促进会，http：//www.ccpit.org/Contents/Channel_54/2007/1102/72930/content_72930.htm。

55.5%，养殖产值占 44.5%。到 2011 年，越南渔业的总产值增加到
2064468 亿越南盾，约 620 亿元人民币，其中捕捞产值降至 37.6%，养殖
产值占比升至 62.4%。在过去的十几年间，越南渔业产值的年均增长率为
20.5%，捕捞产值年均增长 16.3%，养殖产值年均增长 24.3%。越南渔业
的发展速度远大于越南国内生产总值的增长速度（见表 2 - 2）。

表 2 - 2 2000 ~ 2011 年越南渔业产值表

单位：十亿越南盾,%

年 份	总 量	捕捞产值	占 比	养殖产值	占 比
2000	26551.5	14737.7	55.5	11813.8	44.5
2001	32261.1	15356.6	47.6	16904.5	52.4
2002	37204.9	15848.2	42.6	21356.7	57.4
2003	43553.9	17279.7	39.7	26274.2	60.3
2004	54085.1	19706.6	36.4	34378.5	63.6
2005	63678.0	22770.9	35.8	40907.1	64.2
2006	74493.2	25144.0	33.8	49349.2	66.2
2007	89694.3	29411.1	32.8	60283.2	67.2
2008	110510.4	41894.9	37.9	68615.5	62.1
2009	122666.0	49885.6	40.7	72780.4	59.3
2010	153169.9	58863.0	38.4	94306.9	61.6
2011	206446.8	77613.1	37.6	128833.7	62.4

数据来源：越南国家统计局。

据越南水产部报告，由于良好气候条件和新增了捕鱼船只，2012 年
1 ~ 7 月，全国渔民的捕捞量已经达到 143 万吨，比上年同期增加 6.8%，
出口额达 34.2 亿美元，比上年同期增长 8.5%。据估计，2012 年 8 月，越
南海产品出口额为 6.5 亿美元，前八个月比上年同期增长 6.51%。①

目前，越南水产品出口至 100 多个国家，是世界十大水产品出口国
之一。越南水产品的出口市场主要集中在日本、美国、欧盟、中国、俄

① 《2012 年越南水产品出口总额有望达 65 亿美元》，中国金融信息网，http://world.xinhua
08.com/a/20120815/1004367.shtml。

罗斯及部分中东国家。2006 年，越南水产品出口额为 33 亿美元，居世界第七位。2010 年，越南水产品出口额共 45 亿美元，其中美国的市场份额为 30%、日本 25%、欧盟 20%～22%、韩国 8%、中国内地和香港 7%～9%。越南出口的水产品以冷冻鱼虾为主，其中茶鱼产品已占全球市场的 99.9%，并且越南水产加工及出口协会表示越南茶鱼的领先地位将会继续保持。①

3. 社会效益

资料显示，2000 年，越南渔业的就业人数约为 340 万人。2005 年，越南农林渔业总就业人数约为 2356 万人，到 2011 年，该行业就业人数增加到 2436.3 万人，接近越南总人口的 28%。2011 年，越南农林渔业的平均工资水平为 416.57 万越南盾，约合人民币 1248.7 元，略高于全国平均工资 1131.7 元的水平（见表 2-3、表 2-4）。②

表 2-3　1996～2000 年越南渔业情况

年　份	总产量（万吨）	出口总值（亿美元）	渔船数量（千艘）	就业人数（万人）
1996	137.35	6.70	97.70	312
1997	157.00	7.76	71.50	320
1998	166.85	8.58	71.79	335
1999	182.73	9.71	73.39	338
2000	200.30	14.78	76.76	340

数据来源：梁茂华：《越南水产业的现状与展望》，《东南亚纵横》2004 年第 6 期。

表 2-4　2005～2011 年越南农林渔业的就业人数和工资水平

年　份	2005	2007	2008	2009	2010	2011
就业人数（千人）	23563.2	23931.5	24303.4	24605.9	24279	24362.9
工资水平（千越南盾）	1130.4	1710.5	2080.5	2688.3	3125.2	4165.7

数据来源：越南国家统计局。

---

① 《越南茶鱼产品全球市场占有率达 99.9%》，《中国渔业报》2010 年 5 月 18 日。
② 《2005～2011 年越南农林渔业的就业人数和工资水平》，越南国家统计局网站，http://www.gso.gov.vn/default_ en.aspx? tabid = 491。

4. 环境效益

近年来，越南海洋渔业发展迅速，尤其是养殖业发展迅猛，给海洋环境和海洋生物种类带来了一定程度的影响。由于越南水产养殖的技术水平有限，目前该国正在进行渔业技术方面的对外合作。如 2012 年在越南和俄罗斯的水产加工技术合作研讨会上，两国就保护水产资源和水产生物多样性等方面展开了多项合作计划。[①]

5. 优势与劣势

越南政府一直都很重视海洋渔业的发展，海洋渔业也一直是带动越南经济增长的重要产业之一。越南大力发展海洋渔业主要得益于以下几方面的优势。

（1）渔业资源丰富

良好的水资源是渔业发展的必要条件，作为海洋国家，越南具有得天独厚的自然条件，长达 3260 多千米的海岸线为越南海洋渔业的发展提供了丰富的自然资源。另外，海洋自生的众多鱼类，为越南渔业提供了直接的水产品资源，虽然近些年，国家政策和环境因素使越来越多的企业倾向于水产品养殖，但水产品捕捞量依然接近 50%，是渔民收益的重要来源。

（2）劳动力成本低廉

越南是发展中国家，有较丰富的劳动力资源，与其他国家相比，越南劳动力成本优势显著，这为促进越南海洋渔业的发展发挥了重要作用。每年有大量劳动力从事渔业和水产品加工，低廉的劳动力成本成为该行业保持利润空间的一个重要原因。

（3）需求市场庞大

越南是世界最大的海产品出口国之一，目前越南的海产品已出口至世界 100 个国家和地区，全球巨大的海产品需求市场为越南海洋渔业的发展带来了良好机遇。

---

① 《越南与俄罗斯将加强水产加工技术合作》，中国农业网，http：//www.zgny.com.cn/ifm/consultation/2012－6－15/224487.shtml。

中国是越南水产品的重要进口国之一。资料显示，2009年，中国沿海省份的水产品供应已经不能满足内陆的需求，特别是在禁渔期，中国海产品需求的相当大一部分要依靠进口。2009年，内陆部分地区就已经开始筹划从越南商家那里批发海货，其中，重庆主城区鱼片月消耗高达30吨，绝大部分从越南进口。①

近年来，越南海洋渔业虽然发展较为迅速，但依然存以下突出问题。

（1）渔业技术落后

首先，越南的远洋捕捞设备陈旧落后，远洋捕捞能力有限；其次，水产品种苗过于依赖捕捞或进口，越南本国培育幼苗、开发水产的技术水平有限；再次，水产品加工能力滞后，部分水产品卫生检验检疫未达到国际标准，水产保管、处理等技术正在采取对外合作方式进行研发；最后，越南水产饲料市场80%以上被外资企业占领，流行病控制、预防等也主要依赖国外技术。②

越南水产业发展历程显示，始终有其他国家或地区参与其中。1988年，越南和我国台湾签订了近海合作捕捞协议，1991年，越南和泰国签署了联合捕鱼协定。另外，越南同日本、韩国、俄罗斯等国都签署过渔业方面的协议，这反映出越南在渔业发展方面具有寻求国际合作以改变落后技术的迫切愿望。③

（2）抗风险能力差

越南由于独特的地理位置，经常受到台风、暴雨等异常天气的影响，其渔业对外部环境存在依赖性，恶劣天气及气候灾害会使渔业企业、养殖水产和捕捞海产的渔民遭受严重损失。目前，越南尚未建立相应机制、机构来规避恶劣环境对海洋渔业发展的影响。

---

① 《越南大米海产品有望规模入重庆》，《重庆晚报》2009年9月9日。
② 《越南80%的水产饲料市场为外企所占领》，食品产业网，http://www.foodqs.cn/news/gjspzs01/20119984951554.htm。
③ 梁茂华：《越南水产业的现状与展望》，《东南亚纵横》2004年第6期。

（3）水产品对外部市场依赖度高

越南水产品大部分销往海外市场，海洋渔业发展受海外市场影响较大。例如，自 2008 年 12 月 20 日起，俄罗斯停止进口越南水产品，越南茶鱼价格大幅下跌，渔民损失惨重。加之，越南渔业的水产饲料受外资影响较大，本土企业定价能力差，渔业养殖成本难以控制，产品价格或者海外市场需求下降时，渔民、渔业企业亏损严重。①

（4）资金缺乏

2012 年 4 月越南水产加工和出口协会的资料显示，越南多数水产企业资金匮乏，生产经营活动停滞不前，该资料还预测将有 20% 的水产企业因资金困难而破产或停止经营。②

目前，在国际经济形势不景气的情形下，经营状况不佳导致银行收紧了贷款，越南渔业发展受到巨大考验。越南有关资料称，如果鲇鱼养殖者期望将产量提高 1000 吨，就需要 115 万美元的资金支持，贷款收紧对养殖业者造成了极大的经济压力。③

资金短缺是越南渔业产业链上较普遍的现象，上游捕捞养殖企业、下游水产品出口贸易企业均存在这一问题，更严重的问题是，无论哪个环节受损，都会在产业链上产生传导效应，出现一损俱损的现象。

6. 越南海洋渔业政策

革新开放以后，越南政府一直非常重视海洋渔业的发展，政府、相关机构实施了一系列的政策措施。

（1）远洋捕捞优惠政策

1996 年，越南出台提供贷款等优惠政策鼓励渔民造船和购买更大吨位的远洋水产捕捞轮船。2008 年 3 月，越南政府总理发布了关于渔民出海捕捞油价补贴的 289 - TTg 号决定。2008 年 12 月底，1.377 万亿越南盾的补

---

① 《2008 年越南水产业十大新闻》，《中国渔业报》2009 年 2 月 3 日。
② 《2012 年越南将有 20% 的水产企业破产》，《三明日报》2012 年 4 月 17 日。
③ 《越南政府要求银行降低渔民和养殖业者的贷款利率》，食品产业网，http://www.foodqs.cn/news/gjspzs01/2012815101639800.htm。

贴金额已向发动机功率在 40CV 以下的 57772 艘渔船、发动机功率在 40CV ~ 89CV 之间的 19274 艘渔船和发动机功率在 90CV 以上的 17275 艘渔船提供了补贴。[①]

（2）政府投资与引进外资

1996 ~ 2000 年，越南政府的渔业投资共有 9 万亿越南盾，比 1991 ~ 1995 年增加了 2.5 倍。从 1996 年起，越南政府的投资加上海外的投资，使越南更新了 72 个水产品加工厂，其中有 62 个已获批准将产品出口欧盟。近海的渔船现在达到 6000 条，还建成了 17 个渔港。[②]

越南政府鼓励外国直接投资的农业项目包括水产养殖及加工等，并且正在制定吸引外商投资农业包括水产养殖等领域的优惠政策。另外，越南政府正在加大对水产业领域的投资力度并在引进外资建立规模更大的生产加工中心。

（3）信贷政策支持

为了缓解渔业企业的资金紧缺状况，越南政府要求国内商业银行降低渔民的贷款利率，并将还款时间延长至 24 个月。此外，还要求银行将发放贷款的利率调低至 11%。政府希望通过这些举措缓解渔民和养殖业者的经营压力。[③]

7. 中越间以及越南与周边国家和地区之间的海洋渔业合作现状

《中越北部湾渔业合作协定》于 2000 年 12 月 15 日在北京签订，于 2004 年 6 月 30 日生效。协定的主要内容包括：双方根据《中越北部湾划界协定》规定了一部分共同渔区；双方根据共同渔区的自然环境条件、生物资源特点、可持续发展的需要和环境保护及其对缔约各方渔业活动的影响，共同制订共同渔区生物资源的养护、管理和可持续利用计划；缔约双方对主权的划定以及在遇到争议情形时的处理办法；遇到事故或安全问题

---

① 《2008 年越南水产业十大新闻》，《中国渔业报》2009 年 2 月 3 日。
② 《越南政府提倡大规模投资渔业》，《中国海洋报》2001 年 12 月 28 日。
③ 《越南政府要求银行降低渔民和养殖业者的贷款利率》，食品产业网，2012 年 8 月 15 日，http://www.foodqs.cn/news/gjspzs01/2012815101639800.htm。

等紧急事件时的搜救途径等。该协定的主要目的是维护和发展中越两国和两国人民之间的传统睦邻友好关系，养护和持续利用北部湾协定水域的海洋生物资源，加强两国在北部湾的渔业合作。

中越两国建立了海上安全方面的合作，建立了北部湾渔业海上联合检查机制，双方职能部门建立了良好的沟通协调机制，按照对等原则开展海上执法监管。自 2006 年起，中国渔政与越南海警开始在北部湾实施共同渔区联合检查，已开展了 7 次行动。①

越南与菲律宾的合作。据越南《经济时报》2010 年 6 月 29 日报道，越南水产总局局长武文八（Vu Van Tam）和菲律宾副外长 Rafael E. Seguis 26 日签署了《越南—菲律宾渔业合作协定》。两国就在水产业、渔民海上捕捞辅助以及海上搜救等方面开展合作达成了一致意见。菲方表示尤其应在两国情报交换、监控非法海产捕捞以及加强水产多样性养殖互助等方面达成共识。②

越南与马来西亚、印度尼西亚的合作。越南农业农村发展部（MARD）代表团于 2011 年 5 月 23 ~ 29 日对马来西亚和印度尼西亚进行了访问。代表团同马来西亚农业部部长就渔业合作展开了讨论。双方同意将渔牧业方面的相关合作添加到即将签署的谅解备忘录中，并提出了在水产养殖、水产品交易、船只管理、渔船控制系统方面的合作内容，以及关于两国被扣押渔船和渔民情况的信息交流和互相协调问题。在印度尼西亚访问期间，代表团与印度尼西亚海洋资源和渔业部（MOMAAF）的代表团讨论了于 2010 年签署的合作谅解备忘录的实施细则，讨论了解决两国被扣押渔船和渔民的问题。两方同意尽快成立渔业方面的技术合作委员会（JTC），并定期举行斡旋会议。③

① 《中国渔政、越南海警开展北部湾共同渔区渔业联合检查行动》，泛珠三角合作信息网，http://www.pprd.org.cn/news/dongtai/201204/t20120426_266984.htm。
② 《越南与菲律宾签署渔业合作协定》，中华人民共和国商务部，http://www.mofcom.gov.cn/aarticle/i/jyjl/j/201006/20100606994464.html。
③ 《越南农业农村发展部代表团访问马来西亚和印尼》，dztimes.net，http://www.dztimes.net/post/business/vietnam - boosts - fisheries - cooperation - with - malaysia - indonesia.aspx。

越南与印度的合作。2005 年 3 月，越南渔业部部长 Ta Quang Ngoc 访问印度，同印度农业部部长 Sharad Pawar 讨论了两国渔业全面合作计划问题，并极其关注发达国家对虾产品征收反倾销关税的问题。印方特别感谢越方对印度申请成为联合国安理会常任理事国的支持，越方则表达了同印度特别是在农业管理和技术方面继续合作的愿望。[1]

8. 中越海洋渔业合作对策建议

（1）增加资金供给

越南海洋渔业拥有丰富资源，但是，目前很多渔业企业和水产品加工业存在资金短缺的问题。在这种经济形势下，中国可作为投资方，鼓励相关企业采取对外直接投资的方式与越南海洋渔业进行合作。

一是可以采取直接在越南境内创建新企业的方式。例如，2009 年，作为中国在越南海洋省的首个 FDI 项目，中国天狮集团投资 2000 万美元，建设了一家食品及化妆品厂，生产的产品销往东欧、亚洲及越南市场。[2] 这种在越南境内建立新公司的方式一方面可以利用当地丰富的自然资源，另一方面可以雇用当地人员，以低廉的劳动力成本进行生产。

二是可以直接向越南当地渔业企业和水产品加工业提供资金。既可以采取以较低的贷款利率向其提供贷款的方式，也可以采取股权投资方式，帮助当地企业发展，共同分享越南海洋渔业的发展成果。

（2）加强技术合作

对于越南渔业技术方面面临的问题，建议采取直接提供技术或技术成果的方式，共同开发越南海洋渔业。

一是中越政府可以在海洋渔业发展方面签署合作协议，我国可将国内培育出的优质种苗引入越南海域，进一步扩大越南鱼类的养殖量。例如，2002 年海南省水产研究所热带良种繁育中心将繁育的 600 万尾南美白对虾

---

① 《越南和印度开展渔业合作》，第一食品网，http：//www.foods1.com/content/26044/。
② 中国天狮集团在越南海洋省食品及化妆品厂正式落成，中国对外投资和经济合作网，ht-tp：//fec.mofcom.gov.cn/article/xwdt/gw/200911/952838_1.html。

虾苗经充氧打包，出口运销越南。①

二是将现有的种苗培育技术在越南海域进行应用，直接在当地培育种苗。越南、俄罗斯两国曾就加强水产种苗和养殖技术研发合作达成协议，而中越双方陆地相接，海域相连，具有俄罗斯所不具有的地域优势，在培育海洋鱼苗方面更有优势。

（3）设立渔业保险

如前所述，目前，越南众多渔业企业都难以避免恶劣气候灾害造成的巨大损失。对此，中越政府可以共同建立海洋渔业保险机制，鼓励渔业企业，尤其是中小企业、渔民参与保险，在灾害出现时，保险公司和政府共同出资，对受害渔民给予相应的补贴，以降低其经济损失。

（4）扩大远洋捕捞

与海洋强国相比，越南海洋渔业的远洋捕捞技术较为落后，大多数渔业企业以近海捕捞或海水养殖为主。尽管越南渔业的发展速度已经超过了国民经济的总体发展速度，但是近海捕捞量的增速明显下降，单靠养殖技术尚不能满足市场需求，所以远洋捕捞技术的开发也是促进海洋渔业发展的重要动力。中越双方可加强合作，利用双方的人力资源和中国的技术优势，进一步开发远洋捕捞技术。

（5）稳定消费市场

越南海洋渔业发展面临的重要问题之一是受外部市场影响大。作为消费大国，中国国内市场对水产品的巨大需求单靠国内供给已得不到满足，中国已经成为越南水产品的重要进口国之一。在这种情况下，中越双方在水产品进出口方面具有达成合作协议的重要基础。

无论是中国对越南渔业提供资金，还是提供技术，由此生产的水产品均可转销中国内陆。相对于不稳定的外部市场，中国市场对水产品需求出现大幅紧缩的可能性很小。这样不仅可为中国市场提供相对稳定的水产品供给，也为越南水产品提供了相对稳定的需求市场，双方还可采取协商方式将水产

---

① 《海南种用南美白对虾出口开辟新市场》，《海南日报》2002 年 8 月 14 日。

品的价格保持在相对稳定的范围，也有利于保持越南渔业企业的稳定发展。

二 海洋油气业

近年越南国民经济之所以能保持快速稳定的增长，与油气业的贡献密不可分。在南中国海西南海域和越南境内部分省区，蕴含着丰富的石油和天然气资源。越南油气业每年为国家创造巨大的外汇收入，已逐渐成为越南的支柱产业。

1. 资源利用现状

统计资料表明，2011 年越南石油探明储量是 6 亿吨，石油的储产比是 36.7，是亚太地区储产比最高的国家。由于石油勘探技术不断进步，在过去二十年里，越南的石油探明储量从 1991 年的 2 亿桶，增加到了 2011 年的 44 亿桶，占全球石油探明储量的 0.3%，而越南的国内生产总值仅占全球生产总值的 0.17%。由此可见，相对而言，越南的石油资源比较丰富（见表 2 - 5）。

表 2 - 5 越南石油探明储量情况

1991 年 （亿桶）	2001 年 （亿桶）	2010 年 （亿桶）	2011 年 （亿吨）	2011 年 （亿桶）	占全球探明储量 的比重（%）	储产比
2	22	44	6	44	0.30	36.7

数据来源：《BP 世界能源统计年鉴》，2012 年 6 月。

在过去的十年里，越南石油日产量最高的年份是 2004 年，日产 42.7 万桶，其他年份均不到 40 万桶，并且在 2006 年之后，日产量降至 2002 年的水平之下，与亚太地区其他国家相比，还处于较低的水平（见表 2 - 6）。

表 2 - 6 2002 ~ 2011 年越南石油产量情况

单位：千桶

年 份	2002	2003	2004	2005	2006
日产量	354	364	427	393	358
年 份	2007	2008	2009	2010	2011
日产量	337	315	347	320	328

数据来源：《BP 世界能源统计年鉴》，2012 年 6 月。

目前，越南已经建造了一批高产油田，并且早在 1975 年，越南就组建了石油天然气总局来进行地质勘探，开采石油。2003 年，越南最大的石化企业越南石油天然气总公司包括几十家子公司和研究所等，负责经营七大油田，具备日产 5 万吨原油和 1600 万立方米天然气的能力。[1] 但是越南石化企业产能并不高，有关资料显示，2009 年，越南只有两套聚氯乙烯装置，合计产能 20 万吨/年；一套 12.8 万吨/年的聚苯乙烯装置；一套 14.5 万吨/年的聚对苯二甲酸乙二醇（PET）树脂装置；一套 4 万吨/年的邻苯二甲酸二辛酯（DOP）装置。[2]

2. 经济效益

由表 2 - 7 可以看出，2005 ~ 2010 年，越南原油和天然气开采行业的产值年均增长约 13%，高于越南国民经济的总体增长速度。2010 年越南石油天然气开采业的产值是 1591016 亿越南盾，约合人民币 475 亿元，占工业总产值的比重是 5.4%。

表 2 - 7 2005 ~ 2010 年越南原油和天然气开采情况

单位：十亿越南盾,%

年　份	总产值	占工业比重
2005	86359.0	8.7
2006	93635.7	7.8
2007	102745.1	7.0
2008	126850.9	6.7
2009	135984.2	5.9
2010	159101.6	5.4

注：总产值为当年价格。

数据来源：越南国家统计局。

有资料表明，截至 2000 年，越南已开采石油 1 亿吨，约合 300 亿美元，到 2004 年为止，越南在南中国海西部海域已开采石油 1.5 亿吨，价值约为

---

[1] 《越南巨资发展石化产业》，《中国化工报》2009 年 10 月 29 日。

[2] 《越南将建第 2 个炼油厂和石化综合装置》，《石油化工》2008 年第 11 期。

450 亿美元，并且在 2004 年上半年，出口石油 970 万吨，创汇 25 亿美元。2003 年，越南出口石油 1800 万吨，创汇 34 亿美元，占越南当年出口总额的 28%。① 当时，石油和天然气行业已成为越南经济发展的特别快车。

3. 优势与劣势

根据对越南海洋油气业现状的分析，该行业最大的优势在于资源丰富。2011 年，越南石油储产比 36.7，是中国石油储产比的 3.7 倍，是文莱和印度储产比的 2 倍，是泰国储产比的 10 倍（见表 2－8）。越南东面和南面与南海相接，在北部湾、南中国海和越南南部海域均有石油储存。2011 年，仅越南南部海域越南油气集团招标的油田区块就多达九家。

表 2－8　2011 年亚太地区石油储产比对比情况

地 区	文 莱	中 国	印 度	印度尼西亚	马来西亚	泰 国	越 南
储产比	18.2	9.9	18.2	11.8	28	3.5	36.7

数据来源：《BP 世界能源统计年鉴》，2012 年 6 月。

虽然，越南油气业具有很明显的资源优势，但是其油气业的发展状况并不理想。越南油气业的发展劣势主要体现在以下两个方面。

（1）炼油设备落后

目前，越南油气业的产能不高，炼油设备数量少，且陈旧落后。多年以来，越南一直存在出口原油的同时大量进口成品油和石化产品的现象。有关资料显示，2008 年之前，越南只有一个炼油厂和石化综合装置，2008 年，越南才开始计划建设第二套装备。②

（2）对外依赖性强

自越南大力发展油气业以来，不断有外国投资者参与其中，即使越南国内最大的石油天然气总公司，旗下也有十几家外国联营企业。

有资料表明，越南勘探、开采油气主要依靠特别优惠条件与外国石油公司进行合作、合同式经营。早在 2003 年，越南就已经与俄罗斯、美国、

---

① 《越南巨资发展石化产业》，《中国化工报》2009 年 10 月 29 日。
② 《越南将建第 2 个炼油厂和石化综合装置》，《石油化工》2008 年第 11 期。

英国、日本、韩国等多家公司签订了 30 多项双边合作联营合同，其中越南和俄罗斯联营企业的原油产量占全国原油总产量的 60% 以上。[①]

近些年来，为了满足越南国内对成品油的需求，越南国家石油公司在石化设备方面进行了大量投资。如，投资 2.34 亿美元新建聚丙烯装置，投资 9 亿美元建设尿素装置等。据悉，在一个 38 亿美元的投资项目中，泰国暹罗水泥集团占据了 53% 的股权，越南石油公司仅持有 18% 的股权。[②]

（3）经营状况不佳

越南财政部信息显示，2011 年，越南油气集团的银行债务已超过越南电力总公司，成为银行债务最多的国有集团公司。越南仅 12 个国有集团负债就达 218.738 万亿越盾，约 656 亿元人民币，占银行总债务的 8.76%，占国有企业贷款的 52.66%。其中，越南油气集团欠贷 72.3 万亿越盾，约 217 亿元人民币，位居第一。[③]

为了增加产品供给，越南油气公司不断扩大投资，但是并没有兼顾企业的稳定发展，巨大的债务负担一方面会增加企业的生产成本，另一方面很有可能导致严重的经营危机，进而阻碍越南油气业的发展。

4. 越南油气业政策

越南政府在《2001～2005 经济社会发展计划》和《2001～2010 经济社会发展战略》中已明确制定了发展石油天然气的具体思路和规划：进一步集中人力和资金，以最优惠的条件寻求合作伙伴，增加发展后劲和潜力。[④]

2009 年，越南政府计划到 2014 年前在炼油和石化领域投资 115 亿美元，来改变在出口原油的同时大量进口成品油和石化产品的现状。[⑤]

---

① 陈继章：《越南经济的支柱产业——石油天然气业》，《东南亚纵横》2004 年第 9 期。
② 《越南巨资发展石化产业》，中国化肥网，http://www.fert.cn/news/2009/10/29/2009102913592920104.shtml。
③ 《越南油气集团银行债务居国企之首》，中华人民共和国商务部网站，http://www.mofcom.gov.cn/aarticle/i/jyjl/j/201206/20120608158337.html。
④ 《越南巨资发展石化产业》，《中国化工报》2009 年 10 月 29 日。
⑤ 《越南巨资发展石化产业》，中国化肥网，http://www.fert.cn/news/2009/10/29/2009102913592920104.shtml。

5. 中越以及越南与周边国家和地区海洋油气业合作的现状

中越间的合作。北部湾划界协定签署后，中越双方确定了两国在北部湾的领海、专属经济区和大陆架的分界线。2005年底，中国海洋石油总公司和越南石油总公司在河内签署了关于北部湾油气合作的框架协议，此后两国石油公司开始携手在北部湾进行油气资源的勘察。中越还签署了合作勘探北部湾油气资源以及中国为"越南河内盆地钻井项目"提供技术及设备支持的协议。2005年中石化滇黔桂石油勘探局在越南河内盆地发现了日产3万~4万立方米的石油天然气田，这是中国石油勘探行业在越南承揽项目的历史性突破。

2005年3月，中海油与越南石油和天然气公司以及菲律宾国家石油公司在马尼拉签署了《在南中国海协议区三方联合海洋地震工作协议》，该协议规定这三家公司将用三年的时间对总面积为14.3万平方千米的协议区内的石油资源状况进行评估。这一历史性协议的签署和实施，标志着各方按照《南海各方行为宣言》的规定，在南海朝着"搁置争议、共同开发"迈出了重要的一步。

越南与马来西亚的合作。越南和马来西亚于1992年6月5日签署《谅解备忘录》，决定共同勘探和开发该争议区的油气资源，两国将争议区限定在1358平方千米的海域并将之作为共同开发区。1993年8月，马越两国签署商业协议，建立协调委员会，负责共同开发区的具体开发活动。越马《谅解备忘录》没有规定具体的有效日期。① 2003年1月，越南国有油气公司和马来西亚国家石油公司Petronas旗下的Carigali海外公司签署了一份协议，共同勘探和开发位于越南大陆架01－02/97区块的油气资源。

越南与文莱石油领域的合作。越南国家主席张晋创2012年访问文莱期间为越南国家油气集团发展国际关系，尤其是发展与包括文莱在内的拥有先进科技的伙伴国的合作关系创造了便利条件。双方签署了价值为2.5亿

---

① 邵建平：《如何推进南海共同开发？——东南亚国家的视角》，《当代亚太》2011年第6期。

美元的石油买卖合同。

越南与印度尼西亚、马来西亚的合作。2003 年 6 月，越南国有石油公司和印度尼西亚的 Pertamina 公司以及马来西亚的 Petronas 签署协议共同开发南中国海海上油气区块。SK - 305 区块位于接近越南和印度尼西亚海上边界的马来西亚水域。2002 年末，三家公司同意合作开发越南 Nam Con Son 盆地上的两个区块，这是东南亚国家石油公司首次进行三方合作。[①]

6. 中越海洋油气业合作对策建议

（1）勘探开采合作

越南海域油气储藏量大，资源丰富。目前，越南的勘探开采水平有限，需要借助国外的先进技术，并且政府鼓励在海洋油气业方面采取对外合作的方式。而中国每年从国外进口大量石油，并且是越南石油产品的重要进口国之一，鉴于此，中国有必要对越南在油气勘探开采方面给予资金或技术上的支持。

2005 年，中国海洋石油总公司和越南石油总公司签署了关于北部湾油气合作的框架协议，双方携手在北部湾进行了油气资源考察。除了北部湾海域，双方在南中国海西南海域、越南南部海域均可以进行合作。[②]

（2）原油加工合作

在原油加工技术方面，越南本国的炼油装置产能低，且数量少，石化产品尚不能满足本国需求。目前，越南在石油装置领域进行了大量投资，部分装置尚未投产，每年从境外进口石化产品的形势依然严峻。

目前，中国的炼油和石化技术领先于越南，中越双方可以一方提供原油，一方提供技术，共同进行原油加工，以满足越南国内和中国部分地区对石化产品的需求。一方面就地取材，降低石油的加工成本，另一方面可以改善越南每年必须进口石化产品的现状，以国内产品满足国内需求，降低石化产品的运输成本。

---

① 《越南石油状况简介》，央视网，http：//news. cctv. com/world/20071127/100136. shtml。

② 《中海油与越南石油联手勘查北部湾油气》，《中国证券报》2005 年 11 月 3 日。

三　滨海旅游业

越南位于中南半岛东部，国土呈"S"形状，多面环海。越南全年平均气温25℃，气候宜人，风景秀丽，是旅游度假的良好选择之一。优越的地理位置和丰富的旅游资源为越南旅游业的发展创造了有利条件，滨海旅游业是越南政府重点开发和打造的产业之一。

1. 资源利用现状

目前，越南有多处风景迷人的滨海度假区。例如，被称为海上桂林的下龙湾、被誉为东方夏威夷的岘港（又称玳蓝湾）、左首是大海右首是沙漠的美奈、芽庄、海防、富国岛等（见表2-9）。每年，大量的国外游客选择去越南旅游，为越南餐饮、住宿和旅游业的发展做出了重大贡献。

表 2-9　越南著名旅游景点情况

位　置	景　点	称　号	特　色
北　部	下 龙 湾	世界自然遗产	
	吉 婆 岛		清静、澄清的海水
中　部	顺　化	世界文化遗产	皇城、皇陵
	美山圣地	世界文化遗产	
	会安古城	世界文化遗产	日本桥、关帝庙
	玳 蓝 湾		东方夏威夷
南　部	头　顿		十里长滩、耶稣山
	芽　庄		最优美的海滩
	大　叻		高原避暑胜地
	美　奈		红沙漠、白沙漠

资料来源：http://zh. wikipedia. org/wiki/越南。

2. 经济效益

表2-10显示了越南境内膳宿设施和旅行社的营业情况。可以看出，2010年越南膳宿设施营业额229811亿越南盾，约合人民币69亿元，年均增长率21.54%，旅行社营业额137333亿越南盾，约合人民币42亿元，

年均增长率27.71%。2010年，越南膳宿设施全年服务旅客量4633.94万人，其中国外游客4032.34万人，旅行社全年服务旅客量823.42万人，其中国外游客541.5万人。

表 2 - 10　2000～2010 年越南膳宿、旅行社营业情况

单位：十亿越南盾，千人

年　份	膳宿设施营业额	旅行社营业额	膳宿设施服务旅客量	旅行社服务旅客量
2000	3268.5	1190.0	10330.0	2397.8
2001	3860.4	2009.0	14092.0	3113.4
2002	5425.5	2430.4	19610.6	4669.9
2003	6016.6	2633.2	20684.2	3976.2
2004	7432.4	3302.1	24102.2	5155.2
2005	9932.1	4761.2	26905.1	5433.9
2006	11427.3	5304.7	28107.3	4897.0
2007	14568.1	7712	35058.9	4804.3
2008	18335.8	8409.6	40351.6	4997.3
2009	18363.1	10289.7	42866.3	8074.2
2010	22981.1	13733.3	46339.4	8234.2

数据来源：越南国家统计局。

据越南旅游总局统计，2009年，越南全国有10800个宾馆，20.8万个床位，并且越南国内主要旅游区投资仍在继续增加，尤其是中部沿海旅游区。[①]

3. 优势与劣势

越南因其独特的地理位置而拥有十分丰富的自然资源，长达3260多千米的海岸线为越南滨海旅游业的发展创造了优越的条件。但是，越南滨海旅游业在发展过程中也存在一些突出的问题。

（1）基础设施条件差

越南虽然近些年保持了较快的发展速度，但是交通、旅游等设施依然相对较差。目前，越南的许多景点依然是依靠天然景观吸引游客，与自然

① 《越南旅游业成为吸引外资主力》，《羊城晚报》2009年7月27日。

环境相配套的人工服务设施欠缺，给游客造成诸多不便。

（2）设备投资依靠外资

连续多年，越南旅游设施改善的重要资金来源都是外资。早期资料显示，截至 1997 年，越南旅游业共吸引外商投资项目 238 个，协议金额 55.58 亿美元，主要投资于饭店设施建设。[①] 2009 年，越南全国新批饭店及餐饮服务领域的外资项目仍然多达 18 个，协议金额达 6.7 亿美元，已有项目增资 38 亿美元，新批及增资的饭店及餐饮服务项目利用外资占越南外资投入总额的 50% 之多。[②]

4. 中越滨海旅游业合作对策建议

越南滨海旅游业的发展很大程度上得益于天然的自然景观，如果将天然的景观与完善的配套设施相结合，滨海旅游业可以得到更好更快的发展。目前，外资在越南旅游业的投资力度相对较大，并且倾向于投资餐饮、住宿设施。

中方可选择性地对越南旅游业进行单独投资，或合资合作。双方还可以在景点的开发上进行合作，加大对景区本身所需配套设施的投资，例如，景区的道路、安全设施等。

四　海洋交通运输业

1. 资源利用现状

近年，随着经济的增长，越南的海洋交通运输业也得到了一定的发展。目前，越南大小海港有 270 个，其中主要的港口有八个：Hai Phong 港口、Sai Gon 港口、Quang Ninh 港口、Nghe An 港口、Da Nang 港口、Quy Nhon 港口、Nha Trang 港口、Can Tho 港口。

有关资料表明，2010 年越南港口货物吞吐量为 2.59 亿吨，海运企业有 630 多家，船舶数量 1680 多艘（见表 2 - 11）。2008 年，越南已能独立

---

① 李振民：《浅谈越南旅游业的发展》，《东南亚纵横》1998 年第 1 期。
② 《越南旅游业成为吸引外资主力》，《羊城晚报》2009 年 7 月 27 日。

制造出 5 万吨级散货轮、10 万吨级油轮、1016 个标准集装箱货轮，越南船舶业正在世界造船业中崭露头角。[①]

表 2 - 11　2010 年越南海洋交通运输业情况表

项　　目	数　　量
大小海港（个）	270
港口货物吞吐量（亿吨）	2.59
海运企业（家）	630
船舶数量（艘）	1680
造船厂（家）	20
造船相关企业（家）	14

数据来源：梁薇：《越南重视海洋经济发展》，《国际经贸》2011 年第 1 期。

2. 经济效益

表 2 - 12 是 2000~2010 年越南全部港口的货运量情况和主要海港的进出口货运量，2000 年，越南全部海港的货运量是 1552.25 万吨，2010 年，增加至 6159.32 万吨，年均增长率约为 14.8%。2010 年，主要海港货运总量为 6092.48 万吨，年均增长率 10.8%，其中出口货运量年增长率约为 12.3%，进口货运量年均增长率约为 8.6%。

表 2 - 12　2000~2010 年越南海运情况

单位：千吨

年　份	货运量	主要海港出口量	主要海港进口量	主要海港国内商品
2000	15522.5	5460.9	9293.0	7148.6
2002	18491.8	6973.8	11688.5	10051.6
2004	31332.0	6922.4	14798.4	12140.0
2006	42693.4	9640.9	15401.2	14003.3
2008	55696.5	14746.7	19102.3	18213.8
2009	55790.9	18869.7	21993.9	19446.2
2010	61593.2	17476.5	21179.9	22268.4

数据来源：越南国家统计局。

---

① 梁薇：《越南重视海洋经济发展》，《国际经贸》2011 年第 1 期。

3. 优势与劣势

越南船舶业的发展目标是在 2015 年成为世界第四大造船国，越南在船舶业发展方面主要存在以下优势。

（1）劳动力成本低

2011 年，越南制造业的行业平均工资水平是 3956000 越南盾，约合人民币 1180 元，相比其他国家，越南的劳动力成本优势明显。① 而船舶制造业属于劳动密集型行业，越南低廉的劳动力成本为船舶制造业的发展起到了促进作用。

（2）发展潜力大

越南船舶业快速发展的一个重要原因在于其良好的发展前景。近几十年来，越南一直保持着外向型的发展模式，在今后的发展过程中，海洋经济发展对船舶的需求会逐渐增加。另外，越南拥有丰富的海洋资源，海域中蕴藏的巨大的油气资源也将成为越南海洋交通运输业发展的重要推动力。

若要实现造船大国的目标，越南船舶业在发展过程中还存在许多制约因素。当前主要有以下两个方面的问题。

（1）经营管理效率差

越南政府比较重视海洋交通运输业的发展，越南船舶业也是外资企业瞄准的重要对象之一，但是越南本土船舶企业的发展状况并不理想。越南本土最大的船舶企业——越南船舶工业集团，近年经营状况不佳的问题引起了越南政府的高度关注。2010 年 11 月 18 日，越南总理阮晋勇签署了关于越南船舶工业集团重组的决定，提出要早日稳定越南船舶工业集团的生产经营秩序，逐步树立该集团的威信，使其重新打造品牌，减少亏损，获取利润，还清债务，积累资金并取得发展。②

（2）技术水平落后

越南虽然有倾力打造船舶业的计划，但是目前船舶业的发展状况不尽

---

① 《2011 年越南制造业工资水平》，越南国家统计局网站，http：//www. gso. gov. vn/default_en. aspx? tabid = 483&idmid = 4&ItemID = 14844。

② 《越南政府决定重组越南船舶工业集团》，《中国船舶报》2010 年 11 月 26 日。

如人意。2009 年，越南某公司所属的浮式储油船"志灵"号进入我国深圳蛇口友联船厂进行维修。此前，"志灵"号的姐妹船"巴威"号刚在该厂结束修理。"志灵"号的主要修理工程包括单点系泊的主轴承换新、高强板割换、舱室特涂、机舱锅炉换管、惰气控制系统检修、发电机换新、生活区电梯换新、各种管路换新等。由此可见，越南造船业在船舶修缮方面的技术还有很大的提升空间。①

4. 越南海洋交通运输业政策

2007 年，越南政府制定并出台了国家海洋发展战略，其中包括建设、发展海港。据有关资料统计，从 2006 年 6 月至 2007 年 2 月，越南政府部门向 5 个新开发的海港建设项目发放了投资许可证，投资总额 9840 万美元，其中包括 2 个大型国际集装箱港口和 3 个国际中心港口。②

5. 中越海洋交通运输业合作对策建议

（1）港口开发合作

据目前情况判断，越南海洋交通运输业具有很大的发展潜力，但是越南的开发能力有限，大多采取与国外机构进行合作的方式。2008 年，招商局国际的一家附属公司曾与越南航海总公司成立了一家合营公司——头顿国际集装箱港口合营公司，招商局国际的附属公司持有合营公司股权的 49%。③

长期以来，中越双方一直保持贸易往来关系，在港口建设方面，中方可以给予一定的技术支持，与越南企业进行合作，共同打造国际级的集装箱码头、国际级的港口。

（2）造船修船合作

作为越南的邻邦国家，中国可以直接向越南船舶企业提供造船修船技术，也可在越南境内创建类似于深圳蛇口友联船厂的企业，以完成越南在船舶修缮方面尚不能完成的技术工作，一方面可降低每次必须开往国外港口进行修缮带来的经济成本，另一方面也可以加强中越两国在造船技术上的交流与合作。

---

① 《深圳蛇口友联承修越南 FSO》，《中国船舶报》2009 年 11 月 4 日。
② 《越南将加大港口建设力度》，《经济日报》2007 年 3 月 26 日。
③ 《中国招商局国际 10 亿美元布局越南》，《21 世纪经济报道》2008 年 9 月 10 日。

第三章

印度尼西亚海洋产业研究

印度尼西亚（或简称印尼）是世界上最大的群岛国家，由太平洋和印度洋之间的 17508 个大小岛屿组成，有着"千岛之国"的美誉，海岸线长54716 千米，位居世界第二。[①] 国土面积为 192 万平方公里，群岛水域和领海面积为 320 万平方千米，专属经济区面积为 270 万平方千米。[②] 领土面积中 25% 是土地，75% 是海洋。印度尼西亚自然资源富集，也素有"热带宝岛"的美誉。漫长曲折的海岸线、种类繁多的生物资源、丰富的海洋油气资源、富集的海洋砂矿资源、引人入胜的滨海风光等诸多得天独厚的条件，为印度尼西亚海洋经济和海洋产业的发展奠定了良好的资源基础。海洋渔业、海洋油气业、滨海旅游业三个产业在印尼的海洋产业中占有重要地位，但印尼一直以来以渔业、农业为主，对现代海洋产业涉足不深。从政府层面看，印尼政府对海洋产业的资金投入较少，影响了海洋产业的研发和人才培养。从经济层面看，作为发展中国家，其经济发展的水平依然不高，资金大多只能投入基础生活设施。从技术层面看，相对低下和落后的科技水平制约了印尼对海洋产业的开发，涉及深海领域的海洋产业，像深海石油勘探和开发等，依印尼目前的技术条件尚难以染指。印尼要实现现代海洋产业快速、健康发展还有很长的路要走。

[①] 《印尼海洋产业介绍之三——印尼海洋矿产和生物非常丰富》，《国际日报》（印尼）2011年 8 月 20 日。

[②] 春珲：《印度尼西亚海洋开发状况》，《海洋信息》1997 年第 7 期。

一 印尼海洋产业结构现状

现阶段印度尼西亚的主要海洋产业包括：海洋渔业、海洋油气业、滨海旅游业、海洋交通运输业。其中海洋渔业和海洋油气业是印尼的传统支柱产业。根据三次产业定义，海洋渔业（海洋捕捞和海水养殖）和海洋油气开采属于海洋第一产业；海洋油气加工属于海洋第二产业；第三产业则包括滨海旅游业和海洋运输业。

表 3-1 显示，2004~2010 年，印尼海洋三次产业的产值占 GDP 的比例依次为：第一产业、第三产业、第二产业。四个主要海洋产业的产值占 GDP 的比例依次为海洋油气业、滨海旅游业、海洋渔业和海洋运输业。其中，海洋油气业产值占 GDP 比重的平均值为 9.84%，最高时达到了 11.39%，在海洋产业中有着举足轻重的地位。印尼的海洋产业主要集中在第一产业，对海洋资源的开发还较为原始。除滨海旅游业以外，其他新兴的海洋产业如海洋生物医药、海洋电力等几乎没有得到发展。

表 3-1 2004~2010 年印度尼西亚海洋产业结构

年 份	2004	2005	2006	2007	2008	2009	2010*
国内生产总值（×10⁹印尼卢比）	2295826	2774281	3339216	3950893	4948688	5606203	6436270
第一产业（%）	7.46	8.55	8.22	8.40	8.49	7.70	7.59
—海洋渔业	2.30	2.15	2.23	2.47	2.77	3.15	3.10
—油气开采	5.16	6.40	5.99	5.93	5.72	4.55	4.49
第二产业（%）	4.10	4.99	5.15	4.61	4.80	3.74	3.28
—油气加工	4.10	4.99	5.15	4.61	4.80	3.74	3.28
第三产业（%）	4.64	4.70	4.28	4.21	4.12	3.58	3.36
—海洋运输	0.54	0.50	0.48	0.41	0.32	0.28	0.26
—滨海旅游	4.10	4.20	3.80	3.80	3.80	3.30	3.10

注：* 为估计值。

数据来源：印尼中央统计局网站，http：//www.bps.go.id/eng/tab_ sub/view.php? kat = 2&tabel = 1&daftar = 1&id_ subyek = 11&notab = 1 World Travel& Tourism Council（WTTC），http：//www.wttc.org/research/economic – data – search – tool/。

二 海洋渔业

1. 资源利用现状

印尼岛屿众多,生物资源属热带区系,种类繁多,渔业资源十分丰富。岛屿周围的专属经济区水较深,同时又有适宜的气候和水文条件,捕捞的种类有 200 多种,其中 65 种具有较高的经济价值。[①] 主要资源有金枪鱼、鲣、马鲛鱼、沙丁鱼、对虾、热带龙虾、扇贝等。许多鱼类具有生长快、成熟早、生命周期短、产卵季节长等特点。内陆有为数众多的淡水塘、咸淡水塘、稻田和湖泊山川,为发展鱼类养殖创造了良好条件。

苏门答腊岛东岸的巴干西亚比亚是世界著名的大渔场。可捕捞的品种有金枪鱼、鲤鱼、鱿鱼、虾类、贝类及海藻等。近海水域有丰富的中上层鱼类资源尚待开发,主要资源有金枪鱼、鲣、黄鳍金枪鱼、马鲛鱼、鲐、鲱、沙丁鱼、圆鱼参、圆腹鲱、鱿鱼和飞鱼等。底层鱼类除鲷、鲨、鱼副鱼类、石首鱼科鱼类外,还盛产对虾、热带龙虾、扇贝和软体动物。礁岩区有丰富的笛鲷、梅鲷等鱼类。陆坡有可开发利用的笛鲷鱼类。勿里洞沿海盛产海参,加里曼丹、马鲁古群岛盛产珍珠和珍珠贝。

2004~2010 年,印尼渔业产量以 9.92% 的年均增长率持续增长,海洋渔业中传统的海洋捕捞业仍占主导地位,产量比重虽有下降,但近年仍占约半数。捕捞量以年均 1.91% 的速率增长。同期,海上养殖业取得了长足进步,年均增长率达 33.52%,从 2004 年的 42 万吨增长到 2010 年的近340 万吨。

2009 年,印尼海洋捕捞业的产量约为 481 万吨,其中产量最多的品种为东部鲔鱼(40 万吨)、鲣鱼(34 万吨)和金枪鱼(20 万吨),产量最大的两个省份为苏门答腊(29.48%)和爪哇(20.19%)。[②]

---

① 陈思行:《印度尼西亚海洋渔业概况》,《海洋渔业》2002 年第 4 期。

② *Indonesia Fisheries Book 2011*,印尼海洋事务与渔业部,http://www.kkp.go.id/index.php/arsip/c/1125/JICA – Download – Book/? category_ id = 52。

表 3 - 2 印尼海洋渔业的发展状况 (2004 ~ 2010)

单位：吨，%

年 份	2004	2005	2006	2007	2008	2009	2010
总 量	6119731	6869543	7448709	8238302	8858315	9816536	10916502
捕捞渔业	4651121	4750869	4806112	5044737	5003115	5107971	5438440
—海 洋	4320241	4408499	4408112	4701933	4701933	4812235	4896800
所占份额	70.60	64.17	59.18	57.07	53.08	49.02	44.86
养殖渔业	1468610	2163674	2682597	3193565	3855200	4708565	5478062
—海 上	420919	890074	1365918	1509528	1966002	2820083	3385552
所占份额	6.88	12.96	18.34	18.32	22.19	28.73	31.01

数据来源：*Indonesia Fisheries Book 2011*，印尼海洋与渔业部；《印中渔业合作前景亮丽》，《星洲日报》（印尼）2012 年 9 月 18 日，http：//www. sinchew - i. com/indonesia/node/34083？tid = 10。

2. 社会效益

海洋渔业具有明显的社会效益，带来了大量就业。根据印尼中央统计局年报（Statistical Yearbook of Indonesia 2010），2009 年印尼海洋渔业从业人口约为 263 万人，其中包括海洋捕捞渔业 94 万人及海洋养殖渔业 124 万人。

2009 年，印度尼西亚海洋捕捞业人均年产量 5.43 吨，海洋养殖渔业人均年产量 2.27 吨。

3. 优势与劣势

印尼在亚洲主要水产养殖国中排名第 4 位，位于中国、印度、越南之后。印尼海水养殖的主产区为苏威拉西省（71 万吨），拥有 72819 名渔业工人。2010 年只有 31 个国家和地区记录有海藻养殖生产，印度尼西亚生产 390 万吨，占全球份额的 20.6%，仅次于中国（1110 万吨，占全球份额的 58.4%），具有明显的竞争优势。

然而，印尼水产初级养殖领域的人均年生产力较低，2010 年挪威的养殖者平均每人每年生产 187 吨，而印尼只有约 1 吨。[1]

---

① 《世界渔业和水产养殖状况》（2012），联合国粮农组织，http：//www.fao.org/docrep/016/i2727c/i2727c00.htm。

4. 印尼的海洋渔业政策以及与中国的合作

印尼政府制定的 15 年加速经济建设纲领，把苏威拉西经济走廊、答厘努山达拉经济走廊和巴布亚—马鲁古经济走廊三大海洋区域定位为渔业发展中心，将全面加大海洋捕捞和海洋养殖渔业的发展，作为渔产 2014 年达到 2230 万吨目标的保障。

苏威拉西海域是印尼最大的渔业捕捞中心，每年产鱼高达 200 多万吨，养殖鲜虾、三板鱼和鲢鱼，产量十分可观，而海藻产量占全国的近 87%。巴布亚和马鲁古，年产量超过 100 万吨，答厘努山达拉则是海洋产业开发和出口中心地。

近年来，中国与印尼的海洋渔业投资合作发展迅速，成果丰硕。印尼海洋渔业总司长马瓦多最近指出，目前已有 24 家中国渔业公司在印尼与当地企业或相关部门从事渔业捕捞和加工等方面的合作，作业渔船总计 244 艘。

印尼政府将渔业产量增长的重点放在捕捞方面，并主要依靠中方的投资和先进技术援助。例如，在印中一项开发渔业、海洋产业和渔船的协议中，中方承诺投资 3 亿美元大力发展渔业。又如，在另一项两国合作协议下，浙江舟山群岛海洋中心派出 11 艘新建太平洋鱿钓鱼船和 8 艘常温金枪鱼钓鱼船前往印度尼西亚作业，大大增加了印尼的深海渔产。①

印尼海洋私企 MTJ 和中国海洋渔业公司在两国政府支持下，将在马鲁古图耳市投资发展捕捞、养殖、海产加工和其他海洋产业，有望成为未来的渔产中心。

印尼政府决定在答厘努山达拉海域与中国联手投资发展海洋捕捞和加工出口业，希望年产量提高到 150 万 ~ 200 万吨。②

在印尼的 15 年加速经济建设纲领中，巴布亚—马鲁古经济走廊和答厘努山达拉经济走廊都将同中国联手投资开发渔业项目。

---

① 《印中海洋渔业合作前景亮丽》，《星洲日报》（印尼）2012 年 9 月 18 日，http：// www. sinchew – i. com/indonesia/node/34083？tid = 10。
② 《印中海洋渔业合作前景丽》，《星洲日报》（印尼）2012 年 9 月 18 日，http：// www. sinchew – i. com/indonesia/node/34083？tid = 10。

作为我国在南海低敏感领域开展合作的代表，中国和印尼在海洋领域的合作近年来成效显著，多个"第一次"标志着中印尼合作在我国周边海洋国际合作中发挥了"领头羊"作用。2009 年，我国与印尼就建立联合研究中心、成立联合工作组签署了相关协议。2010 年，我国在海外的第一个海洋联合研究基地——中国—印尼海洋与气候联合研究中心正式建立并运行。2011 年，我国与印尼联合建立的巴东海洋观测站的部分观测设备开始试运行，这是我国在海外建立的首个海洋观测站。①

2012 年 3 月，中国国家海洋局和印度尼西亚海洋与渔业部签署了《中华人民共和国国家海洋局和印度尼西亚共和国海洋与渔业部关于发展中国—印尼海洋与气候中心的安排》，标志着中印尼海洋合作迈上新台阶。②

2012 年 8 月 8 日，中国农业部渔业局与印尼渔业局签订了"海上渔业合作的框架协议"。③

2012 年 11 月，中国国家海洋局和印尼海洋与渔业部就未来合作达成了 7 项共识：①继续巩固双方海洋部门高层领导互访与对话机制。②续签《中印尼海洋领域合作谅解备忘录》（简称《备忘录》）和《关于建立中印尼海洋与气候中心的安排》。③制订《中印尼海洋领域合作共同行动计划（2013～2017 年）》。④召开中印尼海洋领域合作第二次联委会。⑤共同支持第七次中印尼海上合作技术专家组会上通过的中印尼中心发展与联合观测站建设项目。⑥加强《南海及其周边海洋国际合作框架计划（2011～2015 年）》框架下中印尼合作项目的实施和邀请印尼青年学者参与《中国政府海洋奖学金计划》。⑦加强在亚太经合组织等多边框架下的合作，共同推动蓝色经济在亚太区域的发展。④

---

① 《"走出去"全面拓展海洋合作》，《中国海洋报》2012 年 8 月 24 日。
② 《印尼海洋产业介绍之六——印尼海洋渔业》，《国际日报》（印尼）2011 年 11 月 24 日。
③ 《携手开拓印尼海洋协力挖掘海中蓝金》，中国远洋渔业信息网，http://www.cndwf.com/news.asp? news_ id =8021。
④ 《国家海洋局代表团访问印尼海洋与渔业部并出席第六届中印尼海洋科研与环保研讨会》，国家海洋局网，http: //www. soa. gov. cn/soa/management/international/webinfo/2012/11/1352105058247043. htm。

5. 印尼与周边国家和地区的海洋渔业合作现状

印尼与印度的合作。印度水产品出口业联盟（SEAI）于 2012 年 3 月前与印尼负责渔业相关贸易业务的印度尼西亚水产加工营销公会（Ifpma）完成了《印度与印度尼西亚渔业合作备忘录》相关签订事宜。印度尼西亚计划从印度进口生鲜原料鱼产品（以虾类产品为主），同时也对投资具有附加价值的印度海产品深感兴趣。该备忘录是依据印度商工部及印度尼西亚贸易部就每两年设立一次贸易部长级论坛所签订协议进行的后续工作；该论坛的工作旨在于 2015 年前推动双边贸易额达至 250 亿美元。①

印尼与菲律宾的合作。2006 年，菲律宾与印度尼西亚共同签署了一份备忘录协议，把两国的渔业合作期限延长到 2010 年。两国合作的项目有水产养殖业开发、海洋渔业捕捞、捕捞后期合作、水产品加工、海水养殖环境保持、反非法捕捞行动、渔业科研活动、渔业教育、渔业技能培训以及海洋环境保护等。两国通过协商，决定在上述合作项目的基础上，成立一个以两国相关部门高级官员组成的联合委员会，以决定和商讨合作中各项目的细节工作。②

印尼与马来西亚的合作。2006 年 5 月，据马新社报道，马来西亚与印尼于该年签署了渔业合作谅解备忘录。马来西亚农业及农基工业部部长 Tan Sri Muhyiddin Yassin 称该备忘录提出了建立两国之间的渔业技术工作委员会，商讨了将要联合发展的领域，特别是针对船长和下游渔业船舶船员的培训。该谅解备忘录将促进两国在技术专长和水产养殖（包括鱼类和虾类的养殖、加工）领域的双边投资合作。两国还将共享远洋捕捞技术和渔船监控系统的信息。③

另外，上文已述，越南农业农村发展部代表团于 2011 年 5 月 23 ~ 29

① 《印度与印度尼西亚签订渔业合作备忘录》，中国水产养殖网，http：//www. shuichan. cc/news_ view - 76943. html。
② 《印尼菲律宾两国延长渔业合作期限》，阿里巴巴食品网，http：//info. china. alibaba. com/detail/5691092. html。
③ http：//www. accessmylibrary. com/article - 1G1 - 146108171/malaysia - indonesia - sign - fishing. html.

日访问马来西亚和印尼期间，与印尼方面讨论了于 2010 年签署的合作谅解备忘录的实施细则等问题。

6. 中印尼海洋渔业合作建议

中国政府可以较低的利率向印尼提供贷款，或采取股权方式投资，既可解决其资金短缺困难，也可促进人民币国际化进程。

大力推进两国沿海城市间的合作，以城市引领海洋产业集聚、发展产业集群，可提升两国海洋产业的竞争力。

鼓励中国企业对印尼进行直接投资，或通过合资、合作创建新企业。可使印尼丰富的海洋渔业资源得到优化配置，也可扩大当地就业。

扩大技术合作领域。包括种苗培育、养殖技术等专业技术人才培养等方面的合作。

探索海洋巨灾保险新模式，由两国在环南中国海地区试行，吸引两国及环南中国海地区的中小企业、渔民参保，以减少气候灾害对海洋渔业企业和个人造成的损失。

由中方提供技术，两国合作扩大远洋捕捞范围。

扩展水产品、渔业及相关生产设备进出口方面的合作协议，拓展双边互惠市场。

三 海洋油气业

1. 海洋油气业开发利用现状及优势

印尼是亚洲最大的石油天然气生产国之一，在 2008 年以前是石油输出国组织（OPEC）唯一一个东南亚成员国。印尼是全球第二大液化天然气（LNG）生产国，一直是液化天然气（LNG）的主要出口国。它还是世界上煤层气（CBM）储量最大的国家之一，在世界天然气产量上名列第八位。截至 2011 年，印尼已探明石油储量 42 亿桶、天然气储量 109 万亿立方英尺。①

---

① 《印尼石油和天然气板块概观》，Global Business Guide Indonesia，http：//www.gbgindonesia.com/zh－cn/energy/article/2011/overview_ of_ the_ oil_ gas_ sector_ in_ indonesia. php。

印尼最主要的天然气储藏地在爪哇岛之外，其中纳杜纳群岛（Natuna）储量约为52.14万亿立方英尺，东加省21.78万亿立方英尺，苏南省17.74万亿立方英尺，巴布亚省23.71万亿立方英尺。① 与东盟其他国家相比，印尼的海洋油气产业具有较明显的国际竞争优势，从近年环南各国的钻井数量亦可见一斑（见表3-3）。

表3-3 2002~2011年环南中国海各国在亚洲的钻井数量

单位：个

年份 国家	2002	2003	2004	2005	2006	2007	2008	2009	2010	2011
印 尼	41	46	45	49	55	49	57	65	63	59
中 国	11	9	10	11	15	17	19	21	24	27
越 南	8	9	9	8	9	9	7	7	7	13
马来西亚	11	14	14	14	13	13	15	13	13	12
菲 律 宾	0	1	1	3	3	2	0	2	4	6
文 莱	3	3	3	3	2	3	4	3	4	5

数据来源：贝克休斯，彭博资讯产业。

2. 印尼海洋油气业发展优势与劣势

优势有如下几个方面。

（1）油气资源丰富，海洋油气业是其传统支柱产业。根据《中国石化》文章报道，印尼截至2005年，已探明石油储量47亿桶，天然气储量90.3万亿立方英尺。2004年底日产原油约140万桶。印尼原油品质范围广，其中大部分原油的API度处于22~37之间。印尼两大原油出口品种苏门答腊轻质油和米纳斯原油的API度为35，而更重的Duri原油的API度为22。

（2）天然气出口量世界第一。美国《油气杂志》的统计数据显示，截至2005年1月1日，印尼拥有探明天然气储量90.3万亿立方英尺。印尼拥有大量的天然气资源，同时是世界上最大的液化天然气出口国。

---

① 《印尼海洋产业介绍之一——海洋油气业发展困难重重》，《国际日报》（印尼）2011年8月16日。

印尼出口的液化天然气约68%流向日本，19%流向韩国，其余流向中国台湾省。

劳势表现在如下几方面。

（1）产量持续下降，严重依赖外资。BP公司的统计数据表明，在过去的10年时间里，印尼的石油产量以每年3.09%的平均速率下降。2009年，印尼的石油日产量为99万桶，2010年印尼的石油日产量为98.6万桶，同比减少了0.4%，2011年石油日产量为94.2万桶，同比下降了4.5%（见表3-4）。但据统计，印尼有45%以上的盆地尚未投入二维地震以及更高程度的地质勘探。[①] 尽管印尼能源储量丰富，潜力巨大，但开发能力有限，而且石油工业严重依赖外国投资。在印尼主要的油气生产企业中，除印尼国家石油和天然气公司以外，雪佛龙（美国）、埃克森美孚（美国）、BP（英国）、CNOOC（中国）、康菲（美国）、道达尔（法国）、梅德科（英国）、加德士（美国）、Petronas（马来西亚）均为外资企业，其中印尼国家石油和天然气公司的石油和天然气产量所占市场份额分别仅为15.3%和17.2%。

表3-4　2002~2011年环南中国海各国石油产量

单位：千桶/日

年份 国家	2002	2003	2004	2005	2006	2007	2008	2009	2010	2011
印　　尼	1289	1176	1130	1090	996	972	1003	990	986	942
中　　国	3351	3406	3486	3642	3711	3742	3814	3805	4077	4090
越　　南	354	364	427	393	358	337	315	347	320	328
马来西亚	698	738	762	704	667	683	688	659	642	573
文　　莱	203	210	214	210	206	221	194	175	168	172

数据来源：《BP世界能源统计年鉴》，2012年6月，第8页。

（2）开发难度大、投资环境差。印尼能源开发能力不足除了目前海陆

---

① 赵春珍：《中国与印尼能源关系：现状、挑战和发展策略》，《南洋问题研究》2012年第3期。

相地质勘探和开发难度较大之外，更深层次的制约因素是投资环境。苏门答腊的米纳斯（Minas）和杜里（Duri）等油田因为老化，及 20 世纪 90 年代末到 2001 年新石油天然气法颁布，主要产区勘探量出现下降，另因投资环境较差，印尼与埃克森美孚等多家外资石油公司产生纠纷导致外国投资减少，油田开发滞后。虽然东部地区蕴藏着巨大的深海石油和天然气储量，但这些油田地质复杂，开采成本较高，在史前第三纪地层里开采油气，需要有充足的时间、人力、物力和技术，才能使之成为现实。能源公司不仅面临着监管障碍、各部委和地方政府之间的协调不力，还面临着高风险的不利勘探环境。土地征用的困难及在实施过程中政府援助的缺乏，阻碍了能源公司项目计划的推进。因此，勘探和激励投资是该产业面临的一大挑战。从目前情况来看，印尼石油产量日益减少，已经成为纯石油进口国。而由于印尼国内炼油能力不足，其部分原油仍然不得不出口。[1]

（3）国内供需失衡，基础设施薄弱。1990～2010 年，印尼天然气产量年平均增长 1.5%。2010 年产量为 820 亿立方米，2011 年为 756 亿立方米，较上年下降 7.8%。[2] 印尼天然气产量中的一半以上以液化天然气或液化石油气的形态出口，剩余部分则在国内销售，用于发电、化学生产等工业及民用。[3] 印尼是全球液化天然气（LNG）的主要出口国，天然气资源本应十分丰富（见表 3-5），但一方面 2011 年印尼天然气产量下降，另一方面天然气作为一种清洁、廉价能源所具有的吸引力推动了印尼国内需求的不断上涨，同时印尼国内缺乏足够的储存空间以及必要的运输基础设施，大量的天然气不得不出口，致使原本是全球天然气出口大国的印尼，国内天然气供需出现失衡。

---

① *Indonesia Oil & Gas Report*，Published by Business Monitor International Ltd，Q4 2012，p. 19.

② 《BP 世界能源统计年鉴》（2012 年 6 月），Chinese_ BP_ statsReview2012，第 22 页，http：//www. bp. com/en/global/corporate/about－bp/energy－economics/statistical－review－of－world－energy－2012. html。

③ 《印度尼西亚天然气需求上升》，中国出口信用保险公司网，http：//www. sinosure. com. cn/sinosure/xwzx/rdzt/tzyhz/dqjmhzyhj/11411. html。

表 3 - 5　环南中国海各国天然气探明储量

单位：万亿立方米

国　　家	1991 年底	2001 年底	2010 年底	2011 年底
印　尼	1.8	2.6	3.0	3.0
中　国	1.0	1.4	2.9	3.1
越　南	—	0.2	0.6	0.6
马来西亚	1.7	2.5	2.4	2.4
文　莱	0.4	0.4	0.3	0.3

数据来源：《BP 世界能源统计年鉴》，2012 年 6 月，第 20 页。

3. 印尼海洋油气业政策

印尼油气产业面临的最大挑战是缺乏能够支持分销和商业勘探的物流基础设施。印尼发布了石油天然气长期管理计划，拟在 2010～2014 年投资 320 亿美元，用于购置石油天然气设备。其中，70% 的预算将投入天然气设备，包括天然煤气和液态天然气精炼厂、住宅管道网络等。另外 30% 将投入石油设备，包括建厂、购买钻井设备等。

2011 年，印尼建造了五个天然气厂，分别在亚齐、占卑、中爪哇、纳杜纳和东爪哇。2010～2014 年，印尼计划投资 36.5 亿美元用于建设液化天然气（LNG）和液化石油气（LPG）精炼厂。此外，印尼还将投资 30 亿美元和 65.2 亿美元，分别用于石油开采和精炼厂的建造。[①]

然而，若想充分发掘油气业的发展潜力，印尼在基础设施、资金、炼油技术等方面还面临颇多困难。

4. 印尼油气业与中国的合作现状

（1）上游业务合作

2002 年 4 月 18 日，中国石油集团通过国际并购，成功收购了美国戴文能源公司在印度尼西亚的油气资产。同年 11 月 30 日，中国石油与马来西亚国际矿产资源公司签署协议，购买其所持 SP 区块 45% 的权益。

---

① 《海洋油气业发展困难重重》，中国—印尼经贸合作网，http：//www.cic.mofcom.gov.cn/ciweb/cic/info/Article.jsp？a_ no = 269460&col_ no = 458。

2003 年 4 月 25 日，中国石油再次成功收购了美国赫斯公司（Amerada Hess）在印度尼西亚的子公司赫斯印尼控股公司（Amerada Hess Indonesia Holdings Co.）50% 的权益；马来西亚国家石油公司（PETRONAS）以同等条件收购了赫斯印尼控股公司其余 50% 的权益。赫斯印尼控股公司、中国石油和马来西亚国家石油公司在加邦（Jabung）区块各自拥有 30% 的权益，其余 10% 为印尼国家石油公司拥有。本次收购后中国石油和马来西亚国家石油公司在该区块的权益均达到 45%，巩固了中国石油在该区块作业者的地位。

2005 年 1 月 20 日，中国石油接受了美国爱伊帕索公司所持印尼 BANGKO 区块 25% 的非作业权益转让。

2006 年 3 月，中国石油收购了 WP 区块。

2009 年 2 月，中国石油收购了 MADURA 区块 80% 的作业者权益。

截至 2010 年底，中国石油在印尼共有 8 个油气开发勘探项目。[1]

2006 年 11 月，中信资源收购印尼 Seram Non – Bula 区油田开采承包权 51% 的权益，Seram Non – Bula 区的主要油田为 Oseil 油田。2006 年前 6 个月其平均产量约为每天 4300 桶。据独立技术顾问 DeGolyer and Mac Naughton 的评估，2005 年 12 月 31 日前 Oseil 油田的总储油量约为 3900 万桶，其中包括 700 万桶的探明储量、600 万桶的潜在储量及 2600 万桶的可能储量。[2]

（2）工程技术服务

20 世纪中期，中国石油开始向印尼出口石油设备，并提供工程技术服务。[3]

目前，中国石油集团共有 61 支工程技术服务队伍活跃在印度尼西亚，

---

① 《中国石油在印度尼西亚》，中国石油天然气集团公司网，http：//www.cnpc.com.cn/resource/cn/other/pdf/yinni.pdf。

② 《中信资源收购印尼 Seram Island Non – Bula 区块 51% 权益》，中信资源投资有限公司网新闻稿，http：//www.citicresources.com/big5/media/press/p060712.pdf。

③ 《中国—印尼能源合作现状与前景分析》，博燃网，http：//news.gasshow.com/News/SimpleNews.aspx？newsid = 179282。

为其提供钻井、射孔、修井、地震采集、测井、测试、录井、地震资料处理和解释等服务。

2001 年 8 月，中国石油集团签订印度尼西亚 JAVA 二维地震资料采集合同，合同工作量 480 千米，2002 年项目完成；2002 年 6 月又签订东吉—伯兰唐地震资料采集合同，工作量包括 325 千米的三维地震和 610 千米的二维地震采集作业。2003 年，华北石油管理局有 1 个录井队在印尼苏门答腊岛 JAMBI 地区进行录井作业，完成了 9 口井的录井工作量。2004 年，中国在印度尼西亚共有 13 台钻机和 10 台修井机作业，开钻 73 口井、完钻 73 口井，累计完成钻井进尺 113561 米，完成修井作业 624 井次。

2012 年 10 月，中石化首个在国外自主建设的油库项目最终落户印尼巴淡岛。该项目有望成为东南亚最大的商业石油储备库，同时也是中石化首次在海外自建石油仓储基地。该项目由中石化旗下中石化冠德控股有限公司负责运作，一期项目的开发及建设的总成本预计约为 8.41 亿美元。①

（3）下游业务合作

2003 年 5 月 16 日，中国石油公司签署印尼 Jabung 区块 Ⅲ 期开发工程——液化石油气（LPG）处理厂建设合同，9 月 11 日，Jabung 区块开始通过输气管线向新加坡正式提供商品气。②

2005 年，印尼国有油气公司（又译印尼国营石油公司、印尼国有石油公司等）Pertamina 与中国石化签署合资协议，双方拟在印尼东爪哇共同兴建一条石油输出管道。2008 年，中海油投资印尼天然气的总体项目中包括接收站和输气干线、运输管道方面的内容。2009 年，中石油在印尼苏门答腊岛的 Jabung 区块生产出天然气，由于运输不便，只好将其通过管道出售到新加坡。③

---

① 《中石化首个海外油库落户印尼巴淡岛》，观察者网，http：//www. guancha. cn/Business/ 2012_ 10_ 14_ 103551. shtml。

② 《海外创业——合作共赢》，中国石油新闻中心，http：//news. cnpc. com. cn/system/2012/ 01/17/001362108. shtml。

③ 《中国石油商南下印尼》，光明网，http：//www. gmw. cn/content/2005 - 07/26/content_ 277809. htm。

5. 印尼与周边国家的合作现状

印尼与新加坡的合作。新加坡石油公司（SPC）与印尼国营石油公司（PT Pertamina）签署油田协约，共同开采印尼东爪哇岸外 Jeruk 油田，双方承担开采成本，分享产油收入。这为新加坡石油公司提前带来了 14800 万美元（约 24400 万新加坡元）的收入。①

另外，上文已提到，2003 年 6 月，越南国有石油公司、印度尼西亚的 Pertamina 公司、马来西亚 Petronas 公司已签署协议，共同开发南中国海海上油气。

6. 中国与印尼海洋油气业合作建议

中方应与印尼积极合作，加快能源运输设施建设，确保能源开采后的运输渠道畅通。可积极配合我国的泛亚铁路建设，同时大力拓展海上运输通道，加快中国与东南亚各国人员、物资、信息和资金交流的步伐，加速中国—东盟自由贸易区的融合，拓宽中国能源进口渠道，减少我国从中东、非洲进口石油时对马六甲海峡的依赖度，分摊和降低能源运输风险。

积极拓展双边海洋油气产品及装备的进出口。目前，与其他国家和印尼的海洋油气贸易合作相比，中国还存在相当大的差距。印尼石油出口的国家和地区排前 5 名的是日本、美国、韩国、我国台湾和新加坡；印尼天然气出口的主要国家和地区是日本、韩国和我国台湾。② 中国所占比重有限。加之印尼国内市场与国际市场对于石油和天然气的需求加剧，必然会影响对中国的出口。按照印尼的能源展望所做的预测，印尼国内的原油需求年平均增长率将达到 4%，这必然导致印尼的能源政策将以满足国内需求为优先目标。面对合作前景受到的巨大挑战，中方应进行积极磋商，达成拓展双边海洋油气产品及装备进出口的协议。

深化勘探开采合作、原油加工合作，加大对印尼能源基础建设的支持力度。自印尼成为纯石油进口国以来，能源安全就成为印尼政府关注的焦

---

① 《新石油与印尼公司共同开采东爪哇岸外油田》，《联合早报》（新加坡）2006 年 1 月 6 日。
② *Handbook of Energy Economic Statistics Indonesia*，Center for Data and Information on Energy Mineral Resources Ministry of Energy and Mineral Resources，2010，p53.

点。2005 年印尼发布的《国家能源管理 2005 ~ 2025 蓝皮书》指出，获取更多的能源资源，促进能源安全，保证合理能源价格是印尼的主要目标。这将使两国间的海洋能源合作出现更为复杂的竞争局面。为了进一步推进两国间的政治互信及睦邻友好关系，中方应以更为积极的姿态推进两国海洋能源合作的深度和广度。可以实施政府的优惠信贷政策，可以进行地方政府、企业层面的合作，进行勘探开采加工合作、技术支持、支持能源基础建设，以突破印尼海洋能源基础设施陈旧、技术水平落后等制约海洋经济和产业发展的瓶颈。"深化"能源投资合作，具有更为重要的经济和政治意义。

四　滨海旅游业

1. 资源利用现状及优势

印尼由上万个岛屿组成，疆域横跨亚洲及大洋洲，别称"千岛之国"。印尼是典型的热带雨林气候，年平均温度 25° ~ 27℃，无四季分别，是旅游资源极其丰富的国家。得天独厚的地理位置，优美的自然环境，众多火山、湖泊等自然景观，不但拥有自然奇观，而且拥有多姿多彩的民间文化，不但拥有众多的名山古刹和文化遗址，而且拥有世界上最好的潜水圣地，使印尼发展滨海旅游业有着许多国家无法比拟的资源优势。在 2010 年度世界经济论坛旅游竞争力报告中，印尼在 133 个国家中排名第 74 位。印尼的巴厘岛已列入国际旅游岛，可与美国的夏威夷岛、泰国的普吉岛和韩国的济州岛媲美，此外，多巴湖、金巴兰海滩等也颇受游客青睐。

2. 经济与社会效益

印尼旅游业起步较晚，从 20 世纪 70 年代开始发展，1976 年印尼接待外国游客 40 万人次，1997 年增加到 106 万人次，首次突破百万大关，2011 年接待外国游客 765 万人次（见表 3 – 6）。1997 ~ 2011 年，赴印尼旅游的外国游客人数以年均 14% 的速度增长。2010 年，来自亚洲的外国游客占印尼全部外国游客的 67.46%，其中新加坡游客占 19.6%，马来西亚游客占 18.24%，来自欧洲的外国游客占 14.83%，中国游客占 6.7%，日本游客占 5.98%，美国和加拿大游客占 3.19%。①

表 3 - 6　2007～2011 年印尼旅游业的发展状况

年份	外国游客			每人平均支出（美元）		外汇收入	
	总数（人次）	增长率（%）	平均停留天数（天）	每天	每次旅游	总收入（百万美元）	增长率（%）
2007	5505759	13.02	9.02	107.70	970.98	5345.98	20.19
2008	6234497	13.24	8.58	137.38	1178.54	7347.60	37.44
2009	6323730	1.43	7.69	129.57	995.93	6297.99	- 14.29
2010	7002944	10.74	8.04	135.01	1085.75	7603.45	20.73
2011	7649731	9.24	7.84	142.69	1118.26	8554.39	12.51

数据来源：印尼旅游与创意经济部，http：//www.budpar.go.id/budpar/asp/ringkasan.asp? c = 87。

数据显示，2007～2011 年印尼旅游业创汇从 53.46 亿美元升至 85.54 亿美元，增长 60%。2011 年，旅游业增加值为 258.18 亿美元，占 GDP 的 3%。

旅游业具有良好的社会效益，印尼旅游业就业人数 20 世纪末有 290.02 万人，占就业的比重为 2.6%，目前就业人数有 860.93 万人，占就业的比重为 7.7%。②

3. 滨海旅游业发展的优势与劣势

优势主要表现在如下几个方面。

（1）旅游资源极其丰富。印尼是一个旅游资源极其丰富的国家，得天独厚的地理位置，优美的自然环境，丰富的海洋、火山与湖泊等自然景观，遍布各地的名山古刹，以及多姿多彩的民间文化，使印尼在发展旅游

---

① Progress of International Visitor by Country of Residence 2006 - 2010，印尼旅游与创意经济部，http：//www.budpar.go.id/budpar/asp/detil.asp? c = 119&id = 1479。

② Indonesia Economic Impact Report, World Travel & Tourism Council（WTTC），http：//www.wttc.org/.

业方面有着许多其他国家无法相比的长处和优势。

（2）政府高度重视。滨海旅游已被列入印尼重点发展的项目，政府注重加强旅游宣传、旅游立法和管理，注意旅游点的开发和提高，大力兴建了饭店和宾馆，严格培训服务人员，提高服务质量并做到价格适中，进一步简化入境手续（只需在飞机上办理验证手续即可入境），努力开发新的旅游项目。①

劣势表现在如下几个方面。

（1）印尼滨海旅游业的景点相对较少，而且很分散，主要景点有巴厘岛、多巴湖、金巴兰海滩等。

（2）印尼旅游业的增长速度一直较慢，旅游资源仍是该国开发程度最低的自然资源之一。与邻国相比，差距颇大。据印尼旅游与创意经济部的统计数据，2008 年的外国游客人数为 623 万人次，2011 年达到 765 万人次。而马来西亚和新加坡两国 2011 年接纳的外国游客人数分别为 1320 万人次和 2448 万人次。②③ 印尼旅游推广支出已从 2009 年的 1500 万美元增加到了 2010 年的 4700 万美元，但收效甚微。④

（3）未能建立具有吸引力的品牌。2002 年发生在巴厘岛夜总会的爆炸及随后 2005 年和 2009 年发生在雅加达的爆炸事件，以及各种各样的自然灾害，使许多西方国家仍然对印尼设置旅游警告，游客们也大都不会冒险尝试巴厘岛以外的地区。因此该国未能从整体上建立一个具有吸引力的品牌，滨海旅游业的国际竞争力不强，为世人熟知的旅游名牌屈指可数。

（4）缺少高端游客。目前，到印尼的游客每天的平均支出为 143 美元，大大低于其他国家。旅客平均逗留时间为 7.8 天，也低于其他国家。

---

① Progress of International Visitor by Country of Residence 2006 – 2010，印尼旅游与创意经济部，http：//www. budpar. go. id/budpar/asp/detil. asp? c = 119&id = 1479。

② 《新加坡 2011 年游客和消费额均创新高》，中国经济网，http：//finance. ce. cn/rolling/201202/13/t20120213_ 16825566. shtml。

③ *Malaysia Tourism Report*，published by Business Monitor International，Q4 2012.

④ Global Business Guide Indonesia – tourism，http：//www. gbgindonesia. com/zh – cn/services/article/2011/tourism_ untapping_ the_ potential. php.

在过去的 5 年里，客源主要来自新加坡、马来西亚、中国、日本等亚洲国家。

（5）交通运输落后。交通运输是印尼旅游业发展的最大障碍。作为一个由 17000 多个岛屿组成的国家，舒适方便的空中及海上运输对发展旅游业是十分必要的，而印尼一直以来都有着不良的航空安全记录。作为人口最稠密的岛屿，爪哇岛周边的海港面临着巨大的交通压力，道路运输网络也已无法跟上主要城市中心的购车速度。根据 2010~2011 年度世界经济论坛全球竞争力报告，印度尼西亚在 139 个国家中，基础设施总体排名位于第 90 位，道路质量排在第 84 位，铁路质量排在第 56 位，而与旅游业最密切的港口管理和航空运输基础设施质量则分别位于第 96 位和第 69 位。

4. 印尼滨海旅游业政策

（1）修改落地签证规定，进一步为商务和旅游提供便利。印尼司法与人权部颁布新条例，对落地签证的时间和收费做出修改。这项条例，已经在 2010 年 1 月 26 号开始实行。

（2）实施外国游客购物退税制度，在 2010 年 4 月 1 日已经开始。

（3）推动欧盟解除对印尼的禁飞限制，以吸引欧洲游客。之前已在 2010 年 6 月份恢复飞往欧洲航线的服务。①

5. 中国与印尼间的旅游合作现状

随着中国和印尼的经济交流日益紧密，两国政府对旅游合作高度重视，中国与印尼之间互为客源的旅游人数不断增加。中国大陆到印尼的旅游人数从 2006 年的 16.7 万人次增加到 2011 年的 46.9 万人次。② 与此同时，印尼到中国的游客人数也从 2006 年的 43.3 万人次增加到 2011 年的 60.87 万人次。③ 从位居中国旅游客源的第 14 位上升到第 13 位，多于

---

① Progress of International Visitor by Country of Residence 2006 – 2010，印尼旅游与创意经济部，http：//www. budpar. go. id/budpar/asp/detil. asp? c = 119&id = 1479。

② Progress of International Visitors by Country of Residence Year 2006 – 2011，印尼旅游与创意经济部，http：//www. budpar. go. id/budpar/asp/ringkasan. asp? c = 87。

③ 《2006 年中国旅游业统计公报》《2011 年中国旅游业统计公报》，中国国家统计局。

中国到印尼的游客人数，这与中国旅游业发展较迟以及较迟开放出国旅游有关。随着中国旅游业的开放，中国将成为印尼越来越重要的客源国。

2000 年 7 月 10 日，中华人民共和国国家旅游局与印度尼西亚共和国旅游艺术部签订《旅游合作谅解备忘录》。双方在该备忘录中承诺：①双方将在平等互利的基础上积极发展两国在旅游领域的合作；②双方将鼓励两国政府旅游机构和旅游企业开展交往和业务联系；③双方将鼓励两国公民和居民到各自国家访问；④双方将进行合作，吸引第三国游客到双方国家旅游；⑤双方将根据各自国家的法律和规定，为两国政府旅游机构和旅游企业从事旅游促销活动相互提供便利；⑥双方将不定期地交换旅游信息和旅游统计资料；⑦在双方认为必要时会举行双边旅游会晤以商讨两国旅游合作事宜和符合本谅解备忘录宗旨的合作程序、计划及建议的项目。

2001 年 11 月，两国签署了《关于中国公民赴印尼旅游实施方案的谅解备忘录》。《旅游合作谅解备忘录》和《旅游实施方案谅解备忘录》的签订，标志着两国的旅游合作开始走向制度化。

2008 年 9 月，印尼旅游局成立中国推广处，参加了在中国大陆及香港的一系列宣传活动，包括广州旅游交易会、国际旅游博览会、庆祝海洋公园水上游行活动和上海全亚洲海洋贸易会。旅游局还派遣多个推广代表团到北京、上海、广州、济南等地举办宣传路演，体现出印尼政府对中国市场的高度重视。印尼旅游局中国推广处将与印尼使馆和航空公司密切合作，为中国的旅游业、媒体和广大游客提供最新的旅游资讯，促进两国旅游界的交流与合作。根据最新规定，只要护照所剩的有效期在 6 个月以上，中国公民就可以在印尼国际机场的到达大厅申请落地签证。7 天的签证费用为 10 美元，如果想做深度游，还可以花 25 美元申请 30 天的签证。①

----

① 《印尼旅游局中国推广处成立》，中国经济网，http：//www.ce.cn/xwzx/gnsz/gnleft/mttt/200811/24/t20081124_ 17481382. shtml。

2012 年 1～4 月，印尼共接待外国游客 93.57 万人次。其中，中国游客从上年同期的 7.19 万人次增至 12.43 万人次，增幅高达 74.6%，游客人数仅次于澳大利亚，名列第二。中国游客增长速度之快，增长潜力之大，受到了印尼旅游部门的高度重视，于是提出了着力吸引中国游客的目标，计划到 2014 年吸引中国游客 100 万人次。为了实现吸引 100 万人次中国游客的目标，印尼旅游部门陆续制订了一系列改进措施和计划。其中，包括加大对华旅游宣传；进一步改进酒店预定、中餐供应、景点收费、货币兑换、规范导游，以及翻译人员培训；在上海至雅加达的航班上增设办理入境手续的服务项目等。从目前情况看，这些措施还有待进一步落实。①

6. 中国与印尼旅游合作建议

印尼可与中国合资合作加强滨海旅游基础设施建设，对滨海旅游区港口进行扩建和现代化改造，对滨海旅游城市的公共交通进行改造。

印尼需要打造滨海旅游国际品牌，通过开发高端休闲和娱乐设施来吸引更多来自美国、欧洲、俄罗斯和中东的高端消费游客。同时，将增加本国游客人数与国外客源多元化相结合，扩大游客规模。

开展中国与印尼间深度合作。两国除了利用双边的旅游协商机制外，还可利用东盟 "10＋3" 旅游部长会议机制来加强双方的深度旅游协作。

东盟各国应尽快实现东盟旅游一签通，这将推动印尼及东盟滨海旅游业的迅速发展。

五　海洋交通运输业

1. 资源利用现状

印度尼西亚海岸线曲折漫长，沿海港口资源丰富，各个岛屿共有大小港口 1700 个，其中商业港口 111 个。重要港口分布在爪哇岛、苏门答腊

---

① 《印尼设定百万游客目标》，中国经济网，http：//intl. ce. cn/specials/zxgjzh/201207/06/t20120706_ 23466594. shtml。

岛、苏拉威西岛、加里曼丹岛等地。目前最大的港口是雅加达的丹戎不碌港，吃水深度为 14 米。在丹戎不碌外港最大可靠 7 万吨级的船舶。2011年该港的吞吐量为 4711 万吨（数据来源：港务局），共建成码头泊位 24个，岸线长达 5514 米，外贸吞吐量占印尼全国的 50% 以上。①

海洋运输业是印尼的重要产业，90% 以上的国际货物贸易通过海上运输来实现。

2. 海洋交通运输业劣势

基础设施短缺。目前印尼各个岛屿共有 1700 个小港口，其中 111 个商业港口，而仅有 11 个集装箱港口，能够接收跨洋船只的大型港口匮乏。现有的基础设施陈旧，运转效率低下，无法满足当前的贸易成交量，致使周转时间延长。另有资料显示，雅加达主要港口丹戎不碌负责印尼 70% 的进出口流量，现有设施已超负荷运转。因此，很多印尼货物不得不经由马来西亚和新加坡运输。

成本攀升，竞争力下降。港口的拥堵及其所造成的瓶颈已使印尼的海运成本在环南中国海经济圈国家中排名第 2 位，仅低于文莱，占到了货物最终价格的 15%（数据来源于印尼工商总会）。② 这种状况使跨岛运输价格高于国际运输价格；将一个标准集装箱从西苏门答腊运到雅加达的航运价格是从雅加达到新加坡航运价格的三倍。③

高成本降低了竞争力。2010～2011 年度世界经济论坛全球竞争力报告显示，印尼基础设施和港口效率在世界的排名分别为第 90 位和第 96 位。印尼在 155 个参评国家中世界银行物流表现指数的排名为第 75 位，虽然较5 年前有所好转，但据世界银行营商环境报告来看，改善的速度远不及环南中国海经济圈同行（参见表 3-7）。

---

① 《印尼港口情况调研，2010 年驻亚洲国家经商处（室）调研汇编》，中华人民共和国商务部，http：//template1. mofcom. gov. cn/aarticle/bv/af/201110/20111007780231. html。

② 《历史数据和趋势数据》，世界银行驻中国代表处，http：//chinese. doingbusiness. org/custom-query#Economies。

③ Global Business Guide Indonesia - Shipping，http：//www. gbgindonesia. com/zh - cn/services/article/2011/indonesia_ s_ shipping_ sector. php。

表 3 - 7   2011 年度世界银行营商环境报告——印尼跨境贸易

项　　目	2008 年	2009 年	2010 年	2011 年	2012 年		
					印尼	东亚及太平洋地区	经合组织
跨境贸易排名	40	37	49	47	40		
出口成本（美元/集装箱）	667	704	704	704	644	923	1028
进口成本（美元/集装箱）	623	660	660	660	660	958	1080
出口单据数（份）	5	5	5	5	4	6	4
进口单据数（份）	6	6	6	6	7	7	5
出口用时（天）	21	21	21	20	17	21	10
进口用时（天）	27	27	27	27	23	22	10

数据来源:《2012 年全球营商环境报告》，世界银行驻中国代表处，http://chinese. doingbusiness. org/data/exploreeconomies/indonesia#trading - across - borders。

3. 印尼海洋交通运输业发展政策

印尼的港口管理原由四家国有企业负责，即第一、第二、第三和第四印尼海港公司。根据 2008 年的航运法，2011 年起该行业已向私营部门和外资开放，促进了港口行业的竞争及效率的提升。

印尼政府已认识到了从根本上升级基础设施的重要性。因此，作为国家基础设施发展总规划的一部分，印尼政府和私营部门开始加紧新的港口建设。据印尼《国际日报》2011 年 5 月 31 日报道，印尼有许多海港建设工程即将于数月之内开始施工，其中两个海港即卡里巴鲁（Kalibaru）海港和拉蒙湾（Teluk Lamong）海港计划 2012 年 7 月动工。第二印尼海港公司总经理 R. J. 李诺表示，将来卡里巴鲁海港可容纳 1300 万个标准集装箱。印尼丹戎不碌港 2017 年扩建竣工后，集装箱年吞吐量将从 590 万箱增至 1100 万箱。拉蒙湾（Teluk Lamong）海港的建设工程是由第三印尼海港公司（PT. Pelindo III）负责承建的其在锦石（Gresik）造价 4040 亿印尼卢比的多用途码头，这是该港 6 个配套工程之一，在多用途码头建成后，第三印尼海港公司将继续建设总值 1.4 万亿印尼卢比的配套项目。另外三个基础设施建设投资总额达 2 万亿印尼卢比。

私营公司也已通过修建自己的港口和码头设施参与到拾遗补阙的行动中，如印尼爱凯尔股份有限公司（AKR Corporind）和房地产开发商扎巴贝卡（Jababeka）在芝卡朗（Cikarang）建设的无水港。增加私营部门的参与将显著缩短周转时间并降低成本。鉴于2012年推行的东盟单一窗口以及将于2015年推行的单一市场计划，此举是十分必要的，届时区域贸易将会更加频繁。

印尼出台的第5/2005号总统令和第17/2008号法律于2011年初生效，规定只有所有船员都为印尼人的印尼船舶或国际船舶才能使用国内航线，其他外国船舶只能进入国际港口，而且货物进入印尼境内必须改为国内航运。这标志着以前受外国运营商控制的本土航运业在政府支持下的复苏。①

上述政策措施给印尼国内海洋交通运输业的发展带来了机遇，将推动该产业竞争水平和生产效率的提高。

4. 中国与印尼海洋交通运输业的合作对策建议

积极拓展中国—东盟合作范围，深化合作内容。2011年中国设立了30亿元人民币（约2.36亿美元）的"中国—东盟海上合作基金"，以期促进区内海洋交通运输业发展。2012年《落实中国—东盟面向和平与繁荣的战略伙伴关系联合宣言的行动计划（2011～2015）》交通合作倡议：结合《中国—东盟交通合作战略规划》优先项目，充分利用"中国—东盟投资合作基金"及其他相关资金，稳步推进双方在铁路、公路、海运、内陆水运等交通基础设施方面的互联互通；促进海运，开发海港，以改善中国与东盟成员国的互联互通。②

中国可在此基础上进一步加强与印尼的港口开发合作、造船修船合作、基础设施建设合作、科技经贸合作与专业人才培养合作，为印尼海洋交通运输业的发展及就业创造良好的内外部环境。

① Global Business Guide Indonesia – tourism，http：//www.gbgindonesia.com/zh – cn/services/article/2011/tourism_ untapping_ the_ potential. php.

② 《东盟航运业加快互联互通》，中华人民共和国驻印度尼西亚共和国大使馆，http：//id. china – embassy. org/chn/yncz/t941307. htm。

应抓住印尼海洋交通运输业对外开放的机遇，采取措施促进双边海洋交通运输业互联互通，并将该措施推广至东盟地区的海洋交通运输业。尽快制定统一的条例规章，执行统一的通关流程并保持透明公正。加强连接港口的陆路交通建设并相互提供便利措施。双方可率先试行互联互通，为东盟互联互通战略的具体实施发挥示范效应。

第四章

新加坡海洋产业研究

新加坡是东南亚的一个岛国，位于北纬 1°18′，东经 103°51′，毗邻马六甲海峡南口，北隔狭窄的柔佛海峡与马来西亚紧邻，并有两条长堤与马来西亚新山和振林山相通，南隔新加坡海峡与印尼巴淡岛相望。新加坡的总土地面积约为 714.3 平方千米，其中水域率达到 1.44%，全国由新加坡岛、裕廊岛、乌敏岛、德光岛、圣约翰岛和龟屿等 60 多个岛屿组成，海岸线总长 200 余千米。新加坡是亚洲重要的服务和航运中心之一。工业是新加坡经济发展的主导力量，持续快速发展至今，新加坡已成为全球第三大炼油国，以及世界电子工业中心之一。新加坡独特的地理位置为其发展现代海洋产业提供了得天独厚的条件。

一 海洋渔业

新加坡本是个渔村，四面环海，但沿海附近渔业资源不丰富。近年来，渔获量在 1.52 万~1.92 万吨之间变动，1974 年达到最高纪录（1.92 万吨）。新加坡的全部渔获几乎都是海产鱼类，内陆和沿岸养殖鱼类产量很少。如 1975 年渔获量 17560 吨，其中海洋产量为 16928 吨，占总渔获量的 96.4%，淡水产量为 632 吨，占总渔获量的 3.6%。1973 年全国有渔工 2277 人，1974 年降至 2194 人，其中有 1/3 渔工从事沿岸渔业，使用迷魂阵、鱼笼捕捞。近海渔业使用的渔具种类繁多，有桩张网、流网、敷网、大拉网、底曳网、手操网等，产量约占海洋产量的 25%。外海渔业日趋重要，主要渔场在南海，有些与发达国家联营，使用拖网、延绳钓和曳绳钓，其中拖网所占的比重很大。另外，外海渔业还打算到印度洋捕捞。[①]新加坡捕捞的鱼类种类繁多，有鲷、石首鱼、蛤、沙丁鱼、枪乌贼、乌贼、对虾等。据统计，新加坡现有渔船 769 艘，其中小型渔船 529 艘，在外海生产的长 21.2~35 米、总吨位 360~805 吨的大型渔船 240 艘。裕廊是新加坡最主要的现代化渔港，卸鱼的渔船中，大部分是外国船，每天处理鲜鱼 150 吨。渔港设有鱼市场、冷库、制冰厂、鱼品加工厂，并为国内外渔船提供煤、粮和维修等服务。[②]

1. 资源利用现状

新加坡渔业以捕捞业为主，养殖业所占比重极小。水产品的年产量基本稳定在 1600 吨左右，1982 年开始有所增产，1984 年当地上市的鲜鱼就有 2500 吨以上，其中小型渔船沿岸近海的产量平均约占总渔获量的 30%，其余则由以康卡和裕廊为基地的外海渔船生产。1972 年外海渔船的产量约占 40%，可见外海渔业十分重要。目前外海渔船船队不断向外拓展，东至南海的非领海水域，西至印度洋。

新加坡有近百家水产养殖场位于乌敏岛和林厝港的海域，饲养鲈鱼、虎斑、红鲷等供应给本地消费市场。新加坡有沿岸进行水产养殖的水面约 60 公顷，另有可利用的养殖水面约 100 公顷。虽然新加坡是东南亚国家中最早开始围海养虾的国家，约有 30 多年的历史，但由于工业发展、围海造田等阻碍了养殖业的发展，养虾业逐渐转向邻国马来西亚。目前，养殖的虾的品种主要有印度对虾、墨吉对虾、斑节对虾、短沟对虾、布氏新对虾、独角新对虾、刀额新对虾等。养殖方法简便，把围塘建于海湾和河口区的潮间带，每日开闸放水，让涨潮灌水入塘，塘内最高水位保持在 0.6 米，靠天然海水纳苗。由于塘内有水道与海相通，不需施肥。一般产量为

① 《新加坡渔业》，《水产科技情报》1978 年第 1 期。
② 陈思行：《新加坡渔业概况》，《海洋渔业》1987 年第 3 期。

300～800 公斤/公顷（折合亩产 20～53.3 公斤）。贝类养殖以牡蛎和贻贝为主，过去只从天然浅海采挖牡蛎，现已开始人工试养僧帽牡蛎，并初步取得成功。试养翡翠贻贝表明，新加坡养殖的这种贻贝，比其他地区的养殖期要短一半，只需 4～6 个月即可长到上市规格。新加坡沿岸水域潮间带生长的一种刺麒麟菜，过去采自天然岩礁，现已试行人工养殖。这种麒麟菜经过晒干后，可作护肤脂的原料，畅销于美国和欧洲等地，是外汇收入的一个重要来源。此外，新加坡还试养了尖吻鲈和石斑鱼。网箱养殖由基本环节入手开展研究，养殖品种主要是高价海水鱼。新加坡现已利用网箱成功养殖了几种鱼，并打算利用沿岸水域继续发展。内陆水域渔业规模很小，只限于池塘养殖各种鲤科鱼类和咸淡水虾。养殖业主要由华人经营，苗种也主要由中国供应。罗非鱼自 1950 年开始引进养殖，已告成功。近年来，罗非鱼养殖产量有所下降，从 1970 年的 1000 吨降至 1973 年的 700 吨，1975 年只剩下 632 吨。养殖热带鱼是新加坡养殖业的一个特色，在当地极为盛行。这种养鱼场多与花圃相结合，目前全国有 30 多个。培育的热带鱼畅销世界各地。[①]

总产量波动情况较大，在 1984 年达到最高值，为 26290 吨。而后呈现下降趋势，到 2010 年，大约只有 6000 吨。海水捕捞、水产养殖和其他类型的鱼类养殖都包括在内（见图 4-1）。[②]

海水捕捞产量从 2000 年开始急剧减少，现在每年保持在 3000～4000 吨的水平（见图 4-2）。

水产养殖始于 20 世纪 80 年代初期，2006 年产量达到最高点，接近 9000 吨。2006 年以后，开始下降，但下降幅度不大，现在保持在顶峰时期的一半，即 4000 吨左右（见图 4-3）。

同时，新加坡还积极引进周边国家的鱼类物种，包括中国、印度尼西亚、菲律宾、马来西亚等国家的各种鱼类。

---

① 陈思行：《独具活力的新加坡渔业》，《中国渔业报》2005 年 1 月 3 日。
② *FAO Fishery Statistic*，联合国粮农组织，http：//www.fao.org/index_ en.htm。

2. 经济效益

资料显示，新加坡渔业大宗商品的交易数量变化不大，平均水平保持在 32 万吨。但是，总体而言，新加坡渔业在国民经济中的作用较小，在国内生产总值中的比重不断下降（见图 4 - 4）。

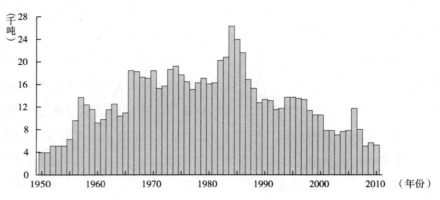

图 4 - 1　1950 ~ 2010 年新加坡渔业产量

数据来源：联合国粮农组织，http：//www. fao. org/index_ en. htm。

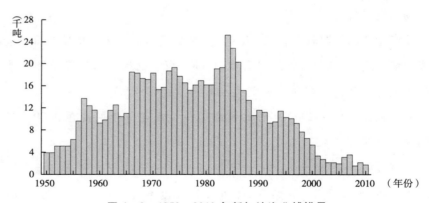

图 4 - 2　1950 ~ 2010 年新加坡渔业捕捞量

数据来源：联合国粮农组织，http：//www. fao. org/index_ en. htm。

3. 优势与劣势

优势主要表现在如下几个方面。

（1）新加坡气候炎热，独特的气候条件有利于渔业的发展，特别是某些特殊物种的培育。

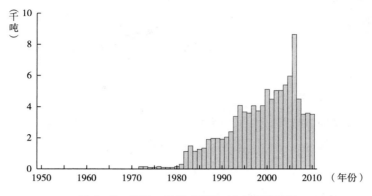

图 4 - 3　1950 ~ 2010 年新加坡水产养殖量

数据来源：联合国粮农组织，http：//www. fao. org/index_ en. htm.

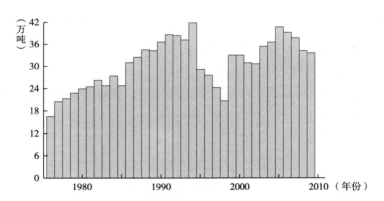

图 4 - 4　1976 ~ 2010 年新加坡渔业商品贸易统计

数据来源：联合国粮农组，http：//www. fao. org/index_ en. htm。

（2）先进的加工技术使新加坡水产品加工业在国际上具有竞争力。

（3）新加坡政府对水产业的管理机制合理，宏观调控得力，确实起到了政府调控市场、市场引导企业的作用。

（4）新加坡是东南亚最早开始围海养虾的国家，具有先行优势。

劣势主要表现在如下几个方面。

（1）新加坡的天然资源比较贫乏，国土面积狭小。

（2）相对于周边的发展中国家，新加坡的劳动力和生产成本高昂。

4. 中新海洋渔业合作对策建议

新加坡有若干关于渔业的立法与政策，与国外签署了有关粮食和农业（包括渔业、林业和水）的一些国际协议。在此基础上，中新双方可进一步扩大合作范围。

（1）物种引进合作

新加坡鱼类种类较单一，而中国拥有丰富的渔业资源与鱼类物种，可以通过交流实验，引进适合新加坡的鱼类，提高新加坡渔业的发展空间。

（2）渔船修造技术合作

新加坡的渔船队在 20 世纪 60 年代后期大幅度减少，目前处于稳定状态。[1] 小型渔船正在被容量较大、机械化程度较高的渔船所取代。新加坡的造船修船业较发达。中国可在渔船修造方面与新加坡合作，共同开发机械化程度更高的渔船，提高捕捞效率，增加水产品产量。

（3）水产品贸易合作

新加坡作为东南亚的水产品国际贸易中心，地位极其重要。中国人口众多，消费市场庞大；同时，中国水产品种类丰富，也可满足新加坡对水产品的各种消费需求。

二　滨海旅游业

1. 资源利用现状

新加坡是位于马来半岛南端的一个城市岛国，该国地处太平洋与印度洋之间的航运要冲——马六甲海峡出入口，有"亚洲十字路口"之称，为世界著名的海空交通枢纽。[2] 新加坡曾被称作"弹丸之国"，因其国土面积小，自然资源较为缺乏，没有名山大川，也没有 200 年以上的古迹，唯一的资源是"阳光与海港"。然而，新加坡从本国实际出发，充分利

---

[1] 《新加坡渔业》，《水产科技情报》1978 年第 1 期。
[2] 周敏：《世界分国地图——新加坡》，中国地图出版社，2005。

用有利的资源，精心设计，大胆创新，在发展经济的同时大力发展旅游业，不断提高服务质量，创造出别具一格的特色旅游产品，走上了旅游业快速发展之路。近年来，世界海滨海岛旅游的热点向亚太地区扩展，东南亚许多海滨海岛旅游发展迅速。而新加坡优越的地理位置和发达的交通运输业不仅使游客进入新加坡极为便利，也使新加坡成为东南亚的旅游中转站。海滨海岛旅游是东南亚地区共同的旅游优势项目，它的兴起正好给新加坡整合区域旅游资源提供了契机，是新加坡旅游产业发展的机遇所在。[①]

2. 经济效益

表4-1和表4-2分别是新加坡历年入境旅游人数统计和新加坡历年旅游国际收入统计。可以看出，2007年，新加坡入境旅游人数为1028万人次，同时创造了国际旅游收入141.22亿新元。从2000年开始，新加坡的旅游业整体呈现出增长趋势。首先，体现在旅游人数上，从2000年的769万人次增长到2007年的1028万人。其次，其旅游收入从2000年的104亿新元增长到了2007年的141.22亿新元。其中受到"非典"影响，2003年新加坡入境旅游人数从2002年的767万人次下降到512万人次，国际旅游收入也从2002年的88.31亿新元下降到了69.37亿新元。除去特殊因素影响，新加坡的旅游业整体增长幅度比较明显，2000年到2007年入境游客人数的年平均增长率为4.23%，国际收入的年平均增长率为4.47%。[②]

表4-1　新加坡历年入境旅游人数统计

单位：万人次

年份	2000	2001	2002	2003	2004	2005	2006	2007
人数	769	752	767	512	833	894	975	1028

资料来源：新加坡旅游局。

---

① 段兆雯、张兆琴：《新加坡特色旅游对陕西旅游业发展的借鉴》，《西安邮电学院学报》2010年第11期。

② 伍琴琴、刘连银：《进入新世纪以来新加坡旅游业发展战略研究》，《东南亚纵横》2009年第7期。

表 4 - 2　新加坡历年旅游国际收入统计

单位：亿新元

年份	2000	2001	2002	2003	2004	2005	2006	2007
收入	104	94.32	88.31	69.37	98	108.71	123.95	141.22

资料来源：新加坡旅游局。

3. 相关政策

新加坡旅游局于 2005 年 1 月 11 日出台了"旅游 2015 计划"。该计划希望在 2015 年将旅游收入从 2004 年的 98 亿新元（约合 58.6 亿美元）增加到 300 亿新元（约合 183.3 亿美元），并创造 10 万个新的就业机会。同时，计划在 10 年内力争使到访的游客数量翻一番，即从 2004 年的 833 万人次增至 1700 万人次。①

4. 优势与劣势

（1）优势。新加坡政府重视对旅游业的管理、规划与投资，注重开发市场，协调旅游业与其他产业的关系，定期斥资维护基础设施、建设旅游景区和景点；新加坡重视对历史文化遗迹的保护，以突出旅游业的民族与文化特色；新加坡注重旅游产业的对外宣传，提高其知名度和国际竞争力。

（2）劣势。新加坡国土面积小，人口多，城市化水平高而旅游自然资源匮乏，对旅游业进一步发展形成了一定的限制；新加坡发展国际旅游合作的力度不够，与国际旅游机构以及周边各国从事旅游教育科研工作的机构的沟通和合作相对比较欠缺。

5. 中新滨海旅游业合作对策

新加坡可加强与中国旅游机构的沟通与联系，以获取更符合中国游客偏好和消费特点的信息。为整合多国旅游资源与项目，开辟区域型旅游线路，新加坡可与其他东南亚国家合作，在中国选址投资兴建集休闲、娱乐、餐饮于一体的新加坡或东南亚主题村，从而带动整个东南亚地区旅游产业的发展。

新加坡虽然是一个旅游资源匮乏的小国，但其旅游业整体发展水平却

---

① 《新加坡决定加大旅游业发展力度》，新华网，http://news.xinhuanet.com/world/2005 - 01/11/content_ 2446824.htm。

始终居于世界前列。所以，中国可以借鉴其旅游业的管理、规划与投资经验及营销策划经验，推动本国旅游业的发展。

三　海洋电力业

新加坡是一个资源匮乏的国家，也是一个环保节能意识非常强的国家。近些年来，新加坡很重视清洁能源领域的发展。海洋能源中的海洋风能、潮汐能、太阳能等不但绿色环保，属于清洁能源的范畴，而且资源丰富，因此，新加坡的海洋电力业具有很大的发展空间。

1. 优势与劣势

能源的多样化发展是未来的趋势，对于新加坡来说，发展海洋电力业的优势主要体现在以下几个方面。

（1）资源丰富

新加坡地处热带地区，充足的阳光为太阳能的发展提供了良好的外部条件。另外，新加坡多面环海，海洋风能、潮汐能均可以被利用，天然的海洋能源丰富。

（2）基础设备完善

新加坡处于发达国家行列，属于城市型的国家，具有较为完善的基础设施。资料显示，新加坡在基础设施价值链的各段均有具备显著能力的企业，包括建筑设计、技术发展、项目实施、过程采购以及建造等。

（3）融资业务发达

作为全球主要发达国家之一，新加坡拥有十分发达的金融业。在融资方面，新加坡国内有专业的金融机构和融资团队，这些团队为新加坡海洋电力业的发展做出了重要贡献。例如，新加坡2012年第三季度发售债券总额达122亿美元，其中能源和电力方面的债券发行额占7%。① 另外，除了国内

---

① 《新加坡企业 2012 年第 3 季度债券发售额达 122 亿美元》，中国经济网，http://intl. ce. cn/sjjj/qy/201210/11/t20121011_ 23745476. shtml。

融资机构，新加坡境内还有大量以欧洲银行为主的全球银行的项目融资团队。

在招商引资方面，新加坡吸引了一批世界级的大型外资项目。例如，2008 年初，瑞士欧瑞康太阳能公司宣布在新加坡投资建厂，包括它在亚洲的第一座厂房及研发中心，以及销售办事处、客户支援服务部、物流业务中心、客户培训中心和它在全球最大的试产线。2007 年，挪威再生能源集团宣布在接下来的五年内，投资 43 亿美元在新加坡兴建世界最大的综合太阳能制造中心，该项目是当时全球太阳能产业最大的单一投资项目。2007 年，丹麦风力发电机制造商在新加坡也设立了研发中心等。①

（4）科研能力强

在业界领先企业来新投资的同时，新加坡也很重视清洁能源技术的研究和开发。近几年来，新加坡在国内建立起了所需的硬件设施和制造能力，并且十分注重人才的培养。2008 年 4 月，新加坡国立大学专门成立了新加坡太阳能研究所。2009 年 11 月，新加坡能源市场管理局推行了一项"智能能源系统"试验计划，新加坡太阳能研究所也成立了国家级实验室。②

尽管新加坡的基础设施比较完善，经济比较发达，但在发展海洋电力业方面也面临一些问题，主要有以下两点。

（1）发展起步晚

有关资料显示，新加坡 80% 的电力来自天然气燃烧，并且政府预计有关方面的需求很快将超过供应，因此曾考虑进口电力来应对电力短缺的挑战。而早在 2000 年，欧洲风力发电的年增长率就已经超过 30%，截至 2005 年，欧洲风力发电已经能满足 4000 万人的生活需要，在丹麦，风力发电为全国提供了 20% 的电力。因此与欧洲部分国家相比，新加坡发展太

---

① 《新加坡致力打造世界清洁能源枢纽》，《经济日报》2008 年 9 月 23 日。
② 《新加坡洁净能源发展路径》，21 世纪网，http://www.21cbh.com/HTML/2009 – 11 – 20/154645.html。

阳能和风能起步较晚。

（2）海洋技术欠缺

资料显示，新加坡经济发展局计划 2012 年在登格水库进行水上太阳能光伏浮岛试点项目。该项目是东南亚地区第一个太阳能浮岛项目，新加坡将通过这个项目的试点来探讨在水上建立太阳能极板的难度，以及这类装置的成本和效益等。把太阳能极板装置在水库的池面上，是因为水库没有风浪，比在海平面上建设太阳能浮岛要容易得多。由此看来，新加坡的太阳能发电项目还在试验阶段，并且在海洋上发展太阳能发电的技术还有待提高。①

2. 新加坡海洋电力业政策

（1）政策方面

近五年，新加坡政府投资了 3.5 亿新元发展清洁能源，重点是开发洁净能源产品及提供解决方案，并使本国发展成为世界级的清洁能源枢纽。2011 年，新加坡政府投入 2.42 亿美元发展清洁能源，重点开发太阳能。有关部门预计，清洁能源将在 2015 年为新加坡创造 7000 个就业机会，带来 17 亿新元的经济收入。

新加坡公布的清洁能源业发展蓝图有 5 大行动目标：第一，实现能源进口的多元化；第二，大力发展太阳能、风能等新能源；第三，提高能源利用率；第四，发展能源工业；第五，加强国际能源领域的合作。②

近年来，新加坡致力于绿色环保节能建设，其绿色环保节能措施主要体现在废水利用、垃圾处理、清洁能源发展、绿色建筑推广四个方面，目前已成为一项国策。③④

---

① 《新加坡计划建太阳能光伏浮岛发电站》，人民网，http：//world. people. com. cn/GB/157278/16158176. html。

② 《新加坡确立发展清洁能源新目标》，《经济日报》2007 年 4 月 4 日。

③ 《新加坡节能环保调研报告》，中国贸促会，http：//www. 360doc. com/content/10/0513/21/620041_ 27460787. shtml。

④ 《新加坡多项举措强化节能管理》，《中国质量报》2011 年 8 月 24 日。

（2）执行机制方面

2007 年，新加坡政府成立了清洁能源执行委员会，其下属职能机构为清洁能源发展项目办公室，主要任务包括吸引更多科研人员、制造商和外国企业在本地设立区域总部，加强本地业者的竞争力，以及为起步公司创造良好的环境等。同时，该办公室还具体负责推动和协调清洁能源研发、实验项目，为相关的重点计划提供支持和资助，以便在新加坡建立世界一流的研究中心，培养清洁能源领域的专门人才。

（3）科研配套方面

为了支持太阳能科技的发展，2007 年，新加坡政府曾计划在此后五年内投入 1.3 亿新元的配套资金。

3. 中国新加坡海洋电力业合作建议

由于海洋电力的开发需要较高的技术水平，我国在海洋电力业方面仍处在研发、试验阶段。与新加坡相比，中国在海洋电力发展方面并没有太多优势，并且两国都是其他国家风力发电企业的投资对象。例如，全球最大的风力发电设备制造商维斯塔斯的技术研发网络遍及美国、英国、印度、新加坡和中国。

2012 年 4 月，为了了解中国能源管理和网络建设及运营等方面的做法，新加坡能源市场管理局局长徐芳达来华访问，此次访问加强了中国与新加坡在能源管理等方面的合作。鉴于两国的海洋电力业都处于发展的起步阶段，中国和新加坡应进一步加强海洋发电技术方面的交流与合作，共同应对发展阻力，共同分享发展成果。

四　海洋工程装备制造业

1. 行业发展现状

依托合资模式，迅速占领海工市场。新加坡是传统的修船大国，各大船厂自 20 世纪 60 年代转型进入海洋工程领域，一直专注于钻井平台建造。70 年代通过吸引外资建厂，开展技术合作，吸收并学习了丰富的经验和技术。80 年代远东莱文斯和钻井平台设计商 Friede & Goldma 合作研发自升式钻井平台 Monarch，标志着新加坡海洋工程从制造向设计研发的转移。21 世纪以来，新加坡船厂开始自主研发，进一步向高附加值领域发展，逐步实现产业升级。①

2. 经济效益

从 1998 年到 2010 年，新加坡海洋工程营业收入从 9.5 亿美元增加到 80.8 亿美元，增长了 7.5 倍，占海洋工业总收入的比重也从 24.6% 提高到了 60%。

据新加坡海事工业商会（ASMI）的统计数据，新加坡船厂从修船项目取得的营业额在 2003 年占船厂总营业额的 26.5%，比 1993 年的 64% 显著缩小；造船项目的营业额在 2003 年占船厂总营业额的 19%，比 1993 年的 28% 减少近 1/3。相反，海洋工程则从 1993 年占新加坡船厂总营业额的 4% 提高到 2003 年的 20%。浮式生产储存卸载装置（FPSO）改建工程在 2003 年占 35%，而在十几年前，新加坡船厂还没有从事这方面的工程。目前，海洋工程（包括 FPSO 改装项目）占新加坡海事业整体营业额的 80%。

3. 优势与劣势

优势表现在如下几个方面。

（1）拥有世界海工领先企业。吉宝岸外与海事（Keppel O & M）是目前世界上最大的钻井设备建造公司，成立于 2002 年，由 Keppel FELS、Keppel 船厂、Keppel Singmarine 以及 Keppel 海外船厂组成，隶属吉宝集团。同时它也是世界上最具成本竞争力的岸外钻井平台建造基地。据悉，吉宝岸外与海事在海上钻油平台建造方面还未遇到竞争者，其建造的速度远超过韩国、中国，但成本却低于这些国家。胜科海事公司也是世界海洋工程事业的全球领先者，在船舶维修、建造、改装，海洋平台及其装备建

① 《高端装备制造专题之海洋工程：复制新加坡模式、转型者有望最受益》，东方证券股份有限公司，http://stock.stockstar.com/JI2012020200000576.shtm.

造和改装方面拥有丰富经验。胜科海事公司以新加坡、中国和巴西为中心，在世界上共有 11 家船厂。

修船业优势明显。新加坡是世界主要的修船国家，年修船产值占世界总产值的 9.48%，其中 FPSO 船改装产值占世界总产值的 2/3，海上平台修理/改装产值占世界总产值的 60%。新加坡修船业的主要特点是：地理位置有优势，即处于马六甲海峡的东南端，系欧亚航线必经航道；港口均为深水港；能提供优质服务；安全管理系统先进；以高科技储量的修理业务取胜；向国外扩张，具有在世界修船市场的竞争力。

（2）大小船厂各有舞台，齐头并进。新加坡船厂一直以来在建造浅水自升式钻井平台和深水半潜式采油平台方面处于世界领先地位。但他们并不满足于现状，大型船厂不断扩展在海洋工程方面的业务领域。在 FPSO 的建造领域也要争取大的市场份额。吉宝岸外与海事和胜科海事公司都接获了钻井船订单。虽然订单不是新船，只是改装船，但这些中部带井口铁塔的钻探船对于新加坡船厂来说已是一个全新的领域。

在大型船厂承建海上工程装备的同时，新加坡小型船厂开始集中建造诸如锚拖三用工作船等近海供应船。经过与全球领先的近海供应船建造公司挪威的阿克尔船厂、Kleven Verft 船厂及美国的林格尔船厂进行了一番激烈的竞争后，新加坡的一批中小船场，如成功控股（Iaya H0ldings）、如同海运（Labroy Marine）、泛联海事（Pan – Un"ed Marine）和洪新刘海运（ASL Marine）等，已占有全世界近海供应船市场近 1/4 的份额。

（3）钻井设备优势明显。新加坡船厂在建造浅水自升式钻井平台和深水半潜式采油平台方面一直处于世界领先地位。截止到 2008 年 6 月底，全世界共有 140 座移动式海洋钻井装置（MODU）在建，加上刚刚成交的 32 座和计划建造的 11 座，总计 183 座海洋钻井装置。这 183 座海洋钻井设备总价值超过 720 亿美元，平均每座价格大约 4 亿美元。新加坡占有最高的市场份额（见表 4 – 3）。

表 4-3 2008 年 6 月各主要建造国家所承建的钻井设备数量

国　　家	自升式（座）	钻井船（艘）	半潜式（座）	总计（座）	份额（%）
新加坡	45	1	24	70	38.3
中　国	16	2	11	29	15.8
韩　国	0	39	6	45	24.6
其　他	23	5	11	39	21.3
合　计	84	47	52	183	100

新加坡吉宝和胜科海事在海洋工程设备建造方面也久负盛名，技术力量十分雄厚，在自升式钻井平台、半潜式钻井平台和改装 FPSO 市场的占有率都相当高。新加坡吉宝在过去 10 年里承造的自升式钻井平台数量居世界第一。

（4）技术创新、管理先进。新加坡海工企业与欧美、韩国在技术与生产方面合作紧密，早在 30 多年前就锁定海洋工程的研究开发和建造，有专门的研发机构和人才。进入 21 世纪以来，新加坡船厂开始自主研发，进一步向高附加值领域发展，逐步实现了产业升级。在项目管理方面，项目经理对专业非常精通，全面承包平台组件的所有建造任务，管理人、财、物，而且有印度、巴基斯坦等国家的廉价劳动力作支撑。新加坡船厂拥有很好的工程管理能力，而且在工人技术、基础设施、工程效率、工作安全准则等方面都有很高的信誉。此外，能够在极短时间内按时交货也是本地船厂的一大强项。在需求强劲的市场的带动下，船艇及钻油台的租用收费已相应提高；如果建造工程延误工期，船主或岸外钻油台出租商便会蒙受损失。在新加坡众多海事工程公司中，吉宝岸外与海事、胜科海事公司在海洋工程建造中当属领头羊。

（5）有利的外部环境。据统计，在近 10 年发现的大型油气田中，有近 60% 位于茫茫大海，海洋工程装备及海洋工程结构物的需求已经呈现出快速增长态势。为缓解目前全球油气供需的矛盾，海洋油气开发将成为世界油气生产最主要的增长点，并为海洋工程装备制造业的发展提供更广阔的市场空间。2011 年，世界海洋工程装备市场订单金额达 690 亿美元，创历史最高纪录，同比增长 130%，这也是海工装备订单首次超过同期新船订单金额，成为世界船舶工业新订单的主要来源。这对摩拳擦掌欲分割大块市场份额的新加坡船企来说，无疑是一个难得的机会。

劣势主要表现在以下两个方面。

（1）欧美仍掌握关键技术，韩国垄断高附加值船舶。从国际海洋工程装备的产业格局来看，在总承包和设计方面，目前美国、挪威、法国、澳大利亚等国的大型海洋工程公司和设计公司依然占据市场的主导地位，掌握着大量的关键设计技术和专利技术，处于产业价值链的高端。韩国三星重工、大宇造船、现代重工和 STX 造船也纷纷聚焦高附加值船舶领域，几乎垄断了所有高附加值船舶订单，韩国现代重工、三星重工、大宇造船等公司几乎占据全球钻井船（平台）90% 的份额。

（2）新的竞争者不断出现。除其他具有一定实力的竞争者外，印度的 ABG 造船有限公司、巴拉蒂船厂最近也开始开足马力在近海供应船市场上争夺一席之地。全球领先的近海供应船建造公司挪威的阿克尔船厂、Kleven Verft 船厂也开始与新加坡小型船厂展开激烈竞争。①

4. 中新海洋工程装备制造业合作对策建议

中新在海洋工程装备制造业已开展的合作项目有如下几项。

（1）2006 年，新加坡太平洋海洋工程项目在浙江舟山市长白乡奠基。该项目建成后主要从事海洋石油勘探平台、海上浮式储卸装置与船舶的制造。项目总投资 2.5 亿美元，分三期推进，其中一期投资 1 亿美元，项目全部竣工期为 5~7 年，全部建成投产后年产值可达 100 亿美元。②

（2）2007 年，新加坡万邦集团大型海洋工程项目落户我国舟山。该项目选址确定在舟山市开发区北部园区，主要经营海洋工程、超大型船舶修理及改装、船舶配套产品生产等业务。项目一期占地 1100 余亩，总投资约

---

① 《我国海洋工程装备制造行业发展现状及建议》，中国国际经济合作协会，http：//cafiec. mofcom. gov. cn/aarticle/tongjipeixun/201207/20120708214737. html。

② 《高端装备制造专题之海洋工程：复制新加坡模式、转型者有望最受益》，东方证券股份有限公司，http：//stock. stockstar. com/JI2012020200000576. shtm。

经济圈研究

环南中国海现代产业体系与

096

20亿元人民币，争取在两年内建成投产，从第三年起实现年产值80亿元人民币以上。

（3）2008年，新加坡吉宝集团与南通市政府签订了总投资1亿美元的吉宝海洋工程项目合作协议。公司注册资本3500万美元，建成后可形成20亿元人民币的年销售规模。

（4）2011年，新加坡JES国际控股有限公司计划总投资100亿元建设山东日照海洋装备制造基地暨瑞盛海洋工程项目，规划建设周期三年，主要生产制造海洋工程设备、深海钻井平台、集输设备等，项目投产后预计每年可实现销售收入300亿～500亿元。届时，日照将成为国内最大的海洋装备制造基地，拥有建造各类海洋工程装备的生产能力。①

针对中新海洋工程装备制造业合作，我们给出如下对策建议。

（1）加强企业技术合作。中国海洋工程装备制造业起步较晚，设计、建造能力还十分薄弱，技术水平与世界先进水平还有不少差距。而新加坡凭借自身在造修船方面的优势，已经在自升式平台、半潜式平台、钻井船和浮式生产系统等主流海洋工程装备领域占据了较大的市场份额，并具备了部分产品的关键设计能力，推出的产品也已经为国际主流所接受。政府应鼓励中国和新加坡海洋工程装备制造企业联合开展装备的研发和创新，鼓励合资成立研发机构。

（2）人才培养合作。新加坡海洋工程装备制造企业有很强的管理能力，而且在工人技术、工程效率上有很好的信誉，中国海工企业亟须加强创新型研发人才、高级营销人才、项目管理人才、高级技能人才等专业人才队伍的建设，政府应积极为企业创造条件，营造良好的人才发展环境，引进新加坡研发设计、经营管理方面的高层次人才和团队，优化人才培养和使用机制。

（3）推进国际海洋工程项目合作。中国和新加坡海洋工程企业各具优

---

① 《山东日照海洋装备制造产业项目开工》，中国石油和化工网，http：//www.cpcia.org.cn/html/16/20114/876519281.shtml。

势，合作前景广阔：新加坡企业可以其在世界海洋工程装备制造行业的影响力、客户资源为中国企业提供发展海工业务所需的技术、人力资源、管理等支持；中国企业则可依托中国快速发展的海工市场及颇具竞争力的海工建造条件，为新加坡企业提供拓展新兴市场的机遇和各类优质船舶。

五 海洋交通运输业

1. 资源利用现状

得天独厚的地理位置和发达的经济基础，使新加坡港成为世界上最大的港口之一。新加坡港位于新加坡南部，马六甲海峡的东南侧，新加坡海峡的北侧，是亚太地区最大的转口港，世界上最大的集装箱港口之一。2011 年之前，新加坡港是世界上最繁忙的港口，并被称为"世界利用率最高的港口"。约有 250 条航线来往世界各地，80 多个国家和地区的 130 多家船公司的各种船舶日夜进出新加坡港。

早在 2004 年，新加坡港就拥有大量现代化的基础设施，共有 37 个集装箱泊位，岸线长约 10.3 千米，港口最大水深 15 米，拥有岸边起重机112 个，设计年处理能力为 2000 万个集装箱。当时，新加坡港有 6 个码头，包括 Tanjong Pagar，Kepple，Brani 和 Pasir Panjang4 个集装箱处理码头，1 个多功能处理码头，1 个新加坡港务集团与中国的中远集团合资的COSCO PSA 码头。① 新加坡港在全球港口中的位置可参见表 4－4、表 4－5、表4－6 的数据。

表 4－4　2011 年全球前十大港口货物吞吐量排名

排　名		港口名称	货物吞吐量（万吨）		增长率（%）
2011 年	2010 年		2010 年	2011 年	
1	1	上　海	65197.1	72032.9	10.48
2	2	宁　波	62052.1	67838.2	9.32

---

① 《新加坡概况》，中新合作经贸网，http：//www.csc.mofcom－mti.gov.cn/csweb/csc/info/Article.jsp? ano＝137174&col_ no＝123。

排名		港口名称	货物吞吐量（万吨）		增长率（%）
2011 年	2010 年		2010 年	2011 年	
3	3	新加坡	57893.1	61571.62	6.35
4	4	广　州	41100	45100	9.73
5	6	天　津	41000	44800	9.27
6	5	鹿特丹	43015.9	43342.4	0.76
7	7	青　岛	35000	37500	7.14
8	8	大　连	31135.7	33800	8.56
9	10	唐　山	25062	30800	22.9
10	9	釜　山	26000	29357.07	12.91

数据来源：《全球港口发展报告》（2011）。

表4-5　2011年全球前十大港口集装箱吞吐量

排名		港口名称	集装箱吞吐量（万标准集装箱）		增长率（%）
2011 年	2010 年		2010 年	2011 年	
1	1	上　海	2905	3173.9	9.3
2	2	新加坡	2842.5	2993.7	5.3
3	3	香　港	2343.2	2422.4	3.4
4	4	深　圳	2250.97	2249.9	0.0
5	5	釜　山	1419.4	1617.5	14.0
6	6	宁　波	1315.12	1463.93	11.3
7	7	广　州	1252	1430.8	14.3
8	8	青　岛	1201.17	1302.04	8.4
9	9	迪　拜	1160	1200	3.4
10	10	鹿特丹	1110	1190	7.2

数据来源：《全球港口发展报告》（2011）。

表4-6　2009年世界前十大集装箱港口排名

排名		港口名称	集装箱吞吐量（百万标准集装箱）		增长率（%）
2009 年	2008 年		2009 年	2008 年	
1	1	新加坡	25.87	29.92	-13.5
2	2	上　海	25.00	27.98	-10.7

新加坡海洋产业研究　第四章

099

排　名		港口名称	集装箱吞吐量（百万标准集装箱）		增长率（%）
2009 年	2008 年		2009 年	2008 年	
3	3	香　港	20.98	24.49	-14.3
4	4	深　圳	18.25	21.41	-14.8
5	5	釜　山	11.95	13.43	-11.0
6	8	广　州	11.19	11.00	1.7
7	6	迪　拜	11.12	11.83	-6.0
8	7	宁　波	10.50	11.23	-6.5
9	10	青　岛	10.26	10.32	-0.6
10	9	鹿特丹	9.74	10.80	-9.8

数据来源：http://wenku.baidu.com/view/e5a7437e27284b73f2425094.html。

2. 经济效益

表 4-7 是新加坡国内港口的集装箱吞吐量情况，2000～2008 年，新加坡集装箱吞吐量年均增长 7.24%，受到金融危机的影响，2009 年，国际贸易量降低，新加坡港口货运量出现了一定幅度的下降，但是仍然达到了 2587 万吨。

表 4-7　东南亚部分国家港口集装箱吞吐量

单位：万标准集装箱

年　份	2000	2004	2005	2006	2007	2008	2009
新加坡	1710	2133	2319	2479	2794	2992	2587
越　南	119	227	254	300	401	436	475
马来西亚	464	1151	1220	1342	1483	1603	1584
菲律宾	303	368	363	368	434	431	412
中　国	4100	7473	6725	8481	10382	11496	10598

数据来源：国家统计局网站。

除其他国家在新加坡港口的中转货运量外，2000～2005 年，新加坡所有港口的国际海运装卸货量增加了 29.58%，2005～2010 年，增加了 11.55%。2010 年，新加坡所有港口的装货量和卸货量总和达到了 47146 万吨（见表 4-8）。

表4-8 新加坡港口国际海运装货量和卸货量

单位：万吨

年　份	2000	2005	2010
货　量	32618	42266	47146

注：货量不包括转口情况。

数据来源：国家统计局网站。

3. 优势

在海洋交通运输业方面，新加坡处于世界前列，其优势主要体现在以下几个方面。

（1）港口条件优越

新加坡自然条件优越，水域宽敞，很少受风暴影响，治区面积达538万平方米，水深适宜，吃水在13米左右及以下的船舶可顺利进港靠泊。这些优越的自然条件为港口和海洋交通运输业的发展奠定了基础。

（2）基础设备完善

新加坡经济基础发达，并且作为世界的重要转口港，海洋交通运输业的基础设施建设相对较完善。装卸设备有各种岸吊、门吊、集袋箱吊、汽车吊、铲车、叉车、卸货机、牵引车、拖船等，其浮吊最大起重能力达203吨，拖船功率最大为1400千瓦，还有直径150～600毫米的输油管供装卸石油使用。表4-9提供了部分公司的相关数据。

表4-9 2004年新加坡港集装箱码头基础建设情况

码　头	Brani	Kepple	Pasir Panjang	Tanjong Pagar
面积（公顷）	79	96	84	80
最大水深（米）	15	14.6	15	14.6
泊位（个）	5个主要泊位，4个辅助泊位	4个主要泊位，10个辅助泊位	6个主要泊位	6个主要泊位，2个辅助泊位
设备（个）	29个岸边起重机，107个堆场起重机	36个岸边起重机，114个堆场起重机	22个岸边起重机，59个堆场起重机	27个岸边起重机，85个堆场起重机
堆放点（个）	15424	20248	14260	16532
集装箱冰冻点（个）	1120	936	648	840

资料来源：http://wenku.baidu.com/view/1062bec04028915f804dc25e.html。

4. 政策支持

新加坡的海洋交通运输业蓬勃发展，原因主要是区域贸易及经济蓬勃发展，这使货运非常紧张，新加坡对船只的需求增加，对机械的需求也有所增加。[①]

新加坡政府采取了一系列措施来促进企业的发展，其中关于企业的税收减免政策主要包括以下几个方面。

（1）对现有企业扩大投资实行免税

凡经新加坡政府主管部部长认可，认为某企业的产品增产符合新加坡的经济利益，该企业及其产品则可被列为"认可企业"与"认可产品"。为生产和增产认可产品所投资的新资本投资额在 1000 万新元以上的企业可被列为"扩展企业"。"扩展企业"由追加投资所取得的收入增加部分，五年内免税。该规定同时适用于服务业企业

（2）为扩大生产设备而借入外国资金者，可以免征利息所得税

凡外资企业为购买生产设备而向外侨借入 20 万新元以上资金者，经新加坡政府主管部的部长认可，经会计检查官认定该外侨在居住国并无负债者，其利息可以免除所得税。

（3）为了促进机械化，缩短机械设备的折旧时间

为了促进产业结构的转变，引进自动化机械设备和电子计算机等设备时，可以在第一个年度 100% 提完折旧（第一个年度未能全部提完 100% 的折旧时，其余额可以留在第二年度以后提存）。此外，企业所使用的建筑物，第一年可以提存 25% 的折旧，可以在 25 年或更多的年份里提完折旧。

（4）对批准的国际贸易企业的减税

在新加坡当地营业的受批准贸易企业符合一定的条件者，从被认可的交易领域（农产品与食品、工业制品、矿产品、建筑材料与机械部件 5 类中由政府指定的商品项目）中进行交易所取得的利润可以减免所得税，将

---

① 《新加坡争霸海洋工程市场》，中远船务工程集团有限公司，http：//www. cosco – shipy-ard. com/newsx. asp？ id = 1793。

一般的所得税率30%，减至10%（减税期限为5年，并可延长）。自1992年8月1日起，以下7种商品项目也由新加坡政府指定为减税对象。①加工过的食品、饮料；②服装、衣料等；③家具；④日用品；⑤机器、机械；⑥各种器具；⑦运输机械。

（5）对批准的国际海运企业的免税

取得"批准的国际海运企业"身份的海运企业在新加坡国外从事非新加坡船籍航运所得的利润，及其子公司及有关的海运公司所取得的红利，免征公司所得税。

绝大部分的原材料、生产设备的进口可以免征进口关税；如果该原材料属于课税商品项目，可在其制成品出口时退还进口税。[①]

5. 中新合作已有合作及建议

前不久，中国海运（集团）总公司、新加坡港务集团与宁波港股份有限公司等3家国内外港航业"巨头"，共同拿下了宁波梅山保税港区集装箱码头两个泊位的经营权，预计这两个泊位年吞吐量可达120万标准箱，未来将进一步促进两国港航物流业的高速发展。

2010年8月2日，新加坡裕廊港与广西北部湾港签署协议，进一步深化了双方的港口合作。从2004年开始，裕廊港已建立了与广西各港口的友好关系，建立了战略合作伙伴关系，进行信息交流，互通业务构想和技术等，进一步提升各自港口的运作能力和水平。

中国与新加坡的港务合作以及运输业合作应以两国贸易互利互惠为基础，根据运力等实际情况，做好双方的信息及渠道的沟通工作，以便双方的运输公司能够高效完成运输业务，达到双赢的局面。

中新应在互联互通方面深化合作内容，进一步推进新加坡与粤闽琼的互联互通，拓展东盟合作成果。

---

① 《新加坡产业政策》，东盟贸易采购中心中文国际站，http：//www.aseantradecenter.com/news/201011/29/4552.html。

第五章

文莱海洋产业研究

　　文莱全名文莱达鲁萨兰国，又称文莱伊斯兰教君主国，位于亚洲东南部，北部与中国南海接壤，国土总面积为 5765 平方千米，有 162 千米的海岸线。文莱国内已开发的资源总量与其他国家相比较小，其中石油和天然气占了已开采资源的绝大部分，文莱国内总产值的大多数也来自石油和天然气产业。同时，文莱是世界上最富有的国家之一，2011 年该国人均国内生产总值达到 48333 美元，居世界第六。本章根据已有的文献、统计年鉴以及可以收集到的数据，分析了文莱的海洋渔业、海洋油气业以及海洋旅游业目前的发展现状，简析了未来的发展趋势以及与中国合作的可能性。

一　海洋渔业

1. 资源利用现状

　　文莱地处亚洲东南部，有 162 千米海岸线，200 海里渔业区内有丰富的渔业资源。文莱海岸线沿岸覆盖有 18418 公顷在东南亚保存最好的红树林，有大量的虾苗和鱼苗繁殖。文莱海域气候温和，没有污染，又无台风、地震等自然灾害袭击，非常适宜开展海洋捕捞和鱼虾养殖。据文莱渔业局统计，文莱海域最大可捕捞量（MEY）约为 21300 吨，其中沿岸资源 3800 吨，底层资源 12500 吨，浮游资源 5000 吨。文莱地处南中国海，各种渔业资源丰富。另外，文莱海域还是金枪鱼洄游的途经之路，有丰富的金枪鱼资源。

海水养殖业是文莱渔业中发展较快的行业之一。文莱由于气候温和，海水无污染，比较适合发展海水养殖业。文莱利用水池养虾始于1994年，至今有13家企业投资养虾业，文莱全国现共有50个鱼虾养殖场，养殖著名的虎虾和蓝虾，总面积230公顷。2005年文莱养虾业总产量394吨，价值300万文莱元，除本地销售外，还出口到美国、中国台湾、日本、马来西亚和新加坡等地。随着全球市场对虾需求的增加，文莱工业及初级资源部已开始研究引进国外投资和技术，增加养虾产量，现已在都东县规划了459公顷新地专门用于海水养殖。

文莱海产品加工业规模较小，目前有66家国内企业和一家合资企业从事海产品食品加工，都为中小型企业，产品主要是虾片和鱼干类，主要在本国销售。文莱海产品品质优良，符合区域内安全和清真食品要求，存在需求市场和巨大商机。

2. 经济效益

自文莱将200海里的水域设定为专属经济区后，渔业取得了迅速的发展。目前，渔业收入占文莱国内生产总值的0.5%。2005年文莱渔业总产量为17258吨，其中捕捞量为16060吨，水产养殖量为540吨，加工量为658吨。2005年文莱渔业捕捞、养殖和水产加工等总收入达到了8640万文莱元（约5400万美元）。据文莱渔业局统计，文莱人口38万人，年均消费海产品17100吨，人均消费量为45公斤，居区域内诸国之首。目前文莱水产品需求约有50%的缺口，需要通过进口解决。根据文莱渔业局的估计，文莱国内的渔业年均增长率为17%，文莱的渔业发展潜力估计保持在每年两亿文莱元的水平。[1] 文莱渔业2000~2008年产值状况见表5－1。

---

[1] 《文莱渔业发展概况》，中华人民共和国商务部对外贸易司，http：//wms.mofcom.gov.cn/aarticle/subject/ncp/subjectdybg/200704/20070404527262.html。

表 5 – 1　文莱渔业历年产值

单位：亿文莱元

年　　份	2000	2005	2007	2008
按当年的价格计				
农业、狩猎业、林业和渔业	1	2	1	1
农业、狩猎业和林业	1	1	1	1
渔业		1	1	
GDP	103	159	185	204
按 2000 年的价格计				
农业、狩猎业、林业和渔业	1	1	1	1
农业、狩猎业和林业	1	1	1	1
渔业		1		
GDP	103	115	120	118

资料来源：《国际统计年鉴》（2012）。

2010 年，文莱渔业生产额为 0.39 亿文莱元，渔业收入约占国内生产总值的 0.3%，国内市场需求的 50% 依靠进口。[①]

根据表 5 – 1 的数据，文莱渔业占 GDP 的比重较小，2000 年占 GDP 的比重不到 1%，而 2008 年连 0.5% 都不到。根据文莱渔业统计局的数据，文莱渔业的年增长率约为 17%。

3. 社会效益

截至 2005 年，文莱有 1226 名全职渔民，4362 名兼职渔民，大多为岸边手工作业或舢板作业。全国有约 25 艘较小的作业渔船，吨位在 30～60 吨，其中有拖网船 14 艘，围网船 5 艘，延绳钓船 1 艘，多数集中在离岸 20 海里内作业。文莱渔港主要是摩拉渔港，有两个渔船码头，附近有制冰厂和加油码头为渔船服务。

文莱渔业局预期到 2023 年，渔业产量可达 4 亿文莱元，可为 1500 多人提供就业机会。

[①]　《文莱概况》，中华人民共和国驻文莱达鲁萨兰国大使馆，http：//bn. china – embassy. org/chn/sbgx/t908060. htm。

4. 政策支持

近年来，文莱政府积极实施经济多元化战略，以减少对石油、天然气的依赖。文莱工业与初级资源部已提出在 10～15 年内将非石油、天然气行业占 GDP 的比重从目前的 43% 提高到 50% 以上。渔业是文莱政府推行经济多元化的主要领域之一，也是文莱最具有发展潜力的产业之一，是文莱实施经济多元化战略的重要组成部分。

为了实现国民经济多元化，促进渔业发展，文莱政府制定了一系列优惠政策鼓励开发商业渔场和海水养殖场，鼓励外资与文莱本地公司开展渔业和海水养殖业合作，希望凭借得天独厚的地理位置，将文莱建成区域海产品加工中心和海产品批发及进出口贸易中心。渔业是文莱政府促进发展的重点领域，相关投资项目和企业可以享受免出口税、销售税、个人所得税、工薪税和生产税等优惠待遇。作为主管部门，文莱渔业局不断推动海产品加工业的发展，积极鼓励包括在渔船靠岸港附近建设鱼类储存及批发中心和地区海产品进出口中心等在内的开发项目，还通过推进多项具体工程，促进了渔业和水上生态旅游的发展。

对于渔业海区，文莱渔业局规定文莱海域共划分为 4 个作业海区：第一海区 0～3 海里（离岸）；第二海区 3～20 海里；第三海区 20～45 海里；第四海区 45～200 海里。文莱政府为保护近海渔业资源，规定引进的外国渔船只能在第三、第四海区作业。第三海区海深从几十米到近 200 米，第四海区为大海槽，深达近千米。①

5. 优势与劣势

（1）优势。文莱地处亚洲东南部，在该国 200 海里的海域经济圈内拥有种类丰富的海洋渔业资源。同时，文莱气候温和、环境适宜且污染较少，适合发展海洋养殖业。

（2）劣势。2000～2008 年，文莱的海洋渔业总产值基本没有大的变

---

① 《文莱渔业发展概况》，中华人民共和国商务部对外贸易司，http：//wms. mofcom. gov. cn/aarticle/subject/ncp/subjectdybg/200704/20070404527262. html。

化，农业整体占该国国内生产总值的比重非常小。文莱从事海洋渔业的专业人员数量比较少，专业化程度比较低，渔业整体具有发展潜力，但是还未得到较为专业的发展。

6. 中文海洋渔业合作现状与对策建议

文莱国土以及领海面积有限，因此，海洋渔业的发展潜力受到一定限制。目前，中国与文莱的渔业合作以中国地方政府与文莱的合作为主，合作集中在技术交流和投资上。

（1）2008 年 9 月 9 ~ 12 日，广东省海洋与渔业局陈良尧副局长率广东省渔业代表团访问文莱，并于 9 月 10 日与文莱工业与初级资源部渔业局签署了渔业合作谅解备忘录。广东省与文莱主要在推进企业合作、网箱养鱼、赤潮研究、技术培训等领域开展交流与投资合作。[①]

（2）2011 年 3 月 10 日，文莱渔业局与广西水产畜牧兽医局签署了一项关于生蚝养殖的渔业合作备忘录。双方表示将继续落实在文莱养殖生蚝的项目，争取在短期内开始在文莱湾水域的生蚝试养。[②]

（3）据文莱《婆罗洲公报》2012 年 10 月 26 日报道，25 日下午，中文合资的金航（文莱）海洋生物有限公司在摩拉港水域举办了深海养殖的 45 吨石斑鱼首批出口香港庆祝仪式。[③]

7. 中文海洋渔业合作对策建议

（1）渔业资源的互补。文莱处于热带地区，而中国海域大部分地区处于温带，双方主要的水产品种类不同，存在较强的互补性。正是这种渔业资源上的互补性，使中国和文莱的渔业合作成为可能。区域内海洋渔业资源丰富，为中国与文莱的渔业合作提供了广阔基础。

（2）现代技术合作。广东省海洋与渔业局和文莱工业与初级资源部

---

① 《广东省与文莱签署渔业合作谅解备忘录》，中国对外投资和经济合作，http：//fec. mofcom. gov. cn/article/xwdt/gn/200809/948646_ 1. html。

② 《文莱与广西签署渔业合作备忘录》，中华人民共和国驻文莱达鲁萨兰国大使馆经济商务参赞处，http：//bn. mofcom. gov. cn/aarticle/todayheader/201103/20110307444638. html。

③ 《中国与文莱渔业合作项目喜获丰收》，中国 – 东盟博览会官方网站，http：//www. caexpo. org/gb/cafta/t20121030_ 104681. html。

渔业局已经签署了渔业合作谅解备忘录。广东省与文莱合作的经验，可以推广到其他省份，加强中文双方的技术交流，促进双方的渔业发展。同时，中国沿海渔业捕捞和养殖技术相对成熟，在产业层面上与文莱存在一定的互补性，在与海洋捕捞和海水养殖有关的层面上可以提供各种技术服务。

（3）消费市场开发。文莱由于地域狭小，消费市场小，对水产品的消费能力不足。文莱渔业局曾与美国国际综合农业公司签订提升文莱虾只养殖业生产量工程的合约。在此合约下，国际综合农业公司将采用最新科技针对小规模及具有潜能的市场进行开发。中国和文莱在潜能市场的开发上可以借鉴美国与文莱的合作模式，结合中国广阔的消费市场和中国人的消费习惯，共同进行市场的开发与贸易的合作。

（4）投资合作。中国与东盟签订的《中国－东盟全面经济合作框架协议》对加强中国与东盟各国的渔业合作具有重要意义。为落实中国－东盟自由贸易区有关协议，促进中国－东盟自由贸易区顺利建成，加强与包括文莱在内的东盟各国的渔业合作，中国可以在文莱通过兴办独资、合资、合作企业，注入资金等方式，通过企业间的合作，更快地促进区域内渔业的发展，提高区域内水产品在国际市场上的竞争能力。[①]

二　海洋油气业

1. 主要现状

在文莱，天然气和石油是两大经济支柱。文莱以"东方石油小王国"著称，是当今世界上最富裕的国家之一。文莱在全球能源市场中拥有重要地位的原因有三，其一是文莱每天出口石油量达到18万桶左右；其二是文莱是亚洲第三大液化天然气生产国；其三是文莱位于连接南中国海和印度

---

① 段有洋、勾维民、高文斌：《中国与文莱渔业合作的分析》，《大连水产学院学报》2009年第11期。

洋以及太平洋的海峡附近。①

20 世纪 20 年代，文莱北海岸诗里亚地区大量富油地质构造的发现拉开了文莱高度依靠海洋油气资源发展经济的序幕。其后，油气资源的大开发不仅改变了文莱沿海地区的经济状况，而且深刻地影响了文莱的经济结构：一方面，油气资源的开发与出口给文莱沿海地区的发展带来了巨大的机遇；另一方面，贫瘠的内陆地区与缺乏其他产业发展的客观状况也使文莱经济日益集中在沿海地区和海洋油气资源领域。

尽管在尚未完全独立之前，文莱即已提出把实施经济结构多元化、减少对石油和天然气的过分依赖作为国家经济发展的方向，并先后通过了第四、第五、第六、第七、第八和第九个发展计划，但文莱石油、天然气出口居高不下的局面仍未得到根本改变。②

2. 经济效益

由表 5 - 2 的统计数据可知，从 2001 年到 2011 年的 11 年间，文莱的石油产量大体呈现递减趋势，这应该是由于文莱的石油储量原本就有限，再加上年复一年的开采，使已挖掘的石油矿中的可采量逐年减少。2000 ~ 2011 年，文莱的天然气产量较为稳定，基本在 120 亿立方米/日左右浮动。天然气探明储量也相对比较稳定，1991 年到 2001 年的十年间探明储量一直持续在 0.4 万亿立方米，而到 2011 年则下降到了 0.3 万亿立方米。由此可知，虽然文莱天然气的储量总体在下降，但是其间应该又有新的天然气矿井被勘探和开采。截至 2011 年底，文莱天然气的储产比为 22.5，这说明至少目前文莱的天然气资源还是比较充足的（见表 5 - 3）。

表 5 - 2　文莱历年油气日产量

年　份	2001	2002	2003	2004	2005	2006	2007	2008	2009	2010	2011
石油（千桶）	203.0	210.0	214.0	210.4	206.0	220.7	194.2	174.8	168.4	172.2	165.9
石油（百万吨）	9.9	10.2	10.5	10.3	10.1	10.8	9.5	8.5	8.2	8.4	8.1

---

① 《文莱油气工业现状》，中国宏观信息网，http://www.macrochina.com.cn/xsfx/wbhj/20040811067611.shtml。

② 鞠海龙：《文莱海洋安全政策与实践》，《世界经济与政治论坛》2011 年第 9 期。

年　份	2001	2002	2003	2004	2005	2006	2007	2008	2009	2010	2011
天然气（十亿立方米）	11.4	11.5	12.4	12.2	12.0	12.6	12.3	12.2	11.4	12.3	12.8
天然气（百万吨油当量）	10.3	10.3	11.1	11.0	10.8	11.3	11.0	10.9	10.3	11.1	11.5

资料来源：《BP 世界能源统计年鉴》（2012）。

表 5 – 3　文莱天然气探明储量

年份	1991 年底	2001 年底	2010 年底	2011 年底			
	万亿立方米	万亿立方米	万亿立方米	万亿立方英尺	万亿立方米	占总量比例（％）	储产比
数量	0.4	0.4	0.3	10.2	0.3	0.10	22.5

资料来源：《BP 世界能源统计年鉴》（2012）。

3. 社会效益

据《文莱时报》2012 年 7 月 11 日报道，文莱能源部常任秘书（副部长）阿兹哈尔向媒体表示，文莱油气产业就业岗位现有约 20000 个，但本地人仅占 37％。能源部力争年内将该比例提高到 45％，同时希望到 2035 年，在油气产业 50000 个工作岗位（5000 名专业人员和 45000 名熟练及半熟练工人）中，本地就业率可达到 80％。[①]

4. 相关政策

（1）文莱能源部官员日前称，文莱致力于到 2017 年将油气产业本地成分的比重从目前的 15％提高到 25％，到 2035 年提高到 60％。此外，文莱政府还努力提高本地劳动者的就业规模和劳动技能，力争到 2017 年本地就业人数为 30000 人，到 2035 年达到 50000 万人。[②]

（2）文莱能源部部长亚思敏于 2012 年 5 月 14 日宣布，政府将投入约 2.4 亿美元扩建目前为油气产业供应电力的鲁木发电厂。根据该计划，鲁木发电厂的装机容量将由 180 兆瓦提高至 246 兆瓦，升级后预计可为文莱

---

① 《文莱油气产业本地人就业率仅 37％》，中华人民共和国商务部，http：//www.mofcom.gov.cn/aarticle/i/jyjl/j/201207/20120708225052.html。

② 《文莱努力提高油气产业本地化》，中国日报网，http：//www.chinadaily.com.cn/hqgj/jryw/2012 – 07 – 02/content_ 6327156.html。

油气产业未来 15 年发展提供充足电力。该项扩容投资将同时提升发电技术，提高热点转换率，预计未来 20 年可为文莱节省 9400 万美元，同时减少 25 万吨二氧化碳排放。①

5. 优势与劣势

（1）优势。油气业是文莱的支柱性产业，油气业的经济贡献占文莱国内生产总值的一半以上，因而对文莱的经济影响很大。由于文莱经济发展高度依赖油气业，因而其油气业的专业化程度比该国其他产业要高出许多。

（2）劣势。尽管文莱政府已经出台了一些政策，希望扭转文莱经济对石油和天然气的过分依赖，但是近年来这样的局势并没有得到很大改善。过度依靠油气业可能会导致国家经济发展难以持续，同时油气业没有在文莱国内创造较多的就业岗位，依靠油气业来带动该国的就业率能否实现还有待观察。

6. 中文以及文莱与周边国家海洋油气业合作现状

2000 年中石化公司开始从文莱进口原油，2003 年中石油也开始从文莱采购原油；2002 年东方地球物理公司（BGP）与文莱国家石油公司达成联合研究协议，文莱国家石油公司负责将现有地震资料提供给 BGP，BGP 无偿进行资料处理，并向文莱国家石油公司提供技术研究报告。

2011 年 11 月，两国就能源合作以及海上石油天然气合作签署了协议，其中包括两国能源合作备忘录。中海油也和文莱国家石油公司签署协议，共同进行海上勘探和开发。2012 年中石油东方地球物理勘探有限公司文莱分公司圆满完成文莱 L 区块三维采集项目。该项目是东方物探进入文莱后首次中标的项目。

据文莱《诗华日报》2012 年 10 月 28 日报道，拟在文莱投资 43 亿美元设立炼化项目的浙江恒逸集团与文莱壳牌石油公司签署了《原油供应协

---

① 《文莱为油气业扩建发电厂》，中华人民共和国商务部，http：//www.mofcom.gov.cn/aarticle/i/jyjl/j/201206/20120608157316.html。

议》，获得了长达 15 年的原油供应。根据协议，未来恒逸集团每年可从文莱壳牌获取 275 万吨原油供应，每批供应量在 30 万 ~ 60 万桶之间，供应年限为 15 年，到期前双方可另行协商延长期限。供油价格将以前一个月文莱壳牌对其长期供应商价格的加权平均值确定。

文莱与越南的合作。如前文所述，越南国家主席张晋创 2012 年访问文莱期间，文莱与越南签署了价值为 2.5 亿美元的石油买卖合同。

文莱与马来西亚也签署了石油天然气合作谅解备忘录。文莱从事工程设计咨询的 Petrokon Utama 公司与马来西亚沙巴经济发展局签署谅解备忘录，该公司将为沙巴推行石油及天然气开发计划提供工程设计咨询与规划。签署备忘录不但为文莱人提供了海外工作机会，也为文莱公司提供了海外发展平台。

7. 中文海洋油气业合作对策建议

强化中国与文莱海上能源开发的互补性，加强石油勘探、开采和加工方面的合作。

充分发挥中方在资本、技术和市场方面的优势。中国在国内经济发展和能源开发中积累了大量能源资金、油气勘探地质理论及油气勘探开发工艺技术等基础，并有广阔的能源需求，因而在资本、技术和市场方面存在相对优势，这是中文进行能源合作的重要基础。

应大力支持双方企业采取相互投资或补偿贸易等方式开展能源和矿产资源等方面的合作，加大贸易自由化和投资便利化程度，降低能源交易成本，减少相互间能源勘探开发的壁垒。

另外，双方合作可突破进出口贸易领域，积极尝试联合加工、联合开发海洋油气资源等方面的合作。

三　旅游业

1. 主要现状

旅游业是文莱近年来除油气业外大力发展的又一产业。文莱属热带雨林气候，终年炎热多雨，年均气温28°C，适宜发展热带旅游。这里的主要旅游景点有独具民族特色的水村、王室陈列馆、赛夫丁清真寺、杰鲁东公园等。

联合国世界旅游组织资料显示，文莱2011年旅游业收入占GDP的5.8%，提供了逾14000个就业岗位。文莱重视旅游业发展，文莱苏丹强调在不破坏环境和国家文化遗产的前提下，大力推动旅游业发展。①

在表5-4～表5-7的数据中，旅游业的总贡献包括间接和衍生贡献如投资贡献等。根据这些表格的数据，我们可以看到2000～2011年，文莱的旅游收入对GDP的直接贡献与总贡献大体都是呈逐年增加趋势的，这说明文莱的旅游政策取得了一定成效。从旅游业带动就业的角度来看，文莱的旅游就业人数总体呈现增长状态，不过并不是稳定增长的，实际增长率一直处在波动之中。2000～2003年，文莱旅游就业的实际增长率一直呈衰退态势，2004与2005年开始大幅上升，2006年则再次大幅下降。整体来看，文莱的旅游就业增长率处于一种逐年交替增减的状态，而整体趋势应是上升的。

表5-4 文莱旅游业对GDP的直接贡献

单位：十亿美元

年 份	2000	2001	2002	2003	2004	2005	2006	2007	2008	2009	2010	2011
旅游收入	0.09	0.12	0.105	0.121	0.16	0.184	0.197	0.219	0.235	0.206	0.236	0.276

资料来源：世界旅游旅行理事会，http：//www.wttc.org/research/economic - data - search - tool/。

表5-5 文莱旅游业对GDP的总贡献

单位：十亿美元

年 份	2000	2001	2002	2003	2004	2005	2006	2007	2008	2009	2010	2011
旅游收入	0.314	0.41	0.337	0.411	0.538	0.633	0.672	0.74	0.793	0.677	0.781	0.916

资料来源：世界旅游旅行理事会，http：//www.wttc.org/research/economic - data - search - tool/。

---

① 《文莱旅游业占GDP5.8%》，中华人民共和国商务部，http：//www.mofcom.gov.cn/aarticle/i/jyjl/j/201201/20120107931342.html。

表 5 - 6　文莱旅游业对就业的直接贡献

单位：人

年　份	2000	2001	2002	2003	2004	2005	2006	2007	2008	2009	2010	2011
就业人数	4500	4800	4900	4600	4700	5000	4600	4900	4700	5300	5300	5600

资料来源：世界旅游旅行理事会，http：//www. wttc. org/research/economic - data - search - tool/。

表 5 - 7　文莱旅游业对就业的总贡献

单位：人

年　份	2000	2001	2002	2003	2004	2005	2006	2007	2008	2009	2010	2011
就业人数	9600	12700	10100	12500	12400	13300	12200	12900	12100	13800	13900	14700

资料来源：世界旅游旅行理事会，http：//www. wttc. org/research/economic - data - search - tool/。

此外，应该看到文莱旅游业间接和衍生贡献的作用是很显著的。从 GDP 的角度来看，以 2011 为例，2011 年的旅游直接贡献是 2.76 亿美元，而 2011 年的旅游总贡献则是 9.16 亿美元，因此有 6.4 亿美元的收入是由间接和衍生贡献带来的，这部分贡献主要来自对旅游业的投资支出。此外，投资的支出也带动了一部分就业，仍然以 2011 年为例，2011 年旅游直接就业人数为 5600 人，而旅游业就业总人数 14700 人，因此旅游投资支出为文莱 9100 人创造了就业岗位。

2. 相关政策

根据文莱政府制定的 2012～2016 年旅游业发展蓝图，文莱旅游业收入 2016 年预计将突破 3.5 亿文莱元（约 17.8 亿元人民币），旅游业将成为石油天然气以外新的经济增长点。

文莱工业与初级资源部常任秘书莫哈末里察 2012 年 9 月 6 日对媒体说，按照这一五年规划，2016 年文莱将吸引游客 17000 人次，比 2011 年增加近 72%；旅游业收入也将在 2011 年 1.55 亿文莱元（约合 7.9 亿元人民币）的基础上增加 126%。

莫哈末里察说，文莱旅游业的发展将主打自然环境、民俗文化和宗教传承三张牌。根据规划，发展旅游业将为社会创造 2000 个工作机会。

近年来，文莱政府力求改变过于依赖石油和天然气的单一经济模式，在向渔业、农业、运输业、旅游业和金融服务业等多元化经济模式转变中取得了一定效果。①

3. 中文旅游业合作对策建议

（1）文莱曾在 2010 年主办过第二次东盟旅游论坛和东盟与中日韩旅游部长会议，对展示文莱旅游资源和旅游产品做出了不小的贡献。因此，未来文莱可以通过这些交流手段加强与中国以及亚洲各国旅游业的交流。

（2）中国与文莱的旅游业合作可以参考文莱与其邻国马来西亚的合作。文莱与马来西亚为共同促销旅游项目签署合作协议，双方共同分担旅游促销费用，并共享促销成果。中国也可以与文莱签署类似的旅游合作协议，加强合作，共享成果。

（3）文莱是伊斯兰国家，而中国是一个多民族的国家，国内有不少的伊斯兰教徒。因而，可以通过宗教文化交流的方式，打造国际清真产品，发展伊斯兰主题的文化旅游，带动旅游业的发展。

---

① 《旅游业将成文莱新经济增长点》，新华网，http：//news. xinhuanet. com/world/2012 – 09/06/c_ 112988648. htm。

马来西亚海洋产业研究

马来西亚地处东南亚，是由十三个州和三个联邦直辖区组成的联邦制国家，面积 329845 平方千米。马来西亚共分为两大部分，之间由南海相隔：一个是位于马来半岛的西马来西亚，北接泰国，南隔柔佛海峡，以新柔长堤和第二通道与新加坡和印尼廖内群岛接壤；另一个是东马来西亚，位于婆罗洲岛的北部，南邻印度尼西亚的加里曼丹，而文莱国则地处纳闽、沙巴州和砂拉越州之间，马来西亚的地理位置接近赤道，气候属亚热带雨林气候。首都吉隆坡，联邦政府所在地则位于布城。全国人口超过 2800 万。

马来西亚是相对开放的、以国家利益为导向的新兴工业化市场经济体。国家通过宏观经济计划，在指引经济活动上发挥了重要作用，但其重要性已逐渐下降。马来西亚拥有亚洲最佳的经济纪录，国内生产总值从 1957 年至 2005 年，每年平均增长 6.5%。2007 年，马来西亚是东南亚第三大经济体，依据购买力平价居全球第 29 位，2008 年国内生产总值净额为 2220 亿美元。2007 年之后，维持 5%～7% 的增长率。2009 年国民平均所得为 14900 美元，国内生产总值为 3836 亿美元。

一 海洋渔业

1. 资源利用现状

马来西亚的渔业由渔业捕捞和水产养殖两个部分组成，以渔业捕捞为主，2001 ~ 2010 年的产量为 17 万 ~ 58 万吨，产值为 10 万亿 ~ 27 万亿林吉特。捕捞包括近海捕捞和深海捕捞，其中近海捕捞占优势，约有 86% 的渔业捕捞产量来自 12 海里内的近海水域（见表 6 - 1）。

表 6 - 1　2001 ~ 2010 年马来西亚渔业捕捞产量及产值

单位：千万林吉特，吨

年　份	2001	2002	2003	2004	2005	2006	2007	2008	2009
产　值	1206589	1081285	1172310	1158465	1196006	1291748	1393350	1740045	2321966
产　量	177019	191843	196873	202225	207220	212027	268514	354428	472306

来源：马来西亚统计局。

2. 社会效益

2003 年马来西亚约有 11.1 万人从事水产行业，而 2010 年的就业人数为 12.9 万人。水产业在发展经济、解决就业和换取外汇方面有重要作用。[1]

2004 年马来西亚从事渔业捕捞的人员有 8.9 万人，其中 4.1 万人采用现代化捕捞方式作业，如拖网和围网，另外 4.8 万人采用其他传统的捕捞方式作业，如流刺网、延绳钓、张网、定置张网和抄网等。

3. 海洋渔业管理

为了更好地实施渔业管理，马来西亚政府将渔业捕捞的作业海域划分为 A、B、C 和 C2 四个区域。A 区范围为沿岸至离岸 5 海里以内，B 区为离岸 5 海里至 12 海里以内，C 区为离岸 12 海里至 30 海里以内，C2 区为离岸 30 海里至 200 海里或专属经济区界限以内。每艘渔船外面都需标上相对应的作业海域字母 A、B、C 或 C2。标有 A 字母的船只一般功率较小，采用传统的捕捞作业方式；标有 B 字母的船只总吨位在 40 吨以下，可进行拖网和围网作业，而且 B 区船只还可进入 C 区和 C2 区作业；标有 C 字母的船只总吨位在 40 吨以上，可进行各种方式作业，而且 C 区船只还可

---

[1]　各国和地区渔业概况研究编写组：《世界各国和地区渔业概况》，海洋出版社，2002，第 158 ~ 174 页。

进入 C2 区作业，但不能进入 B 区作业；标有 C2 字母的船只总吨位在 70 吨以上，可进行各种方式作业，但仅允许在 C2 区作业，不能进入 B 区和 C 区作业。① 马来西亚渔船和从业人员数量情况见表 6 - 2。

表 6 - 2　2006 ～ 2010 马来西亚渔船和从业人员数量统计

单位：艘，人

年　份	渔船总量	非机动	内置动力	外置动力	从业人员
2006	38276	2640	17603	18033	97947
2007	39221	2645	18458	18118	99617
2008	40959	2992	20227	17740	109771
2009	48745	2998	27857	17890	125632
2010	49756	2977	29003	17776	129622

来源：《马来西亚统计年鉴》（2010）。

马来西亚的海洋渔业捕捞主要集中在 12 海里以内的 A 区和 B 区，就整体而言目前这个海域的渔业资源已被过度开发。因此政府已开始强调沿岸渔业资源的养护与管理，实行捕捞许可证制度，限制沿岸渔区的捕捞量，实施减船减人政策，同时提高沿岸渔民的生活水平，为失业的渔民提供各种培训，使其转业到水产养殖、食品加工、深海渔业捕捞和种植业工作。

4. 中国与马来西亚海洋渔业合作现状

（1）区域公共事务管理交流与合作

关于共同海区的主要争端和问题。2003 年马来西亚会同中国、菲律宾、新加坡等 10 余个国家在马来西亚布城召开东亚海大会，来自 12 个成员国的海洋与环境部长们通过了布城宣言，并制定了东亚海可持续发展战略。2004 年 12 月，中国海洋代表团出访马来西亚，中马双方在海洋环境保护、海洋科研调查、防灾减灾、海岸带管理、海岛开发等领域进行了积极的交流与探讨。

---

① 世娟、黄硕琳：《马来西亚的渔业管理与执法体制》，《中国渔业经济》2002 年第 1 期。

南海区域海上安全交流与合作。2005 年马来西亚参加了在海口举办的南海海上安全国际研讨会；2006 年马来西亚参加了在广州举办的中国—东盟海事磋商机制第 1 次会议。在这两次会议期间，中国与马来西亚就国际社会共同关心的海上安全和海洋环境等有关事宜与参会国进行了研讨和交流。2007 年 6 月，马来西亚海事执法局（MMEA）局长莫哈默德率代表团拜会交通部海事局，观摩了中国海上搜救中心总值班室，并表达了愿意与中方加强海上安全合作的意向。

（2）海洋渔业水产品经贸交流与合作

马来西亚拥有优越的自然条件。丰富的渔业资源，近年来渔业经济更是蓬勃发展。中国南方沿海各省区自然条件和马来西亚相似，双方在很多领域有互补的基础，具有开展全方位渔业经贸合作的广阔空间。2003 年中国与马来西亚的水产品贸易总量为 4.11 万吨，贸易额达 5839 万美元，其中，广东省与马来西亚的海洋渔业合作比较密切，2003 年广东省与马来西亚的水产贸易量达到 1 万吨，贸易额近 2000 万美元。2004 年 11 月在中国广州召开了首届"中马渔业商务论坛"。2005 年 9～12 月，在马中渔业商务论坛暨马来西亚—广东渔业经贸合作交流会上，马来西亚农业与农基工业部和中国农业部及广东省人民政府共签订了 15 项渔业合作谅解备忘录，双方各有 15 家渔业公司参与，总价值达 15000 万林吉特（约折合 4000 万美元）。

（3）远洋渔业交流与合作

随着南海渔业捕捞资源的日趋衰退以及与周边国家海洋权益的划分，中国海洋捕捞业正面临着产量下降、渔场缩小、效益滑坡的严峻形势，冲出国门发展远洋渔业已经成为实现捕捞业可持续发展的当务之急。1998 年广东省海洋与水产局就与马来西亚沙巴州签订了渔业合作协议，开展远洋渔业合作。马来西亚海洋渔业资源丰富但是开采能力不足，2007 年有 600 余艘深海捕捞船只在马来西亚国内海域开展渔业生产，但本国船只不足 100 艘。[①] 2008 年 1 月，马来西亚农业部莫哈末沙立副部长指出，马来西亚欢

---

① 李明华：《马来西亚海水鱼类养殖概况》，《水产科技》2005 年第 5 期。

迎有实力的中国公司来马来西亚投资，与马来西亚当地企业合作，进行远洋渔业开发；马来西亚政府准备向中马合资公司颁发部分远洋捕捞执照，以鼓励和支持双方在远洋渔业方面的合作。

（4）海洋渔业养殖和加工技术的交流与合作

2003 年 3 月，中国水产学会参加了在马来西亚首都吉隆坡举办的国际热带渔业会议，中马双方在国际条约签订和区域性大型项目方面积极开展了交流与合作。2002 年马来西亚外长赛义德·哈米德拿督（Datuk Seri Syed Hamid Albar）签署了《南海各方行为宣言》，同年，中国参加了南中国海周边七国（中国、马来西亚、越南、柬埔寨、泰国、印度尼西亚和菲律宾）在 COBSEA 框架下策划的 UNEP/GEF "扭转南中国海及泰国湾环境退化趋势"海洋环境研讨会，并与参加会议的马来西亚政府主管部门、企业和水产养殖协会进行了交流，这次会议为中马进一步开展海洋渔业合作打下了基础。2005 年 5 月，在中马农业合作联合工作组第 2 次会议的渔业技术合作工作会议上，双方就广东与马来西亚的 3 个渔业合作项目进行了坦诚的讨论和沟通，并就有关资金、时间、如何沟通联络等方面的问题达成了共识。这 3 个项目是：鞍带石斑鱼繁殖生物学及人工育苗研究；建立水产养殖示范中心；人力资源培训项目。2006 年 12 月，由农业部渔业局主办、广东省海洋与渔业局承办的中国与东盟海水鱼类养殖技术培训班在广东省大亚湾水产试验中心顺利召开。2008 年 9 月，双方对继续举办渔业经贸论坛及进行中马渔业技术合作等多项内容达成了进一步共识，同意尽快开展"鞍带石斑鱼繁殖生物学及种苗生产技术"和"利用油椰子副产品进行低成本水产饲料开发研究"两个合作项目，并签订了合作协议。为保证项目的顺利进行，双方在资源、人才和技术等方面高位嫁接、优势互补，建立了技术人员互访及成果共享机制。

5. 马来西亚与周边国家的海洋渔业合作现状

如前所述，越南农业农村发展部代表团 2011 年 5 月 23 日对马来西亚和印尼进行工作访问时，已讨论过两国渔业、农业方面的合作，并将渔牧业方面的合作添加到签署的谅解备忘录中。

2006 年 5 月，马来西亚与印尼签署渔业合作谅解备忘录。

2002 年 9 月，马来西亚农业部部长与泰国驻马大使洽商签署了两国远洋渔业合作协议。此前，两国还签署过两份渔业合作协议，包括 2002 年 8 月 SASPina 与 Songkhla NPK International 两家公司进行的联合投资，以及 2002 年 10 月马来西亚渔业发展局通过 MBS 公司与泰国 DLS 公司签订的合约，根据该合约，马来西亚以租船方式准许 10 艘泰国远洋拖网船进入其专属经济区作业，并可在马来西亚东岸托克巴里（TokBali）港卸鱼，另外 LKIM 将依渔获销售总值的 10% 收取费用。[1]

6. 构建中国与马来西亚海洋渔业合作机制的不利因素

（1）南海争端形势的复杂化和国际化

越南、菲律宾、印度尼西亚、文莱及马来西亚对南沙群岛和南沙海域提出的一系列"主权或管辖权要求"，不仅与中国对南沙群岛的主权及其海域管辖权产生矛盾，而且这 5 个国家对南沙群岛和南沙海域的权利要求也相互重叠，马来西亚和文莱均声称对南通礁拥有"主权"，此外二者还对沙捞越地区和文莱海岸的专属经济区和大陆架的主权权利要求重叠。越南对其海岸南部、东南部大陆架的要求与印度尼西亚主张的对纳土纳群岛北部大陆架的要求重叠。马来西亚、越南、菲律宾、印度尼西亚及文莱也经常在外交上互相"抗议"对方关于南沙岛礁的"主权要求"和南沙海域的"管辖权主张"。在南海争端中，基于各种因素的考虑，包括马来西亚在内的东盟各国有逐渐联合起来采取一致行动以共同对抗中国的趋势。[2][3] 此外，南海争端还涉及区域外的大国，世界上没有任何地方像南海那样，将中国、美国、日本和欧盟都不同程度地牵连其中。因此，南海形势错综复杂，短期内不可能彻底解决，南海岛礁被多国割据的局面还将长期维持

---

① INFOFISH Trade News，2002，19.

② 郭文路、黄硕林：《南海争端与南海渔业资源区域合作管理研究》，海洋出版社，2007，第 109 ~ 120 页。

③ 各国和地区渔业概况研究课题组：《世界各国和地区渔业概况》，海洋出版社，2002，第 158 ~ 174 页。

下去。

（2）中国与马来西亚的领海主权争端依然存在

马来西亚政府1966年颁布的《大陆架法》将其大陆架范围扩展到中国传统疆域线内约270000平方千米。同年颁布的《石油开采法案》提出了其对大陆架及自然资源（非生物资源）专属开发权的主张。1979年底，马来西亚准备将南沙群岛南部海域改名为"沙巴海"，并在其出版的领海和大陆架疆域地图中，把南海东南部10多个岛礁划入了其声称的领土范围。1995年，马来西亚外交部发表声明指出："南沙群岛的弹丸礁位于马来西亚专属经济区范围内，这足以证明该礁属于马来西亚，中国不应有任何争议。"2008年8月，马来西亚副首相纳吉（DatukSeriNajibTunRazak）赴南沙群岛燕子岛，宣示主权。截至目前，马来西亚在中国南沙已占据9个岛礁。

（3）中国与马来西亚政治关系发展中面临的潜在挑战

20世纪50年代到70年代，中国与马来西亚经历了对抗阶段。20世纪80年代，中国的改革开放政策不仅改变了中国在世界的角色，也改善了中国与包括马来西亚在内的东南亚国家的政治经济关系。20世纪90年代中国奉行的"睦邻友好政策"使中国和马来西亚进入了一个新的历史阶段，政治互信、经贸往来突飞猛进，东南亚各国开始发展成为中国最重要的邻近地区之一。2002年中国提出的"走出去战略"强调中国企业应加强对东南亚地区的投资，中国与包括马来西亚在内的东南亚国家在地区安全、经济一体化合作方面结成了更紧密的关系。但是，马来亚大学的K. S. Balakrishna博士从马来西亚的角度解读当今全球化对中马政治关系的影响时认为，"尽管前首相马哈蒂尔和现任首相巴达维都十分肯定崛起的中国因素对于马来西亚的积极性，但是，两国政治关系中面临的挑战仍然不能回避，包括经济领域马来西亚对华贸易赤字、中国廉价商品在马国市场的倾销、中国非法移民在马滞留问题、中国与东南亚在南海岛屿没有结束的争端以及中国对缅甸政权的支持等等，都是马国有关学者对中马关系繁荣背后的忧虑"。而这些忧虑正是中马两国政治关系发展中面临的潜在挑战，必然会对中马海洋渔业合作及其机制的形成与发展造成不利影响。

（4）中国与马来西亚海洋渔业产品出口市场的竞争

渔业是马来西亚国民经济的重要基础产业，为了扩大水产品的国际贸易，马来西亚 2008 年公布了 2008～2010 年水产品增长和国际贸易的目标，其中水产养殖、观赏鱼和海藻产量的年增长目标分别为 19.4%、13.9% 和 16.48%。在国际贸易目标中，将不断减少进口额，逐渐增加出口额，计划到 2010 年出口额达到 12.10 亿美元，进口额达到 2.19 亿美元。中国也采取了一系列措施以扩大海洋水产品的出口。但是，中马两国在充分利用劳动力优势发展海洋渔业的过程中，不可避免地会在行业设置和产品生产上出现一些相似，造成某种商品的出口市场接近。例如，制成品方面，双方产品的质量、规格、档次接近，主要出口国又都集中在欧美和东亚，因而存在竞争。

（5）海洋渔业权益争议未决，矛盾突出

南海的渔业冲突主要集中在北部湾海域和南沙海域，中国与马来西亚主要涉及南沙区域。马来西亚于 1966 年 7 月发表《大陆架法》，宣布其大陆架外缘为 200 米等深线或容许开发的深度。1969 年 8 月，马来西亚发表《第 7 号紧急（基本权力）法令》，宣布其领海宽度为 12 海里。1979 年 12 月，马来西亚公布了一张 1∶150 万比例尺的大陆架图，将中国的南沙群岛南部划入其大陆架范围。1980 年 4 月，马来西亚宣布建立 200 海里专属经济区。为强化对所占岛礁的实际控制，马来西亚海军在弹丸礁上建成了长 1100 米的钢筋水泥机场跑道。

南沙群岛是中国人民最早发现、最早开发并进行管辖的海域。由于南沙海域在军事、经济、外交上的地位越来越重要，周边国家纷纷派兵侵占中国岛礁。马来西亚为了巩固其既得利益，除加强已侵占的岛礁、海域的防务建设外，还不断以暴力手段对中国从事正当生产的渔船实施抓扣、枪击等骚扰。2002 年 9 月，24 名中国渔民在公海进行深海捕鱼，被马来西亚海洋渔业执法局扣押。2009 年 5 月，中国海南渔船抵达距离马来西亚海岸线 160 多海里的南沙北康暗沙海域时，13 名渔农遭遇马来西亚当局扣押。

2009 年 3 月，中国渔政船 "311" 号在南沙巡航，正常执行公务，马来西亚海军军舰则一路跟随。在这种情况下，中国南沙渔业生产受阻，作业渔船的数量下降。与此相反，马来西亚则大力发展其海洋渔业生产，采取各种鼓励措施和优惠政策，包括供应低价柴油、免征税收、提供低息贷款、加强海军护渔等，促使其渔船与中国争夺渔场。

（6）海洋渔业生态资源管理无序

资源衰退。南海渔业资源种类繁多，其种类多样性在中国乃至世界各海域中都居于首位。随着南海周边国家及地区经济社会的发展，南海区域海洋渔业发展迅速，人多、资源和渔场有限，导致了 "船多鱼少" 的矛盾在短期内无法妥善解决。近年来，在经济利益的刺激下，南海周边国家和地区的捕捞量不断增加。随着工农业生产的发展和人们生活水平的提高，各类排放入海的陆源污染物大大增加，加上农业污水、未经处理的生活污水和养殖污水，加重了海洋环境污染，改变了海洋生物环境。由于海洋污染的加剧以及人为破坏，南海海洋的自然生态正变得越来越脆弱，红树林已从 20 世纪 50 年代的 5 万公顷下降到目前的不足 1.5 万公顷，海南省的珊瑚岸礁与 20 世纪 60 年代相比数量减少了 60%。自然生态受破坏后，明显降低了净化陆源污染的能力，也使大批海洋生物失去了栖息场所，导致了种群的衰退。传统的渔业资源受到破坏、出现衰退后，短期内将不会明显好转，已经威胁到渔业资源的正常繁殖、生产以及人们食物的安全。

（7）海洋渔业配套政策缺失，扶持力度不足

我国政府对外向型渔业的扶持力度不够，渔业企业 "走出去" 困难重重。近年来，国际油价不断攀升，渔船的生产成本急剧增加，由于对国外的政策、信息不够了解，许多企业不敢迈出国门。企业是对外合作的主体，但没有政府的参与作为有力的保障，仅靠企业的单一行为往往很难成功。中国虽然推行了 "走出去" 战略，鼓励有条件的企业进行海外投资，但是，目前中国真正有实力 "走出去" 的企业并不多。远洋渔业基础薄弱，资金投入少，融资难度很大，难以组建高素质的远洋渔业船队。广东省远洋渔业对外合作较为成熟，但同样也面临类似的问题。远洋渔业是高

投入、高风险的行业，既是企业行为又是政府行为。中国远洋渔业由于没有现代化的船队，在激烈的市场竞争中往往处于劣势，加上一些远洋渔船在东南亚国家经常被抓扣，如果没有政府的配套政策支持，远洋渔业很难发展和壮大。

（8）中马海洋渔业合作的投资环境参差不齐，亟待改善

改革开放以来，中国的投资环境，特别是硬件环境已普遍取得较大程度的改观，但软件环境在某些地方还有很多不尽如人意之处，突出表现在地方政府乱摊派和乱收费比较多，片面扩大优惠政策而难以兑现，外商投诉不能及时有效解决，地方保护主义严重等方面。根据中国驻马来西亚大使馆经济商务参赞处的统计，2000 年以来，该处共接到外商投诉 45 起，通过各种渠道反馈到国内有关部门后，结案的仅 14 起，正在处理之中的有 19 起，另外 12 起至今没有任何答复。外商投诉不能及时有效地得到解决，合法权益不能得到切实维护，必然挫伤外商的投资信心，也必然在当地工商界中产生不良影响，直接影响到我国的招商引资效果。马来西亚是经济发展较为成功的东南亚国家之一，已经将自己融入世界经济体系中，但马来西亚政府对经济的调控能力很强，迄今为止马来西亚前十大企业都属政府所有。据马来西亚经济学家格立高里·洛佩兹的研究：到目前为止马来西亚还没有竞争法和保护竞争的规则。比如，政府采购是个非常大的产业，但"目前做得不够透明无章可循，大家不知道谁能够得到什么，谁应该通过什么渠道得到那些东西，没有选择的标准"。如果马来西亚要与其他国家开展更多的合作，或者在与周边地区的竞争中提高自己的竞争力，这些均是亟待解决的难点问题。

（9）海洋渔业合作结构单一，总体水平低

2003 年中马两国签署了《中马两国政府农业合作协定》，奠定了两国加快合作的基础。渔业是两国最大的农业合作项目。作为世界上重要的海洋渔业大国，中马两国在渔业资源的保护和利用、渔业安全生产以及水产养殖技术和水产品加工技术等方面有较强的互补性，合作的领域和前景十分广阔。但是由于诸多因素，目前中国与马来西亚的海洋渔业合作仍处于

起步阶段，合作结构相对单一，整体合作水平不高，稳固的交流与协作机制没有形成。

7. 中马开展渔业合作的有利条件

（1）中国与马来西亚海洋渔业生产要素的互补性

随着南海渔业捕捞资源的日趋衰退以及与周边国家海洋权益的划分，中国海洋捕捞业正面临产量下降、渔场缩小、效益滑坡的严峻形势，走出国门发展远洋渔业已经成为实现我国捕捞业可持续发展的当务之急。马来西亚渔业资源丰富，年可持续捕获量达119万吨，可捕的渔业品种繁多。据估计，12海里和200海里之间的中上层资源总生物量为51.02万吨，可捕量为25.51万吨，还不包含"西马"东岸的鲤鱼和金枪鱼（可捕量估计为5万吨）。但是，马来西亚海洋渔业资源捕捞能力相对不足，90%以上的渔船仍集中在沿海作业，渔船吨位小、装备陈旧、生产技术落后。中国南方沿海各省区，如广东省海洋渔业企业拥有成熟的深海捕捞技术和较强的水产品加工实力。中国海洋渔业企业与马来西亚海洋渔业企业的合作已得到两国政府的支持，合作前景十分看好。[①]

（2）中马海洋渔业均在持续发展，存在合作意愿

中国海域面积354.7万平方千米，有海洋鱼类2000多种，是世界上拥有丰富海洋渔业资源的国家之一。改革开放以来，中国海洋渔业取得了非常迅速的发展，2008年，各沿海地区控制渔业捕捞强度，大力调整海洋渔业产业结构，海洋渔业发展平稳，全年实现增加值2216亿元，比上年增长3.3%。中国海洋渔业发展迅速，自20世纪80年代以来，先后和30多个国家建立了海洋渔业合作关系。马来西亚海洋渔业发展潜力较大。2002～2004年，马来西亚渔业产值占国民生产总值的1.37%～1.73%，其中约85%来自海洋捕捞业，约15%来自水产养殖业。水产业是马来西亚的基础产业，海水养殖是马来西亚水产业的主要组成部分，2001～2004年海水养

---

① 中国海洋局：《2008年中国海洋经济统计公报》，中华人民共和国国土资源部，http://www.mlr.gov.cn/zwgk/tjxx/201003/t20100316_141490.htm。

马来西亚海洋产业研究

第六章

127

殖业的产值为 1.7 亿~2.5 亿美元，产量为 11 万~15 万吨，占水产养殖总量的 77%~88%。根据农渔部 2009 年的安排，未来 3 年马来西亚将建设 30 个国家级的总面积约 3.3 万公顷的水产品工业园，其中养殖水面约 2.95 万公顷，加工修建园区用地 0.285 万公顷，养殖品种以虾类、鱿鱼、鱼类为主，投产后的目标产量为 33 万吨/年，将大幅度提升水产食品的生产能力。该项计划的资金来源 35% 由国家投资银行承担，65% 由民间企业或向海外投资商筹集。[①]

8. 中国与马来西亚海洋渔业合作机制的总体思路

（1）海洋渔业资源管理的对话机制

中马两国共处南海海区，都是渔业大国，无论在经贸方面，还是在权益争端方面，抑或是在地区和平与稳定方面，都有着紧密的联系。中马两国海洋渔业既有利益冲突因素也有合作共赢机会，但如何减少或消除隔阂，增加理解和互信？如何避开冲突，实现共赢？这就需要建立中马海洋渔业管理的对话机制。因此，中国要立足于渔业经济的国际化和一体化，严格按照世贸组织的规则组织生产经营，参与世界渔业经济的大循环，实现互利、双赢、共荣。具体来讲，要凭借资源和区位优势以及良好的基础设施和投资环境，加快渔业对外开放，大力发展外向型渔业。要抢抓机遇，积极开展区际、国际双边和多边渔业合作，拓展发展空间。在环南海经济圈总体框架下，逐步健全和完善中马对话机制。

目前已有的领导人对话机制有：中国—东盟领导人会议（10＋1）和外长会议。此外，还有 5 个平行对话机制：中国—东盟高官磋商、中国—东盟联合合作委员会、中国—东盟经贸联委会、中国—东盟科技联委会、东盟北京委员会和中国—东盟商务理事会。[②] 中国与马来西亚要在已有对话机制基础上，进一步完善落实有关海洋渔业方面的对话交流机制，并把

① 张平远：《马来西亚将建 30 个国家级的水产品工业园》，《水产科技情报》2009 年第 1 期。
② 张士海、陈万灵：《中国与东盟渔业合作的框架与机制》，《海洋开发与管理》2006 年第 1 期。

开展中马海洋渔业交流与合作作为对话内容明确提出。

为搭建中马海洋渔业交流与合作平台，双方要形成渔业及相关部门官员（省部级）的对话机制，并把当前的省部级官员互访机制常态化、制度化，以加强中马双方海洋渔业经济与管理的对话合作。除此之外，合作双方可以成立中国——马来西亚海洋渔业联合会，就两国水域内相互入渔条件、暂定措施水域和中间水域资源管理措施等进行沟通、商讨，也可就两国渔港投资建设、渔港和渔船管理、渔民转产转业、伏季休渔、水生生物资源增殖放流以及水产养殖等方面的做法和经验进行交流。为形成南沙海洋渔业资源开发的良好秩序，维护南沙海域渔业生态环境，双方也可以尝试成立海洋渔业联合执法队伍，共同打击非法捕捞和破坏海域环境的行为。

（2）远洋渔业资源开发的合作机制

马来西亚海洋渔业资源丰富，开发利用潜力较大，但囿于资金、技术和人力等方面的不足，无力单独开发资源，迫切需要国际合作。中国企业拥有成熟的渔业生产技术和较强的实力，双方合作得到两国政府的支持，有着合作的成功经验，合作前景十分看好。

2007 年 5 月，广西北海市远洋渔业发展有限公司同马来西亚安格渔业发展有限公司合作，在马来西亚海域进行渔业生产活动。2007 年 11 月，浙江乐清市天祥远洋渔业开发有限公司和马来西亚兴发集团，合资开发马来西亚东马海域远洋渔业暨渔业加工园区建设项目，温州近几年也在筹集大批大马力钢质渔轮，赴马来西亚东马海域从事捕捞作业。广东作为中国经济大省和改革开放的前沿地区，市场要素相对充裕和活跃，具有国际经济合作的基础。因此，广东可以出台专门措施，扶持远洋渔业发展，如对远洋渔业企业建造远洋渔船给予一定的投资补助，加大渔业科技投入，优化远洋渔业产业结构等，并以此促进"走出去"战略的实施。此外，要在巩固国有企业的基础上，积极引导扶持民营、股份制企业加入发展远洋渔业的行列，提高远洋渔业龙头企业的辐射带动能力，重点开拓大洋性远洋渔业项目，增强广东省远洋渔业的发展后劲；要积极开展与马来西亚海洋渔业的双边合作，参与国际渔业资源的分享，加强与南海周边各国和地区海洋渔业的交流合作，互惠、共利地开发海洋渔业资源，并将其作为突破口，推动整个海洋产业的发展。

（3）海洋渔业科技交流与合作机制

中国渔业企业应该走出去，参与国际竞争，开辟和拓展新的国际市场空间，扩大和国外的科技交流与合作，把中国的技术、设备、产品推向海内外，创造合作机会，寻找合作项目，以提高中国海洋渔业方面的外向型经济成分，增强渔业经济的竞争力；同时，应通过与南海周边国家及地区的渔业科技交流与合作，引进国内外先进的养殖技术、工艺和设备，并进行创新，把中国渔业、水产业提高到一个新的层次，努力缩小与国际先进水平的差距。中马两国要加强海洋渔业科技交流与合作。以中国广东省为例，首先，要充分发挥广东省内企业"走出去"的积极性，鼓励并扶持养殖企业、远洋渔业企业和水产品原料加工企业到马来西亚建立远洋基地、养殖基地、加工基地，促进广东与马来西亚的海洋渔业技术交流与合作。其次，作为中国渔业大省，广东可以定期或不定期地组织水产企业在国外参展，在周边国家举办形式多样的展览会、推介会，积极吸引广东省内主要的水产品养殖企业、水产品加工商、机械制造商、贸易商、与渔业相关的组织机构、贸易组织、专业媒体和政府部门参与，展出内容可涉及海（淡）水养殖技术、品种和设备（施）、水产饲料、疫病防治、水质处理和监控、渔船、通信、海洋捕捞、绳索网具，以及水产品的冷冻、储运、加工、保鲜技术与设备等方面。最后，可以在广东举办南海周边国家水产养殖技术培训班，举办广东与南海周边国家及地区海洋渔业科技学术论坛，充分发挥广东省内涉海高校及科研院所作为渔业科技交流主体的积极性，进一步推动广东与马来西亚海洋渔业科技的交流与合作。

（4）海洋渔业水产品经贸交流与合作机制

加强与南海周边国家及地区海洋渔业水产品的贸易往来，积极促进水产品加工和国际贸易的健康发展，是中国海洋渔业发展的战略需要，也是拓展产业发展空间、增加渔民就业和收入的需要。广东、福建、广西及海南等省区与马来西亚海洋渔业资源禀赋相异，各有特色和专长，加强中马两国水产品贸易交流，建立水产品贸易沟通协调机制，有利于双方做到优势互补。首先，在稳定现有优势出口品种的同时，中国要培育发展新的符合国际市场需求的精深加工产品，开发新的出口市场，有效化解出口风险。其次，要加快优势水产品出口产业集群建设，推动养殖、加工、出口形成完整产业链，加快加工示范园区和品牌渔业建设，提高水产品的国际市场竞争力。再次，要加强中马水产品自由贸易区的研究和建设工作，在推动水产品出口的同时，根据国内市场需求鼓励适度进口，发展来进料加工，使水产品国际贸易继续保持平稳较快发展。最后，继续举办中国与马来西亚的渔业商务合作论坛及经贸洽谈会，达到"政府搭台、企业唱戏"的目的，促进中国与马来西亚的渔业经贸合作与交流。积极促进国内渔业企业"走出去"，到马来西亚乃至东南亚国家建立养殖基地、加工基地，带动国内水产种苗、渔需物资、技术劳务的出口。

随着渔业发展进入新阶段，海水养殖产品的质量安全问题日益突出，已经成为制约中国海水养殖业健康发展的瓶颈。由于我国的海水养殖各环节缺乏相应的制度规范，鱼药、鱼饲料、苗种等养殖投入品使用不合理，养殖水产品污染比较严重，严重影响了消费者的信心，对行业发展造成了重大损害。在当代国际经济贸易交往中，水产品质量问题越来越受到重视，不管是发达国家还是发展中国家对出口水产品的药残检控都逐渐严格，出口水产品及加工品因农（渔）药残留超标被拒收、扣留、退货、索赔、终止合同、停止贸易交往的现象时有发生。据广州海关统计，2008 年 1～7 月，广东出口水海产品 6.8 万吨，比上年同期下降 15.4%。其中，质量安全问题是广东水海产品出口量下跌的重要因素之一。因此，加强中国与马来西亚水产品质量安全管理的交流与合作，对促进中马海洋渔业合作具有重要意义。

通过中马水产品质量安全管理交流与合作，双方可达成共识并建立一个长期稳定的沟通协调方式，如在中国或马来西亚沿海城市和地区轮流举办渔业合作论坛或水产品质量安全管理交流会议，针对海洋渔业发展中的问题、水产品质量监管问题及水产品质量快速检测技术等进行相互磋商，共同提出有效对策，共享成功经验。当然，也可以由高等院校、科研单位或其他相关组织以举办学术会议的形式进行交流，最终形成一个由政府、企业、科研单位及其他组织参与的多层次区域性海洋渔业水产品质量安全管理交流与合作机制。

（6）以海洋文化交流为依托的海洋休闲渔业发展合作机制

休闲渔业是一种以传统海洋渔业为依托、适应人民群众物质文化消费需求、跨行业发展的新兴产业，一般是以休闲娱乐为目的，利用渔船和渔场提供参观、体验渔业生产和渔民生活等服务的商业经营行为。南中国海周边各国及地区，由于独特的人文、历史及海岸、岛屿类型，形成了与众不同的海洋渔业文化系统。这些海洋渔业文化区域的管理和保护，无论对旅游娱乐、自然景观欣赏，还是产业开发都是极重要的。应通过建设海洋文化公园系列等方法对它们加以开发和保护。

中国南部沿海各省区与马来西亚地理位置相近，自然条件相似，经济联系密切，人文交流频繁，在文化上有共同之处，双方有条件加强海洋休闲渔业交流与合作。建立中国与马来西亚海洋休闲渔业交流与合作机制，对发展中国南海部分省区休闲渔业具有积极作用，具有重要的经济和社会意义。一是发展旅游服务业能更好地推进渔业产业结构调整。休闲、观赏渔业内容丰富，关联产业很多，并且多为劳动密集型产业，可以为渔（农）民提供大量的就业空间，缓解渔业生产和渔区社会经济生活中的一些矛盾。二是有利于资源的合理开发、利用和保护。把一些符合条件的渔船通过拆解、去污、灌注等措施改建为近岸人工鱼礁或增设必需的安全、娱乐设施改造成休闲游钓渔船，既有利于开发新的旅游资源，更有利于减轻近海捕捞强度，增殖水生生物资源，保护渔业生态环境。三是有利于扩大水产品出口创汇，增加渔民收入。观赏渔业是一个庞大的家族，包括观赏鱼类、植物类、龟类等，这些观赏性的水生动、植物不仅可供国内消费，还是出口创汇的重要力量。

中国与马来西亚在休闲渔业区域合作和发展方面，要扶持发展渔业观光旅游、渔区风情游和游钓业等休闲渔业项目，开展多种形式的渔业文化活动，如举办南海国际开渔节，整合滨海旅游资源，积极开展海滨度假游、海岛观光游和涉海专项游。有条件的沿海地方要结合自身资源特色，打造海洋生态和海洋文化特色突出的滨海旅游品牌。要加强双边或多边旅游协作，共同建设具有区域影响力的南中国滨海休闲旅游带，通过构建南海海洋旅游圈，加快推进中国与马来西亚相关省区的旅游合作。

二 海洋油气业

1. 资源利用现状

马来西亚除了盛产热带经济作物外，也生产锡、石油和天然气，其探明石油储量为 30 亿桶，天然气为 75 亿立方英尺，是石油和天然气的净出口国。马来西亚的石油产量情况可参见表 6 – 3 数据。

表 6 – 3　2006 ~ 2010 年马来西亚石油产量

单位：吨

年　份	2006	2007	2008	2009	2010
产　量	34374790	38073160	36256420	32653330	30546490

来源：《马来西亚统计年鉴》（2010）。

Kin – abalu 油田的石油产量为 3.6 万桶/日，具有生产 2800 万立方英尺/日的天然气生产能力，是目前马来西亚产量最稳定的油田。该油田位于马来西亚东部距沙巴州 Labuan 海岸 34 英里处的 SB – 1 区块，是 1997 年 12 月开始投产的。作为 SB – 1 区块的作业者，壳牌拥有该区块 80% 的股权，剩余 20% 的股权由 Petronas 公司持有。2004 年壳牌在沙巴州海域有两处新的油气发现，其中一块被发现的油田位于当前仍与文莱有领土纠纷的深水区域，但预计有较大的存储量。①

2. 经济效益

马来西亚生产的石油和天然气，除了满足本国消费外，还有大量出口，随着国际市场能源需求的增加而逐渐增加。1970 年，石油出口仅占出口总值的 4%，为 2.1 亿林吉特，1980 年则跃升为最大的出口产品，占当年出口总值 278.5 亿林吉特的 24%，为 66.8 亿林吉特。此后，由于制造品出口的迅速增加，油气的出口排名调后，但始终是十大出口商品之一。马来西亚石油进出口相关数据可参见表 6 - 4 ~ 表 6 - 6。

表 6 - 4　马来西亚原油主要出口国

单位:%，千吨

主要国家	2006 年	2007 年	2008 年	2009 年	2010 年
澳 大 利 亚	13	22	20	20	32
中　　国	1	3	5.00	8.7	8.4
印　　度	28	25	23	18	14
印　　尼	10	12	8	12.8	4.2
日　　本	5.5	5.8	4.5	2.9	3.8
韩　　国	8.5	9.2	8.1	5.3	5.8
菲　律　宾	2.8	3.3	4.5	3.4	5.8
新　加　坡	8.8	9.5	14.9	8.7	5.5
斯　里　兰　卡	2.1	0	0	0	0
泰　　国	15	8.5	9.4	16.9	13.9
其　他　国　家	4.6	2.6	3.2	3.6	7
总　　和	100	100	100	100	100
总出口吨数	16875	16880	16763	16412	16382

数据来源：马来西亚国际贸易与经济管理局。

---

① 蒋兰陵：《油气业对印尼与文莱经济发展影响的对比分析》，《东南亚研究》2008 年第 4 期。

表 6 - 5　马来西亚原油及油产品进口明细

年　份	2006	2007	2008	2009	2010
原油					
进口量（千吨）	10278	10529	9229	9146	9067
进口金额（百万林吉特）	17783	18825	23360	14553	18007
约合每吨金额（林吉特/吨）	1730	1788	2531	1591	1986
油产品					
进口量（千吨）	10442	10328	8723	7775	12180
进口金额（百万林吉特）	19306	20674	24050	14253	25134
约合每吨金额（林吉特/吨）	1849	2002	2757	1833	2064

数据来源：《马来西亚统计年鉴》。

表 6 - 6　马来西亚原油及油产品出口明细

年　份	2006	2007	2008	2009	2010
原油					
出口量（千吨）	16875	16880	16763	16412	16382
出口金额（百万林吉特）	31984	32865	43582	25360	30765
约合每吨金额（林吉特/吨）	1895	1947	2600	1545	1878
油产品					
出口量（千吨）	9515	9625	11013	10721	12032
出口金额（百万林吉特）	18404	19730	29093	19400	25542
约合每吨金额（林吉特/吨）	1934	2050	2642	1810	2123

数据来源：《马来西亚统计年鉴》。

　　目前，石油和天然气的出口均维持在 1500 万吨/年左右的水平。马来西亚还是世界第三大天然气出口国，仅次于阿尔及利亚和印尼，2002 年的天然气出口占全球天然气出口的 13.6% 左右。近几年，由于国际石油价格不断攀升，马来西亚油气的出口额也持续增长，占出口的比重不断加大。据马来西亚对外贸易发展局的资料，2002 年全国出口总额为 3544.8 亿林吉特，其中石油出口 118 亿，占 3.3%，天然气 99.3 亿，占 2.8%；2004 年出口总额为 4807 亿林吉特，其中石油 227.8 亿，占 4.7%，天然气 170.810 亿，占 3.55%。油气出口不仅赢得了大量外汇，还为马来西亚的对外贸易顺差做出了重要贡献。据统计，2004 年石油及石油产品的进口总额为 136.3 亿林吉特，当年出口石油和天然气共 398.6 亿林吉特，顺差为 262.3 亿林吉特，占当年马来西亚对外贸易顺差 810.73 亿林吉特的 32.4%。马来西亚油气产业主要指标见表 6－7。

表 6－7　2005～2009 年马来西亚油气产业经济统计

单位：百万林吉特，人

年　份	2005	2006	2007	2008	2009
投入	4520	6268	6854	7642	7988
工业增加值	75482	85854	91823	122720	83228
从业人数	7907	9008	9649	10458	12184
工资支付额	956	1259	1668	1969	2373
资产总量	29796	35985	52749	76276	93785
总产出	80002	92122	98676	130362	91216

数据来源：马来西亚统计局。

马来西亚历史上是产锡大国，矿业和石油天然气的开发和生产始终在经济中扮演重要角色，在国内生产总值的比重，1990 年为 9.7%，2000 年高达到 11.1%，2003 年是 10.4%。

矿业油气企业和从业工人也随着石油和天然气生产的发展不断增加，企业从 1972 年的 171 个增加到 1998 年的 239 个，工人也从 1972 年的 5866 人增加到 1998 年的 17199 人和 2000 年的约 3.71 万人。客观而言，矿业及油气行业在马来西亚就业市场所占比重不高，2000 年仅占 0.4%，但由于在石油和天然气企业工作的收入比较高，且工人主要来自马来西亚相对贫困的登家楼、沙捞越和沙巴等三州的居民，油气产业对当地经济发展、人民收入乃至社会稳定的作用，都是不言而喻的。①②

石油和天然气发展对马来西亚财政收入的贡献尤其大。财政收入中的油气收入主要包括所得税和出口税等，在石油成为最大出口商品的 1980 年，石油收入占马来西亚联邦财政收入的比重竟高达 30%。后来略有下

---

① 唐文林：《中国—东盟自由贸易区之贸易发展路径研究》，《东南亚纵横》2008 年第 12 期。

② 王晓惠：《海洋经济对东南亚社会经济发展影响分析》，《海洋经济》2011 年第 1 期。

降，在 15% ～20% 之间徘徊，进入 21 世纪，又随着出口额增加而有所提升。据统计，原油、液化天然气和石油相关产品，2002 年为马来西亚联邦财政带来了 150 亿林吉特左右的税收，几乎是联邦政府收入的四分之一。另一资料显示，石油与天然气部门为政府财政贡献的税收和股息收入，每年达 40.53 亿美元，占财政收入的 21.7%。

3. 中马能源合作以及马来西亚与周边国家的能源合作现状

随着世界能源的激烈竞争和中国能源消费的迅速增长，中马两国政府对双边能源合作日益重视。在 1999 年 5 月两国签署的《关于未来双边合作框架的联合声明》中，两国承诺在农业、林业、矿业和木材业等领域扩大工艺和技术交流。所提到的矿业合作已包含了能源合作的内容。2004 年 5 月两国发表的《联合公报》表示，继续加强两国在交通、能源和金融等领域的合作。能源合作的意向已日趋明确，且和交通、金融等领域的合作相提并论。到 2005 年 12 月，能源合作显然已引起两国政府的高度重视，当时两国发表的《联合公报》特别指出，双方已经注意到两国企业正在进行的能源合作，并承诺将努力推进该领域的合作。双方同意支持两国有关企业探讨在油气领域设立合资公司。[1] 事实上，中马能源合作，是中国近年推行能源外交战略的一个组成部分，在马来西亚之前，中国也与世界其他国家，包括东盟国家的文莱、印尼、菲律宾等国，签署了包含同样内容的文件。[2]

虽然，中国是马来西亚的第四大出口目的地，近年也开始进口马来西亚的石油和天然气，但有关数额在中马贸易中所占的比例却微乎其微。我国商务部的统计资料显示，2005 年 1～9 月马来西亚对华出口的十大商品中，石油气及其他烃类气排第 8，共计 1.358 亿美元，仅占马来西亚对华出口总额 65.29 亿美元的 2.1%，占马来西亚同期石油气出口及其他烃类气出口 46.91 亿美元的 2.9%；在马来西亚从中国进口的十大商品中，石

---

① 李金明：《南海争议区油气资源共同开发的实行前景》，《南海经济》2008 年第 4 期。
② 《文莱油气产业与多元化经济》，《中国石油报》2005 年 5 月 30 日。

油原油及从沥青矿物提取的原油排第 9，为 1.646 亿美元，仅占马来西亚从中国进口总额 96.45 亿美元的 1.7%，占马来西亚同期进口石油产品 34.787 亿美元的 4.7%。①

中马两国能源合作已经营运的有马来西亚国家石油公司与中国有关公司合资成立的分销液化石油气有限公司，总投资 226 万美元，马方占 20% 的股份。较大的项目还有中国路桥（集团）等公司争取参与的，在马来西亚柔佛建设的石油储藏加工中心工程。另外还有马来西亚国家石油公司与美国石油公司合资勘探中国辽东湾 02/31 区块和 06/17 区块的项目，马方在上述区域的投资分别为 3825 万美元和 613 万美元。

中石油、中海油和中石化三大石油公司还与马来西亚国家石油公司以及其他企业在多个地区开展了联合勘探等方面的合作。马来西亚国家石油公司与中石油在苏丹合作勘探开发的油田目前平均日产原油 26 万桶，双方在印尼的合作区块日产原油约 2.4 万桶。马来西亚国家石油公司也计划把它的首个液化天然气项目定址上海。

如前所述，马来西亚和越南于 1992 年 6 月 5 日签署《谅解备忘录》，共同勘探和开发争议区的油气资源。2003 年 1 月，越南国有油气公司和马来西亚国家石油公司 Petronas 旗下的 Carigali 海外公司签署协议，共同勘探和开发位于越南大陆架 01 - 02/97 区块的油气资源。

文莱也与马来西亚签署过石油天然气合作谅解备忘录。

新加坡吉宝企业的子公司吉宝能源与马来西亚国家石油股份有限公司也签署过天然气供给协议。②

2003 年 6 月，越南国有石油公司和印度尼西亚的 Pertamina 公司以及马来西亚 Petronas 签署了共同开发南中国海海上油气的协议。

4. 优势与劣势

根据对马来西亚油气业油气现状的分析，其最大优势在于资源丰富。

---

① 《马来西亚油气工业现状简述》，《中国石油与化工经济分析》2006 年第 1 期。

② 《新加坡吉宝能源与马来西亚国油公司签署 22 亿新元天然气协议》，中华人民共和国商务部，http://www.mofcom.gov.cn/aarticle/i/jyjl/j/201204/20120408091283.html。

从表 6 - 8 可知，马来西亚的油气资源产出占了整个东南亚油气资源产出的50% 以上。

表 6 - 8　2004 年东南亚主要国家油气产出量

国　　家	石油产出（万桶/天）	天然气产出（万立方英尺/年）
文　　莱	19.5	3340
马来西亚	75	14370
菲 律 宾	0.946	10
越　　南	35.6	190
印　　尼	21.5	120
合　　计	152.546	18030

　　资料来源：《南海开发计划与海南战略基地建设——对我国"十一五"规划的建议》，《经济研究参考》2005 年 51 期。

马来西亚油气业的优势比较明显，主要体现在如下几个方面。

（1）产量稳步上升

美国《油气杂志》最新统计数据显示，自 2002 年以来该国的石油产量一直呈上升趋势，主要是由马来西亚一些海洋油田投产所致。2005 年马来西亚石油平均产量为 87.1 万桶/日，其中液化天然气产量为 8.4 万桶/日，而 2004 年时石油平均产量为 86 万桶/日。

考虑到国内石油储量出现长期下降趋势，马来西亚国家石油公司 Petonas 已着手实施国际勘探和开采战略。目前 Petronas 已在叙利亚、土库曼斯坦、伊朗、巴基斯坦、中国、越南、缅甸、阿尔及利亚、利比亚等国投资了石油勘探和开采项目，其海外业务收入约占公司总收入的 1/3。马来西亚石油主要出口至日本、泰国、韩国和新加坡等国。

马来西亚国内石油均来自海洋油田，主要产自马来半岛附近海域。马来西亚的大多数油田均生产低硫优质石油，该国一半以上的石油产自塔斯皮油田。Esso Production Malaysia. Inc （EPMI）是马来西亚最大的原油生产商，产量约占该国石油产量的一半。EPMI 在马来西亚半岛附近操作 7 个油田，其中约 1/3 产量来自 Seligi 油田。EPMI 拥有该油田 78% 的股权，剩余22% 的股份由 Petronas Carigali 公司持有。EPMI 旗帜下的 Larut 海洋油田于

2002 年初开始投产，峰值产量达 14 万桶/日，弥补了近年来一些油田由于老化带来的减产。

（2）炼油工业逐步发展

马来西亚有 6 个炼油厂，总加工能力为 54.4 万桶/日。马来西亚三大炼油厂分别是排名第一的壳牌 Port Dickson 炼油厂，加工能力为 15.5 万桶/日，排名第二的 Petronas 公司的 Melaka – II 炼油厂，加工能力为 12.6 万桶/日，排名第三的 Petronas 公司的 Meleka – I 炼油厂，加工能力为 9.3 万桶/日。

投资达 14 亿美元、日加工能力 20 万桶的 Melaka 炼油综合体，二期工程于 1998 年 8 月正式投产。Melaka – II 炼油厂是 Petronas、Conoco 与 Statoil 的合资公司。该炼油厂包括 6.2 万桶/日的减压蒸馏装置、2.6 万桶/日的催化裂化装置、2.85 万桶/日的加氢裂化装置、3.5 万桶/日的脱硫装置和 2.1 万桶/日的焦化装置。当初建设该炼油厂的最主要目的是向 Conoco 公司在泰国的加油站以及在马来西亚的新建加油站提供汽油。Melaka – I 炼油厂于 1994 年中期完工投产，包括 10 万桶/日的轻质原油蒸馏装置，该炼油厂由 Petronas 公司独自拥有，主要加工塔皮斯原油。

（3）成为东南亚地区的天然气集散中心

《油气杂志》的统计数据显示，截至 2006 年，马来西亚拥有探明天然气储量 75 万亿立方英尺。近年马来西亚的天然气产量一直呈现稳步增长的态势，2003 年时的产量达到 1.91 万亿立方英尺。而当年马来西亚本国消费量仅为 1.0 万亿立方英尺，出口液化天然气（LNG）约 0.9 万亿立方英尺，主要出口至日本、韩国和中国台湾地区。

马来西亚天然气勘探和开采最为活跃的区域是马来西亚—泰国合作开发区域（JDA），该区域位于泰国海湾下游，由马来西亚—泰国联合管理署（MTJA）管理。MTJA 由两国政府共同组建，管理两国领土存在争议的 JDA 区域油气的勘探和开采。

泰国 PTT 公司和 Petronas 在 1999 年 11 月达成一项协议，推进从 JDA 到位于泰国的 Songkla 加工厂的天然气管线建设工作，该管线同时还将连接泰国和马来西亚的天然气管网。尽管 JDA 生产的天然气最初仅流向马来西亚，但最终马来西亚和泰国将各分一半该地区生产的天然气。2005 年第一季度该管线开始往马来西亚输送天然气。

2003 年，埃克森美孚公司在南中国海的马来西亚 Bintang 海洋天然气田开始天然气生产，总计每年约可生产 1 万亿立方英尺天然气。

2004 年马来西亚 LNG 出口总量约占全球的 16%。在经历多次延期后，马来西亚正在积极推进沙捞越邦 LNG 联合体的合作项目。2000 年 2 月，Petronas 与以 Kellogg Brown 和 Root 为首的国际财团签署协议建设 MLNG Tiga 工厂，该工厂拥有 LNG 生产线，总生产能力为 760 万吨/年，已于 2003 年 4 月完成。扩能后的 LNG 联合体将成为全球最大的天然气液化中心。天然气液化产能达到 2300 万吨/年。新增 LNG 产量将销往日本。东京电力公司、东京燃气公司和 Chubu 电子公司将从该项目中进口 LNG。

除了 LNG，马来西亚同时通过管线向新加坡每年出口 1.5 亿立方英尺的天然气。马来西亚拥有如此多天然气资源，但仍然从印尼进口天然气。Petronas 在 2001 年 4 月和印尼国家油气公司 Pertamina 签署协议，从 Conoco 位于印尼 West Natuna 的海洋天然气田进口天然气。此举动已被视为马来西亚计划成为东南亚天然气集散中心所采取的措施之一。从印尼至马来西亚的天然气管线已于 2003 年中期投入使用。

马来西亚油气业同时也面临巨大挑战。

（1）减产危机

截至 2006 年，马来西亚的探明石油储量为 30 亿桶，比 1996 年探明储量峰值 43 亿桶已减少 13 亿桶。马来西亚的主要油气田包括 Baram、Baronia、Tukau、Seligi、Guntong、Duland 和 Tapis 等。Tapis 油气田为马来西亚提供一半以上的油气产量，油田面积 83 平方千米，石油可采储量 6027 万吨，天然气可采储量 286 亿立方米，发现于 1969 年，1978 年投产，1980 年达到 1.1 万吨的峰值日产量后逐步递减，2002 年石油日产量降至 3836 吨。

马来西亚正面临石油产量逐年下降的困境。马来西亚国家石油公司 2010 年的年度报告显示，截至 3 月 31 日的上一个财政年度，马来西亚的油气产量连续第二年出现下降，从上一个财政年度的 166 万桶/天下降到了 163 万桶/天。同时马来西亚的国内能源需求却出现了增长。分析人士认为，如果这一趋势不能得到扭转，那么到 2013 年，马来西亚很可能成为石油净进口国。

（2）南海领土争端带来潜在风险

20 世纪 60 年代后期，马来西亚以大陆架为理由对南海群岛南部多个岛礁提出领土要求，把南海东南部 12 个岛礁划入其声称的领土范围。并于 1977 年动手在岛礁上建立主权碑，1980 年后开始派兵侵占岛礁并开始开采石油，主要集中在南通礁至曾母暗沙一带的海域。如 2003 年 4 月至 2012 年底，马来西亚就先后派遣 4 个海上作业编队共 11 艘测量勘探船赴南沙南通礁海域实施测量和油气勘探活动，旨在对该礁附近海域的海底活动情况及石油、天然气资源进行评估，为日后的油气开采做准备。① 随着中国综合国力的上升，以及南海诸国对南中国海自然资源的争夺进一步趋向激烈化，马来西亚的油气田所有权将存在不确定性。

5. 中马能源合作对策建议

中马能源合作刚刚起步，还有很多可以合作的空间。除了石油和天然气的出口贸易，马来西亚还与许多国家进行了多种形式的能源合作，主要有：①参与天然气管道输送设施建设，如参股经营阿根廷和澳大利亚的天然气管道输送项目，计划与泰国联合兴建贯穿泰国—马来西亚的天然气管道输送系统。②参与液化天然气的分销业务，如参与印度、越南、菲律宾和南非的液化天然气的接收、灌装和分销业务。③参与联营设厂生产石油产品。例如，马来西亚 2009 年收购了苏丹港口炼油厂一半的股权，2011 年投产后，该炼油厂平均每天可处理 10 万桶原油；联营设厂生产的还有在柬埔寨、泰国和非洲设厂炼制并零售石油制品，在菲律宾联营设厂生产聚丙烯，在越南联营开发聚氯乙烯等。④参与油气勘探。据 2004 年马来西亚国家石油公司的信息，公司领导的石油勘探财团在距离越南海防市港口 70

---

① 《失去南海就相当于失去中国油气总资源的三分之一》，《中国经济导刊》2011 年 3 月 28 日。

千米处发现了储量约 3.2 亿桶的"园图"油田。该石油勘探集团随后对该油区进行了投资开发。① 目前的中马能源合作，已经开始的只有贸易、勘探和分销方面的合作，而且规模非常小，可考虑扩大已有合作领域的规模，拓展尚未展开的项目，如联营在中国设厂生产石油产品，建设石油和天然气输送设施，中马合资勘探我国近海石油资源等，马来西亚在这些方面是颇有经验的。

此外，还可以考虑参与马来西亚能源的勘探与开发，据 20 世纪 90 年代初估计，马来西亚总共 41.4 万平方千米有勘探前景的大陆架，当时只勘探了 20%。而且，根据 Salamander 能源总裁孟席斯的说法，1997 年金融风暴前，东南亚是国际能源公司的投资热点，但金融风暴后，各大能源公司纷纷撤离，至今仍未回来，竞争较少，机会较多。另外，马来西亚"以气代油"的能源政策值得我们参考，如能最大程度地用天然气代替石油作为燃料，不仅可以充分利用马来西亚这个世界第三大天然气出口国丰富的资源，缓解中国石油需求超乎寻常增长带来的压力，也可以改善近年日渐增加的中马双边贸易不平衡，一举两得。另外，可参照日本和韩国等能源短缺经济强国的经验，树立每油必争、每气必争的观念，适当调整以往"紧盯传统能源大市场"的经营策略，采取更适应能源竞争形势要求的对策，即无论大国小国，大市场小市场，只要有能源出口的潜力，都要尽一切可能加以争取和拓展。日韩两国早在 20 世纪 60 年代就已成为东南亚国家能源的主要买主，且通过签订长期合同保证了石油和天然气的稳定供应，与上述策略的成功推行不无关系。

冷战后的中马两国关系非常密切，不仅官方和民间来往频繁，两国的合作也从政治、经济扩展到文化、教育、卫生、国防等各个领域，马来西亚媒体喻之为处于"蜜月"期，且以"水乳交融"来形容。2005 年温总理官访马来西亚后两国发表的《联合公报》指出，两国领导人对 1974 年

---

① 朱坚真：《南海周边国家及地区产业协作系统研究——兼论中国—东盟自由贸易区的产业协作模式》，中国海洋出版社，2003，第 24 页。

建交以来中马关系取得的显著进展表示满意，认为中马关系的发展给两国和两国人民带来了实实在在的利益，两国同意继续在各个领域展开全方位的合作。相信在两国政府和人民的努力下，两国双边的能源合作将大有可为。事实上，2005 年中国从马来西亚进口的天然气，已比 2004 年同期增长了 49.1%。① 依靠民间和官方的双重互动，相信中国和马来西亚在油气产业上的合作将进一步深化，为两国的经济发展奠定坚实的基础。

三　船舶制造业

1. 资源利用现状

马来西亚的海洋造船业可以定义为船只设计、建造、修理和维护，并涉及转换船只用途及升级船只与相关设备的行业。

船舶制造业是马来西亚的重要行业，与海洋运输业和海洋装备制造业有紧密的关系。在结构上，海洋船舶制造业在海洋产业里扮演了基础工业的角色，为海洋活动提供新的船只，维护现有船只，以保证海洋活动顺利进行。为了海洋活动的安全性和适航性，海洋船舶制造业必须要与国内的监管要求，甚至国际上的通用要求相符合。在本质上，航船维修属于服务业，船舶制造属于制造业，而船舶用途转换则属于与以上完全不一样的分类，将航船修理与船舶制造结合了起来。

船只修理是劳动密集型行业，并且需要多种多样的劳动力和劳动技能的配合。由于船只修理工作独特的性质，及每只被修理船只各自不同的特点，自动化在船只修理业中并不重要。平均来说，修理船只需要 35% 的材料（主要是钢铁）和 65% 的劳动力。

马来西亚的造船业制造能力比较有限，且主要关注小型油气运输船，例如近岸支援船（OSV）与非自动拖船（AHT）等为油气业平台或油罐服务的小型运输工具。目前马来西亚有 40% 的船只订单来自国外。

---

① 朱坚真：《构建中国—东盟自由贸易区产业协作系统的思考》，《桂海论丛》2002 年第 4 期。

全马来西亚大概有 70 个船坞可以进行船舶制造，而船舶制造主要包括以下活动：①建造远洋船只、拖船、巡逻船、补给船、渔船、登陆舰、渡轮、小油罐车以及休闲船只；②为油气业建造离岸作业设施；③船只修理、维护、升级、翻新以及重新粉刷；④船只用途转换；⑤建造重装机械以及离岸综合体，包括钢结构起重机。

在建造量方面领先的马来西亚船舶制造商包括：马来西亚海洋和重装公司、宝德工业集团、纳闽船舶工程公司以及 Muhibbah 海洋工程公司。

马来西亚自 19 世纪始已有造船工业。最早的造船设施坐落于古晋沙捞越。在马来半岛，船坞分布在 Lumut，Perak；Port Klang，Selangor；Kemaman，Terengganu and Pasir Gudang，Johor。目前在马来西亚大概有 120 个注册的船舶制造船坞。[①]

尽管船舶制造业在马来西亚当地并不出名，但由于船舶制造业巨大的溢出效应，而且由本地船坞制造的船只基本以国际市场为销售地，因而早就成为马方的战略产业。经合组织在雇佣能力、工业生产能力和技术能力角度对此进行了承认。尤其在技术方面，船舶制造技术直接与国防相关。船舶制造业是资本和技术高度密集型行业。

2. 经济效益

马来西亚船舶建造和维修业 2008 年的产值约为 72 亿林吉特，折合146.88 亿元人民币，年均增长率为 30%。而其工业增加值 2008 年为 10.38亿林吉特，折合 21.18 亿人民币，五年间年均增长率为 40.7%，增速非常迅猛（见表 6 - 9）。

表 6 - 9　马来西亚船舶制造与维修统计

单位：百万林吉特，人

年　份	产　出	投　入	增加值	就业人口	支付工资总额	资产总额
2004	2966	2778	188	18179	438	1615
2005	3022	2437	585	10313	264	1110

①　Malaysia Freight Transport Report, *BMI International*, Q4 2012.

年　份	产　出	投　入	增加值	就业人口	支付工资总额	资产总额
2006	3579	2795	785	10753	261	1045
2007	4873	3974	899	10834	263	1229
2008	7208	6170	1038	12915	309	1697

来源:《马来西亚统计年鉴》(2010)。

资料显示,2004～2008 年马来西亚造船业的就业人口出现递减趋势。如上所述,一方面是因为马来西亚造船业引入更多机械设备减少了对人工的需求,另一方面是因为马来西亚油气业的快速发展也需要各行各业的熟练工人,船舶部门的劳动力出现了产业间转移的情形。

2005 年马来西亚造船业经历了一次剧烈的行业变动,行业间出现了高度整合,一些实力小的船坞被实力强大的船坞兼并,整个兼并过程直到2006 年才结束。整合过程结束后,马来西亚的造船业重点更加突出,竞争力也得到大幅提高。

3. 相关政策

数个马来西亚政府机构都在研究海洋事务,但没有任何一个机构专注于马来西亚造船业的发展。与之最为接近的部门是外贸部下属的一个局,其主要任务是为运输业和装备制造业制定政策和战略。但就目前来说,并没有跨部门的协作讨论造船业的发展。国家海洋政策咨询委员会和国家航运委员会的运作条款中也没有将海洋船舶制造纳入治理框架。目前,考虑造船业利益的部门只有国防部属下的海洋防务与安全工作组。但存在非政府组织代表造船业界的声音,例如马来西亚海洋工业协会(AMIM)、马里船舶制造业协会与诗巫制造业协会。

源源不断的资金支持新项目开工是造船业不断增长的关键。Pembangu-nan 银行旗下的全球海上风险投资基金是唯一由政府设立、由当地合伙人共同投资以鼓励船只制造业发展的机构。然而,必须设立机制去控制马来西亚在国外建造船只的订单,并鼓励本土建造。

令人遗憾的是,造船业不再列入 1986 制定的投资促进法案,意味着其不能再得到政策上的优惠。简单地说，本地和外国投资者投资造船业的活动，不管是新建项目还是持续投资，所带来的收益将不再享受税收优惠。目前船厂所享受的唯一一个税制激励是当船厂处于正常状态时，享受免进口关税和消费税的待遇。税收的免除范围包括进口原材料、部件、机械以及直接用于船舶制造的装备。

4. 优势与劣势

造船业集群是帮助马来西亚在国际船舶制造业竞争中突围而出的重要因素。但是马来半岛集群存在过度依赖政府订单的倾向。

马来西亚的船舶制造集群大致情况如下所述。

东马来西亚集群精于建造离岸补给船、拖船、驳船以及渡轮。位于这一区域的船坞被建造得相当符合成本效益，而且建造活动频繁，这皆因东部船坞的主要客户是油气部门。由于地理上相对分离，与其他集群相比，大部分东部船坞在设计、建造过程和原料采购上创新性都很强。

马来半岛集群专注于替油气业和政府机构制造钢铁和铝质船只。此地大量的船坞没有接受政府以外订单的经验，故相对于东马来集群来说是相对欠缺竞争力的集群。绝大多数马来半岛的船坞并不是基于成本最优化进行生产，船只一般也不销往国外。①

从船产品角度来说，马来西亚制造的小型船只一般为低成本的玻璃纤维船，主要用于渔业和旅游业。中型船包括离岸补给船、拖船、驳船、巡逻艇。大型船只现在似乎日子过得不错，但优势正在快速消失。这主要是由于 MMHE 公司的战略转向于船只修理和用途转换，以至于只剩下宝德集团（Boustead）一家大型船只制造商。如果大型船只制造商过度依赖政府订单，这一类别的厂商将在全球大型船只建造竞争中失去优势。

2011 年，沙捞越州的造船业非常活跃，为对外贸易贡献了 7.62 亿林吉特。沙捞越洲造船工业在全世界范围内都受到欢迎，原因在于其良好的成本控制。大多数的船坞是家族式经营，有一些甚至已经传到了第二或第

---

① MyForsight, 2012（1），p. 29.

三代人。与马来半岛的同业相比，沙捞越的船坞更具组织化，但他们并不会在市场上直销他们的船只，而是通过新加坡的经纪人将它们的成品出口至印尼、大洋洲或欧洲国家。

马来西亚造船厂和船用设备商的经营范围包括建造与维护钢船、铝船和复合介质的船只，规模也从中型船厂到拥有下属系统的大型综合体不等。他们能设计简单的小型和中型船只，较复杂一点的也可建造，例如带动态位置系统的手操拖船、超过五十米长的离岸补给船和活底挖泥船。但马来西亚造船厂依然需要取得国外设计的甲板和系统。马来西亚的造船厂能为油气部门的船体功能转换提供一站式服务，包括为浮式生产储油轮、可移式海洋生产装置、可移式海洋钻井平台提供改装和升级设计等服务。

5. 合作对策建议

（1）引进马来西亚先进的造船技术

马来西亚临近新加坡，是国际市场上最大的运油轮制造国，在建造高科技大型船只上具有非常丰富的经验。目前，我国船舶工业已具有了较高的研究开发能力，船舶的设计、建造技术水平也上升到了较高的层次。在此基础上展开新一轮的技术引进，应立足于高起点、高层次，集中资金引进那些影响和制约我国船舶工业发展的重大瓶颈技术和对提高国际竞争力具有显著作用的重大技术，如现代造船生产组织与管理技术，高技术、高附加值船型开发技术，大型低速柴油机设计制造技术，大型油船用锅炉、货油泵系统技术，航行自动化系统技术，全船计算机信息自动化管理技术等。在引进中，企业间要联合、协作，避免在第一轮引进中出现的低层次、盲目、重复引进以及恶性竞争等情况的再次发生。

（2）承办参加各种国际海事会议

每年世界上都要举办各种有关船舶及船用设备产品和技术方面的展览会、研讨会，交流最新技术信息；各种世界造船组织还定期召开造船工作会议，反映各国造船工业现状，分析世界船舶市场形势，研讨造船政策。我国造船界应积极承办和参与这些会议，从中获取各种技术经济信息，及时了解和掌握船舶建造和贸易方面规范及政策的变化，同时，扩大我国船舶工业在世界上的影响。

（3）建立政府正式协调部门，给予船舶国际制造合作方面更多支持

随着我国市场的更加开放，企业、科研院所的对外科研合作会日益增多，企业将成为国际科技合作的主体。由于企业不可能全面了解国际技术市场的研究开发信息和合作国家及企业的情况，也由于信誉度、资本实力和外方对中国企业情况不够了解等原因，企业在对外合作中会存在风险，并使合作项目谈判很难成功，因此，有必要得到政府的帮助和支持。特别是对那些已打入国际市场、具有较强国际竞争力的大型国有企业，政府计划、经贸、科技、外事等部门，应从政策、资金、谈判、提供信息、简化出国审批手续等方面给予支持。目前马来西亚对造船行业给予税收方面的支持，中方有关部门也可通过建立渠道，尽量利用马来西亚的税制优惠，获得价格低廉的船舶部件，结合中方造船业特点，生产市场迫切需求的船舶产品。

四 滨海旅游业

1. 资源利用现状

近 20 多年来，马来西亚的入境旅游发展迅速，已成为东南亚地区最大的旅游目的地国，接待外国游客人数远远超过泰国、新加坡。2007 年，马来西亚接待的入境游客人数突破 2000 万人次，并且一直呈持续增长态势。即使在世界旅游业受世界经济危机影响出现下降的 2008 年、2009 年两年里，马来西亚的入境旅游仍保持了明显增长，并在 2010 年创下接待入境游客人数的历史新高，达 2460 万人次。1998 ~ 2010 年，马来西亚接待的入境旅游者从 550 万人次快速增加到 2460 万人次，增长了 4.47 倍，年均增长率达到 13.3%。[①]

2. 经济效益

最近 20 年马来西亚的入境旅游市场迎来入境游客数量快速增长的好时

---

① 程成：《1999 ~ 2004 年马来西亚入境旅游市场探析》，《当代亚太》2005 年第 6 期。

期，成为东南亚地区最大的旅游目的地国。马来西亚的旅游业发展晚于新加坡和泰国，但发展速度较快。1980 年，马来西亚接待的国际旅游者达153 万人次，国际旅游收入为 2.5 亿美元。而在 "1990 马来西亚旅游年"中，旅游业更得到空前的发展。当年，马来西亚接待的国际游客达 700 万人次。1990~2000 年的十年中，马来西亚入境游客人数保持了 3.2% 的增速，2000~2005 年，入境旅游更是取得了 10% 的高速增长。随着马来西亚接待外国游客数量的增加，马来西亚接待入境游客人数在东盟地区接待入境旅游总人数中的比例逐渐增大，马来西亚成为东盟地区最大的旅游目的地国。1990 年马来西亚接待外国游客数量首次超过了当地旅游业最为发达的新加坡和泰国，这两个国家当年接待的外国游客人数分别为 530 万人次和 589 万人次。2009 年东盟国家总共接待的入境旅游者人数为 6543.8万人次，但入境马来西亚的游客就高达 2364.6 万人次，占了该地区外国游客总量的 36.14%，远远超出排在第二位、第三位的泰国和新加坡，几乎是这两个国家接待入境游客人数之和，这两个国家的这一比例分别为21.53% 和 14.79%。马来西亚近年来旅游业相关数据见表 6-10。

环南中国海现代产业体系与

经济圈研究

150

表 6-10　马来西亚旅游业统计

单位：百万林吉特，人

年　份	产　出	投　入	增加值	就业人口	支付工资总额	资产总额
2003	2756	2654	102.55	12295	289.394	477.57
2004	4257	3396	860.31	13039	277.719	487.68
2005	4965	4004	960.61	14910	337.058	723.71
2006	5410	4514	895.9	15026	345.682	571.52
2008	6823	5587	1236	18223	518.934	875.39

来源：《马来西亚统计年鉴》(2010)。

在过去的 20 年中，马来西亚的入境旅游市场总体上保持了持续增长的态势。但从各年的具体增长情况来看，也出现过一定的起伏。1991年，由于海湾战争和西方经济衰退的影响，马来西亚实际接待的外国旅游者人数出现了 20% 以上的负增长，仅 544 万人次。同样，1997 年的亚洲金融危机使马来西亚在 1997 年、1998 年两年中接待的入境游客人数出现了明显的下滑，分别下降了 20.7% 和 23.5%。此外，2003 年的非典疫情再次阻碍了马来西亚自 1999 年来恢复的入境旅游增长势头，使马来西亚的入境旅游人数直线下降。全年接待入境游客 1057.7 万人次，比 2002 年减少了 52.2%，远远高于东南亚地区平均 16% 的降幅。但在 2004 年，这一数据又很快攀升至 1570.3 万人次，比 2003 年增长了 48.5%。此后一直保持持续增长。

　　近 20 年来，马来西亚的旅游外汇收入也出现了快速增长，尤其是进入 21 世纪以来，增速更快。1998 年，马来西亚的旅游外汇收入为 55 亿林吉特，但到 2010 年已增长至 565 亿林吉特，13 年中的年均增长率达到 21.4%，高于同期接待入境人数的平均增长率。1998～2010 年，除了 2003 年出现 17.4% 的降幅，旅游外汇收入只有 212.9 亿林吉特外，其余每年的旅游外汇收入都保持了一定幅度的增长。而且，入境旅游的经济效益也日益凸显。同本地区的其他国家相比，马来西亚的入境旅游收入对当地经济的贡献日益增大。1990 年马来西亚成为东南亚地区最大的旅游目的地国，但旅游外汇收入只有 16.67 亿美元，仅高于菲律宾，远远低于新加坡的 49.37 亿美元和泰国的 43.26 亿美元，也比印尼的 21.05 亿美元还低，仅占东南亚地区旅游外汇收入的 11.51%。但到 2000 年，马来西亚的旅游外汇收入增至 50.11 亿美元，已接近于新加坡的 51.42 亿美元，在该地区旅游外汇总收入中所占的份额也升至 19.12%。此后，马来西亚的这一比例一直保持增长态势，并一跃成为东南亚地区的第二大旅游创汇国，旅游外汇收入超过新加坡。2005 年，马来西亚为该地区的入境旅游贡献了 25.58% 的外汇收入。在全球各地区旅游外汇收入都减少的 2009 年，马来西亚的旅游外汇收入增长到 157.72 亿美元，仅略少于泰国的 159.01 亿美元，已占东南亚地区旅游外汇总收入的 29.05%，马来西亚入境旅游对地区旅游经济的贡献日渐突出。①

① 张百珍：《中国旅游服务贸易国际竞争力比较》，《经济研究导刊》2012 年第 3 期。

3. 相关政策

马来西亚政府对旅游业的发展尤为重视，特别是对入境旅游市场更是高度重视，并花费很大力气、从各个层面予以扶持。首先，政府在旅游业发展中扮演着非常重要的角色，起到了关键性的主导作用。为推动旅游业的发展，政府加大了对基础设施和旅游景点的建设投入，着力于旅游资源的整合和旅游产品的研发，并与市场实现无缝对接。如旅游部为了推广民俗旅游，积极与乡村及区域发展部进行合作；为把马来西亚打造成亚洲购物天堂，政府甚至取消了 300 种名牌商品的进口关税。政府还对旅游发展给予政策扶持，如旅馆和旅游业的扩充或重修等再投资项目都可享受新一轮的新兴工业地位和投资赋税抵减；建造豪华游艇的公司可享受所得税豁免；旅馆和旅行社在国外的促销活动可享受双重税务扣减。

为了促进入境旅游的发展，马来西亚政府于 1992 年成立了旅游促进局，致力于把马来西亚发展成为著名的国际旅游观光国。除了推出"旅游观光年"，旅游促进局还一直注重旅游业的海外市场推广，在一些主要客源国设立办事处，进行旅游宣传、推广活动，让更多的人了解马来西亚。据悉，马来西亚政府早在 2000 年时，就在美国 CNN 电视台播放了旅游广告，这在亚洲国家和地区还是首例。近年来，旅游业更是马来西亚政府倾力打造的一张世界名片。旅游部更是提出了"马来西亚，亚洲魅力所在"的旅游宣传口号。为了做好旅游推介，旅游促进局在全球聘用了 13 家公关公司和 11 家广告公司，针对不同国家的特点有针对性地进行公关推介活动。

为更大程度地方便入境游客，马来西亚政府在入境制度方面也实行了新举措。政府在全国 44 个主要关卡实施了"无纸张入境制度"，外国人入境时，不必填写白卡。同时，政府还启用了"电子签证"，即到马来西亚旅游的外国游客只需通过互联网申请入境签证，通过互联网提交游客个人资料，便可办理签证。

4. 优势与劣势

马来西亚发展旅游业的优势主要体现在如下几个方面。

（1）马来西亚接待入境旅游人数仍会有所增长

马来西亚自 20 世纪 60 年代开发旅游业以来，旅游业发展速度较快，入境游客总体上呈不断增长趋势。1970 年马来西亚接待的外国游客仅为 7.6 万人次，到 2007 年赴马旅游的外国游客已突破 2000 万人次。2009 年，马来西亚是亚太地区除中国外接待外国游客最多的国家。随着马来西亚政府对旅游发展投入的增加以及海外市场推广的加强，马来西亚的入境旅游人数将继续增加。这主要是因为：马来西亚的绝大部分客源来自东盟内部区域，目前区域内旅游仍是出境旅游的主体，而东盟成员国的客源占马来西亚入境总游客人数的比例呈上升趋势，稳定的客源将会保证入境人数的增长。在其主体客源得到保持的同时，马来西亚在东盟外的重要客源市场仍将得到进一步开拓。现已是马来西亚重要客源国的中国、澳大利亚、印度、日本等国赴马旅游的人数将会有所增加。英、法、德、俄等传统客源市场及马来西亚最有开发潜力的阿拉伯国家客源市场，入境旅游人数也会迅速增加，有可能上升为马来西亚的主要客源国（见表 6 – 11）。

表 6 – 11　马来西亚旅游游客来源地统计数据

单位：人

国家（地区）	2008 年	2009 年
东　　盟	16636977	18386363
大　洋　洲	483193	596386
欧 洲 大 陆	528744	587215
英　　国	550738	589838
印　　度	433462	395746
日　　本	190979	197869
中 国 台 湾	223249	228571
美　　国	949864	1019756
中　　国	267461	227312
韩　　国	74632	77082
沙特阿拉伯	111525	128288
其 他 国 家	1231073	776674
总　　和	21681897	23211100

数据来源：《马来西亚统计年鉴》（2010）。

（2）旅游产品体系日渐完善，入境旅游外汇收入持续增加

旅游外汇收入的增长主要依赖于旅游人数的增加，与旅游产品的性质也有很大的关系。马来西亚入境旅游发展中最突出的一个问题是旅游收益与接待人数不成正比。马来西亚在1990年就成为东南亚地区最大的旅游目的地国，但外国游客在马来西亚的一次消费仅为188美元，只是在新加坡消费的30%和泰国消费的38%，马来西亚的入境旅游呈现游客多而外汇收入少的现象。其中最重要的原因就是旅游产品结构单一，较多旅游线路和产品呈现经营老化状态。因此，马来西亚政府从加强基础设施建设、提高旅游管理服务水平、优化旅游产品结构等多方面着手，大力推动入境旅游的发展，并已取得一定的成效。

马来西亚入境游也存在潜在威胁。

（1）入境客流量增长的敏感性和脆弱性

2003年上半年，伊拉克战争、非典疫情使马来西亚入境旅游自1999年以来的增长势头受到阻碍。虽然下半年的形势出现了一定程度的好转，但是复苏的势头仍不能覆盖整个市场。《2003年马来西亚旅游业统计报告》显示，全年接待入境游客1057.7万人次，下降了52.2%，远高于世界旅游组织公布的东南亚地区平均16%的降幅。而2004年接待入境游客1570.3万人次，增长了48.5%。这表明，马来西亚的入境客流量对外部干扰因素反应敏感，具有脆弱性。

（2）入境旅游收入增长的非效益性

马来西亚入境旅游收入1999年为123.2亿林吉特，2000年为173.4亿林吉特，2001年为242.2亿林吉特，2002年为257.8亿林吉特，每年的增长速度均在40%左右。2003年，伊拉克战争、非典疫情和持续的经济疲软3个因素交织在一起，使马来西亚入境旅游收入下跌到212.9亿林吉特，降幅达17.4%。综合接待人数增幅来看，马来西亚入境旅游收入的增长很大程度上依赖于所接待的入境游客人数的增长，属数量型增长，而非效益型增长。

5. 合作对策建议

马来西亚与中国自 1974 年建立邦交，双方在基础设施、渔业、旅游业等领域的合作取得了长足进展。2000 年中马两国发表联合声明，双方认为两国在旅游领域合作潜力巨大，鼓励两国相关机构包括私营部门加强合作，增加互访游客人数，扩大对旅游业的投资，为两国游客提供便利。马来西亚与中国旅游服务贸易的增速与比重数据见表 6-12。

表 6-12   马来西亚与中国旅游服务贸易的增速与比重

旅游服务贸易总量			占本国服务贸易的比重		占世界旅游服务贸易的比重	
2000 年	2009 年	年均增速	2000 年	2009 年	2000 年	2009 年
70.86（亿美元）	223.06（亿美元）	13.5%	40.0%	28.1%	0.9%	0.7%

数据来源：马来西亚旅游发展局。

中国经济快速增长，潜力巨大，中国游客是马来西亚旅游业市场发展的主要目标，政府特别注意吸引中国游客到马来西亚旅游。为吸引更多的中国游客赴马来西亚旅游，马来西亚政府做出了多方面的努力，着力提高马来西亚旅游资源在中国民众中的认知度，同时，大力推动马来西亚与中国民间的交流与往来。

自 2011 年 5 月 18 日起，中国人持有效外交或公务（官员）护照，因正式访问、度假旅游、探亲在马来西亚入境并停留不超过 30 日，免办签证。马来西亚还在考虑与其他东盟成员国协商，加快东盟统一签证的实施，一旦实现签证统一，中国游客将可实现"一签游遍东南亚"。

第七章

菲律宾海洋产业研究

菲律宾共和国是群岛国家，由 7107 个岛屿组成，国土面积 300780 平方千米，地处亚洲东南部，北隔巴士海峡与我国台湾省遥遥相对，西、南隔苏拉威西、苏禄海、巴拉巴克海峡与印度尼西亚、马来西亚相望，西滨南海、东临广阔的太平洋，是亚洲同大洋洲、东亚同南亚往来必经之地。

菲律宾地处北纬 40°23′~21°25′，东经 116°~127°，属季风型热带雨林气候，温度高，年平均气温 27℃左右。雨量充沛，年平均降水量大部分地区在 2000~3500 毫米，由北往南渐增。每年 7~11 月多台风，尤其是位于北部的吕宋岛一年有 20 多次台风袭击。南部棉兰老岛很少受到影响。每年 11 月至翌年 5 月为少雨季节，6~11 月为多雨季节。

菲律宾海岸线十分曲折，总长 36289 千米。海域面积约为国土面积的 7 倍，其专属经济区面积为 220 万平方千米。大陆架面积 18.46 万平方千米，在东南亚国家中仅次于印尼、马来西亚和缅甸而居第四位。

一　海洋渔业

1. 资源利用现状

菲律宾属农业国，通过改善农业确保其国内粮食安全与缓和贫困是其重要目标。在全球主要渔业生产国中，菲律宾占有较高的地位。

菲律宾渔业由市政渔业、商业性渔业和水产养殖三部分组成，前两者从事捕捞业。

海洋市政渔业——海洋市政渔业的特点是通常作业于各群岛之间的水域，作业时间短，生产率低，作业工具多样化。每年鱼汛有 5~6 个月，通常 10 月至翌年 5 月在较深水域作业，渔获物有 80% 是底鱼资源。机动小型渔船每天渔获量可达 33.5 公斤，年均捕捞量 2.5 吨；无动力渔船每天渔获量仅 8.9 公斤左右，年均捕获量 1.2 吨。

商业性渔业——商业性渔业是指使用 3 种登记吨位以上渔船，以主动或被动渔具进行作业的大型渔业。相对于市政渔业而言效率较高，规模比较大。

水产养殖——菲律宾水产养殖有悠久的传统，沿岸池塘养殖可追溯到 15 世纪，但在 20 世纪 80 年代才取得迅速进步，并朝生产多样化方向发展。长期以来，沿岸咸淡水池塘养鱼居该国水产养殖的主导地位。目前发展了淡水池塘养鱼、软体动物养殖（主要为牡蛎和贻贝）、网箱和网围鱼类养殖及藻类养殖。①

菲律宾 2010 年渔业资源的主要品种及产量大致如表 7 - 1 所示。

表 7 - 1　菲律宾 2010 年水产养殖业主要品种比率

品　种	数量（吨）	比率（%）
海藻（Seaweeds）	1801271.6	70.75
虱目鱼（Milkfish）	349432.0	13.72
罗非鱼（Tilapia）	258839.4	10.17
虾（Shrimps/Prawns）	50927.8	2.00
其他（Others）	85496.3	3.36
总计（Total）	2545967.1	100

资料来源：菲律宾渔业局：《2004~2010 年渔业报告》，第 28~30 页。

从表 7 - 1 可以看出，菲律宾水产养殖主要品种集中在海藻、罗非鱼和虱目鱼上，三者产量加总为总产量的 94.64%。

---

①　《菲律宾》，中国远洋渔业信息网，http：//www.cndwf.com/bencandy.php？fid = 138&id = 581。

菲律宾主要依靠淡水养殖，其咸水养殖和海水养殖量占总养殖量的16.1%左右（5年平均）。淡水养殖量占总养殖量的83.9%左右。因而，海水养殖发展空间较大，尤其是深海养殖（见表7-2）。

表7-2　菲律宾咸水与海水养殖占总养殖量的份额

年　份	全部养殖量（吨）	咸水养殖		海水养殖	
		总量（吨）	占比（%）	总量（吨）	占比（%）
2010	2545967	304276	11.95	88723	3.48
2009	2477392	308440	12.45	80600	3.25
2008	2407698	303244	12.59	83647	3.47
2007	2214826	294495	13.30	80515	3.64
2006	2092276	281316	13.45	60622	2.90

资料来源：菲律宾渔业局：《2004～2010年渔业报告》，第35页。

菲律宾2010年渔业出口状况如表7-3所示。

表7-3　菲律宾2010年主要渔业产品出口的种类、数量和价值

类　别	出口额（亿比索）	比率（%）
金枪鱼	151.2	42.06
海藻	69.6	19.36
螃蟹	27	7.51
虾	23.3	6.48
石斑鱼	10.3	2.87
鱿鱼、墨鱼	7.6	2.11
章鱼	6.8	1.89
干海参	3.9	1.08
观赏鱼	2.7	0.75
蓝圆鲹	1	0.28
其他	56.1	15.61
总额	359.5	100

资料来源：菲律宾渔业局：《2004～2010年渔业报告》，第51～53页。

从渔业产品出口来看，金枪鱼（42.05%）和海藻（19.37%）占有主要的出口份额，另外出口量较大的还有虾（7.52%）和螃蟹（6.48%），四者相加比率为75.42%，约占整个渔业出口市场的3/4。

2. 经济效益

菲律宾渔业总产值及其占 GDP 的比重大致如表 7 - 4 和图 7 - 1 所示。

表 7 - 4　菲律宾历年渔业总产值及占 GDP 的比重

单位：百亿比索，%

年份	2000	2001	2002	2003	2004	2005	2006	2007	2008	2009	2010
渔业产值	9.87	10.69	11.33	11.99	13.88	14.64	16.34	18.05	21.58	21.56	22.11
占 GDP 份额	2.8	2.8	2.7	2.6	2.7	2.6	2.6	2.6	2.8	2.7	2.5

资料来源：菲律宾渔业局：《2004～2010 年渔业报告》，第 16～17 页。

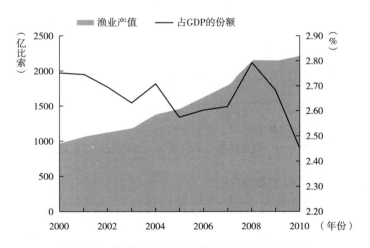

图 7 - 1　菲律宾历年渔业产值及占 GDP 的比重

从表 7 - 4 和图 7 - 1 我们看到，菲律宾渔业年增长率维持在 8.4% 左右，较为稳定，渔业产值呈稳定上升的趋势。这说明菲律宾渔业政策较为稳定，渔业投入增长处于平稳上升阶段。

从经济贡献程度来说，渔业占GDP的百分比维持在2.5%~2.8%，虽然近年有所下降，但是总体而言贡献度变动不大。渔业仍然是菲律宾经济的重要组成部分。

3. 社会效益

菲律宾渔业具有较好的社会效益，对就业有较重要的贡献。

由图7-2我们可以看到，10年来，菲律宾渔业从业人员从1150万人增长到1470万人左右。年平均增长率为2.35%。占总就业人口的比重则波动不大，在4%~4.5%之间。海洋渔业部门是菲律宾重要的经济部门，从业人数较多，提供了大量就业机会，带来了收入、外汇，并提供了民众所需的膳食蛋白质。

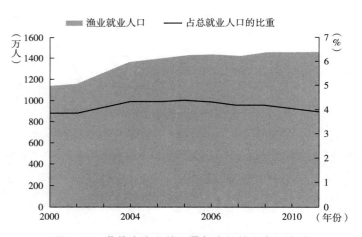

图7-2 菲律宾渔业就业量与占总就业人口比重

4. 环境影响及相关政策

由于过度捕捞和低效率渔具对环境的污染，以及异常的气候，1989~1990年，菲律宾渔业产量出现下降，1991~1995年再次出现负增长。

为了治理环境污染，1998年菲律宾政府颁布菲律宾渔业守则（RA8550），采用强有力的法律手段保护渔业环境。此项法律具有重要意义，明确地认识到节约渔业资源、保护生态环境也是渔业部门的主要目标。

菲律宾的渔业相关法规主要是菲律宾共和国法令第 8435 号（Republic Act Ho. 8435）。

主要政策有三类，分别是农业和渔业现代化的计划（AFMP）、贷款优惠、信息和市场支持服务。①

5. 优势与劣势

渔业产业在菲律宾的经济中处于重要地位，菲律宾大力发展海洋渔业主要得益于以下几方面的优势。

（1）渔业生产资源丰富

从自然资源来看，菲律宾具有发展海洋养殖所需的海洋面积以及自然资源。

从人力资源来看，菲律宾拥有较为充足的廉价劳动力，可为渔业提供劳动力保障。

10 年来，菲律宾渔业从业人员从 1150 万人增长到 1470 万人左右，年平均增长率为 2.35%。占总就业人口的比重则波动不大，大致在 4% ~ 4.5%。这反映出菲律宾对渔业的倚重程度较高，从业人数较多。

（2）渔港丰富

从渔港来看，菲律宾的渔港主要分布在米沙鄢群岛以及棉南老岛。尤其第七区（中米沙鄢）和第十区（北棉兰老岛）的渔港分布最多。菲律宾的渔业资源主要集中在米沙鄢群岛周边海域。

考虑到中菲渔业合作的潜力，我们认为中菲之间渔港的合作可以集中在吕宋岛以西以及米沙鄢群岛西部，这样可以有效联通中国南海和菲律宾的渔业产品输送通道，促进两国在渔业贸易和海水养殖方面的合作。

当前，菲律宾的渔业产业遇到了很多问题，其主要劣势有如下几点。

（1）渔业资本不足

随着渔业产业的发展，菲律宾配套的渔业资本有很大缺口，尤其是大

---

① 《菲律宾渔业政策和法规》，菲律宾渔业资源网，http：//www. bfar. da. gov. ph/pages/Programs/gma - strat. html。

型船只和养殖资本的不足使菲律宾的渔业产业结构性问题一直得不到解决。

菲律宾的海洋捕捞业生产要素较为充足，尤其是近海捕捞，几乎达到了最大的生产能力，没有上升空间，但是海洋养殖业的发展仍有较大的提升空间，生产要素的使用率不高。

（2）需求集中度过高（见表7-5）

表7-5　菲律宾渔业出口需求集中度对比表

单位：%

	金枪鱼		海藻		虾	
	新鲜	罐头	卡拉胶	麒麟菜片	冷冻	新鲜
出口需求集中度	48.70	62.72	38.57	74.52	86.78	88.85

菲律宾的渔业出口方向主要是美国、欧盟以及日本，其中金枪鱼罐头、麒麟菜片和虾的出口需求集中度（前三大需求国比率之和）超过60%，说明这些产品的市场比较单一，受需求变动影响的风险比较大。

金枪鱼仍然处于渔业出口的主导地位，出口比率超过40%。海藻近年的出口值上升较快，达到15% ~ 17%，居第二位。金枪鱼、海藻、虾、螃蟹四种产品约占渔业出口总额的75%以上。

从需求的数量变动来看，菲律宾国内的需求增长潜力不大，主要需求增长要靠出口增长拉动。出口集中度高，出口增长率波动很大，使出口风险增加，渔民的机会成本与风险升高。为了减少这种需求的波动，菲律宾应该采取多元化的销售策略，降低对单一市场的依赖程度，尤其是以上分析的金枪鱼和虾的市场过度依赖欧美及日本的情况。

菲律宾解决出口市场过于集中的最优手段是和中国进行渔业合作，进入中国的渔业市场，降低对欧美日的渔业需求的依赖程度，降低出口风险。

（3）食品加工产业不发达

从渔业食品加业来看，菲律宾渔业还处于由初级产品直接出口向进一步加工后出口转变的阶段，从而逐渐告别渔业产品直接出口或冷冻出口的低级生产方式。菲律宾加工类渔业产品近年出口量上升比较明显，从 2007 年的 1.8 亿美元上升至目前的 3 亿美元左右。相对于菲律宾的渔业资源而言，当前的渔业加工行业仍有较大发展空间。

从上述状况分析，菲律宾有可能产生和中国渔业食品加工企业合作的强烈愿望。中国食品加工企业可以借此大势，投资菲律宾的渔业食品加工产业，然后利用丰富的海港资源返销国内或出口海外。

（4）捕捞渔业发展达到极限

从适合的发展方向看，菲律宾由于情况特殊，内陆养殖与内陆捕捞资源有限，不可能作为长期的渔业增长点，因此适合菲律宾渔业发展的只有海洋捕捞和海洋养殖两条道路。

但是，近年菲律宾海洋捕捞产量出现了下滑，其他方式的渔业生产没有明显增加，导致渔业整体产值停滞不前。这在一定程度上表明菲律宾海洋捕捞发展到了一个极限，尤其是近海捕捞，已经达到了渔业可持续发展的临界点，假如继续追求高增长率，就会对环境造成不可逆的破坏。菲律宾政府现在通过禁渔期等手段来控制渔业的捕捞量。但是，这样会导致渔业从业人员的季节性失业问题。

所以，在此情况下，菲律宾通过大力发展渔业养殖以弥补海洋捕捞停滞带来的产出缺口，是存在机遇和可行性的。

从中国对菲律宾的机遇来看：首先，中国提供了一个巨大的渔业进口市场。中国对渔业产品的需求量上升十分明显，在 2001~2008 年渔业进口需求量增加 289%，平均每年增加 16.3% 左右。其次，中国是很好的投资资本来源国，中国 2010 年在菲律宾的直接投资达到 2.4 亿美元。且近 3 年平均增长率为 300% 左右。最后，中国拥有世界领先的养殖技术和养殖人员，可以提供技术出口和技术支持。

由此，可得出如下综合判断：①菲律宾在渔业自然资源和劳务上具有优势，在资本上处于劣势。菲律宾的渔业市场较为依赖出口，且出口集中度较高，为外向型经济。②菲律宾渔业当前以捕捞业为主，约占 75%，但今后发展的重点在海洋养殖业。③菲律宾与中国在养殖、渔业产品加工、渔业出口、港口合作、技术出口、灾害防治、渔业监管、信息平台共享等方面具有合作的空间。

6. 中菲及菲律宾与周边国家海洋渔业合作现状

中菲海洋渔业合作现状。

2004年胡锦涛和阿罗约出席中菲渔业合作谅解备忘录签字仪式。

2005年中菲渔业联合委员会第一次会议及中菲农业联合委员会第三次会议在马尼拉召开。

2006年全面扎实推进中菲渔业合作，国家海洋局南海分局派员参加第八届环太平洋渔业大会；菲律宾渔业与水产资源局局长莎米托到山东省考察；东盟内陆水域渔业可持续发展与管理研讨班在中国水产科学研究院淡水渔业研究中心举办。

2007年菲律宾青年企业家代表团来粤访问。

2009年来自印尼、菲律宾、埃及、牙买加、斐济、圭亚那、朝鲜等国家的渔业发展与管理官员研修班学员到江苏省海洋与渔业局访问。

2010年中菲渔业合作项目首批成品鱼返销仪式在珠海市举办；广东发挥苗种和技术优势与东南亚合作发展水产养殖。

菲律宾与周边国家的渔业合作如前所述，2010年6月26日，越南和菲律宾签署《越南—菲律宾渔业合作协定》。

2006年，菲律宾与印度尼西亚签署渔业合作期限延长备忘录协议。

7. 中菲海洋渔业合作对策建议

第一，市场定位的建议

我们认为，中菲之间最有可能合作的方面在于海水养殖（尤其是深海养殖方面），另外，在渔业产品加工行业也具有很高的互补性。

我们给企业的市场定位是，抓住菲律宾发展海洋养殖业的机遇，定位在海洋鱼类养殖上。或者凭借本国优势，进入菲律宾食品加工行业。

第二，投资项目投资规模的建议

从投资规模来看，赴菲律宾投资企业应以中型企业（500万～2000万元人民币资产）为主，此类企业能够规避过大风险，并可以很好地追加投资。

第三，本地化经营建议

在利用菲律宾劳动者时，要注意菲律宾的劳工法以及其他规定，要尊重工会，并在合法的框架之下进行商业行为。

第四，合作方式选择

企业直接投资。适用于养殖业和食品加工行业，简单易行，适合中小公司对菲投资。

股份投资。大规模注资，则应该寻找菲律宾本国的贸易伙伴进行合资。例如海洋养殖，最好与菲律宾港口公司、运输公司进行谈判或者合资。

买卖捕捞权。这种方式局限性比较强，并且受到菲律宾政府限制，故不推荐。

定向养殖合约。即在菲养殖、返销中国的模式。这种模式需要两国磋商，并在合同中约定养殖额、产量、交易额等，过程较为复杂。

技术出口。即派遣专业技术团队进行渔业指导。该方式适合投资之后进行。

第五，政策支持建议

渔业合作项目融资。通过优惠利率专项贷款可以促进企业对外投资的积极性。不过在贷款之前要明确企业的用款方向和金额，做到专款专用。

补贴与减免税额。补贴和减税可以参考出口退税的方式，鼓励对菲投资。

建立中菲渔业商贸信息平台。减少企业信息成本，增加商机。

政府之间的其他合作。包括气象合作、海上救援等。

二　海洋油气业

1. 资源利用现状

菲律宾的国内油气生产开始于 20 世纪 70 年代，但规模十分有限。1996 年以后，菲律宾的石油产量不断上升，2007 年已上升至 23000 万桶。根据 2008 年 BP 世界能源统计调查，菲律宾在 2007 年每天平均消耗

298240 桶石油。

截至 2008 年 1 月，菲律宾已拥有一个估计储量为 34800 亿立方英尺的天然气场，其中大部分在 Malaympaya（马兰帕亚）气场。根据 2008 年 BP 世界能源统计调查，菲律宾在 2007 年天然气消费量为 34.2 亿立方米。

菲律宾的利迈和巴丹半岛，建有壳牌 Tabango 的炼油厂和彼得龙公司的炼油厂，二者合计在 2008 年具有 282000 桶/天的炼油能力。

据美国地质调查局公布的世界石油评估报告测算，环南中国海海域中：①东南亚国家 90% 以上未被开发的石油和天然气资源位于海洋。②东南亚国家海洋中未开发的天然气储量达到 49794 百万桶油当量，比未被开发的石油储量（21632 百万桶油当量）多了两倍有余。

其中菲律宾石油所占的份额约为 2.77%，天然气所占的份额约为 3.35%，液化天然气所占的份额约为 1.65%。

这说明了菲律宾油气资源的开发潜力和中菲合作以及环南中国海国家油气合作的广阔空间。南海海洋油气资源作为新兴的战略能源开发项目已经初具商业价值。在此基础上的经济合作与政治合作是具有可行性和发展潜力的。

菲律宾的石油天然气储量主要分布于巴拉望大陆架盆地（Palawan Shelf Basin）和苏禄海盆地（Sulu Sea Basin）（见表 7-6）。

表 7-6　菲律宾及南海区域（争议海域）海洋未开发石油储量

区域和地区	资源场地种类	最大期望场的规模	未发现的资源总额		
			石油（百万桶）	天然气（亿立方英尺）	液化天然气（百万桶油当量）
山打根油藏（苏禄海盆地）	油场	178	339	515	18
	气场	2448		8159	101
eocene - miocene 油藏（巴拉望大陆架盆地）	油场	101	270	179	6
	气场	504		1229	38
存在争议的海域油藏（中国南海）	油场	703	2522	10370	197
	气场	4217		15149	881

资料来源：《美国地质勘探局世界石油评估报告》（2010），第 3~5 页。

资料显示，菲律宾的石油储量在6亿桶左右，天然气储量在1万亿立方英尺左右，液化天然气储量在1.6亿桶油当量左右。其中天然气主要分布在苏禄海盆地的山打根油藏，约占总储的80%以上。石油分布在巴拉望盆地（45%）和苏禄海盆地（55%）。

中国在南海与菲律宾的争议主要是因为其巨大的石油及天然气储量所引发的，南海石油储量约为25亿桶，为菲律宾海洋石油储量的4.25倍。天然气储量为2.5万亿立方英尺，约为菲律宾天然气储量的2.5倍。

南海及其周边油气储备十分丰富，中国与环南中国海周边国家就海洋油气业的发展可以构建一个环南洋油气业经济圈，共同开采和使用该区域的海洋油气资源。

目前，菲律宾的海洋能源利用以天然气开采为主，石油开采相对而言处于待发展阶段。从增长率来看，天然气在2001～2008年的增长率最高，为51.6%，凝析油为43.72%，石油总增长率为22.4%（见图7-3）。

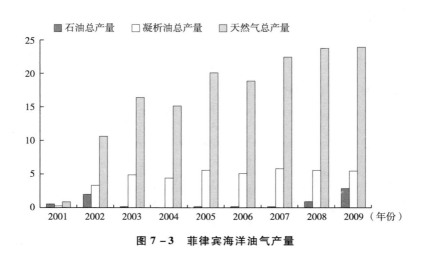

图7-3　菲律宾海洋油气产量

菲律宾重点石油企业的基本情况如表7-7所示。

表 7 - 7　菲律宾石油企业名录

菲律宾 较大型 油气公司	奥尔康黄金资源公司	ALCORN GOLD RESOURCES CORPORATION
	基础能源公司	BASIC CONSOLIDATED, INCORPORATED
	FORUM 勘探公司	FORUM EXPLORATION, INCORPORATED
	尼多石油有限公司	NIDO PETROLEUM PHILIPPINES PTY. LTD.
	菲律宾国家石油公司	PHILIPPINE NATIONAL OIL COMPANY (PNO-CEC)
	Philodrill 公司	PHILODRILL CORPORATION
菲律宾 小型油 气公司	Altisima 能源公司	ALTISIMA ENERGY, INC.
	盎格鲁 - 菲律宾控股公司	ANGLO - PHILIPPINE HOLDINGS CORPORA-TION
	东方石油矿产公司	ORIENTAL PETROLEUM & MINERALS CORP.
	Petroenergy 资源公司	PETROENERGY RESOURCES CORPORATION
	海滨资源公司	SEAFRONT RESOURCES CORPORATION
	南中国资源公司	SOUTH CHINA RESOURCES, INC.
	跨亚洲石油和能源开发公司	TRANS - ASIA OIL & ENERGY DEVELOPMENT CORP.
在菲律宾 规模较大的 跨国公司	雪佛龙公司马拉帕亚公司	CHEVRON TEXACO MALAMPAYA PHILS. LLC
	EF 德基 & 联合公司	E. F. DURKEE & ASSOCIATES, INC.
	壳牌菲律宾	SHELL PHILIPPINES EXPLORATION, B. V.
在菲律宾 规模较小的 跨国公司	赫斯能源（泰国）	AMERADA HESS
	阿拉贡电力和能源公司	ARAGORN POWER AND ENERGY CORPORA-TION
	澳大利亚能源公司	AUSTRALASIAN ENERGY Ltd.
	必和必拓公司	BHP BILLITON PETROLEUM (INTERNATIONAL EXPLORATION) PTY. LTD
	澳大利亚 Gas 2 Grid 公司	GAS TO GRID LIMITED (G2G)
	日本石油勘探有限公司	JAPAN PETROLEUM EXPLORATION CO., LTD. (JAPEX)
	澳大利亚奥拓能源	OTTOMAN ENERGY LTD.
	珍珠石油（泰国）有限公司	PEARL OIL PTE LTD
	菲尔地玛油气公司	PHIL - MAL PETROENERGY CORPORATION
	斯特林能源	STERLING ENERGY LTD.

资料来源：菲律宾能源情况报道，http://www.doe.gov.ph/statistics/energyMix.htm。

从表 7-7 可见，菲律宾较大型的石油企业有 6 家，较小型的石油企业有 7 家，较大型跨国企业有 3 家，较小份额跨国企业有 10 家。菲律宾国内油气企业数量与国外企业相差不多，从企业数量来看，国内资产较多的企业数量多一些。

就菲律宾国内公司而言，菲律宾国家石油公司占总资产的 50% 以上，其他的石油公司，例如尼多石油、东方石油、Philodril 公司、FORUM 公司、Petroenergy 公司占有 7%~15% 的资本份额。

我们再来看一下菲律宾油气业在本土资本和海外资本上的比率，详见图 7-4 和图 7-5。

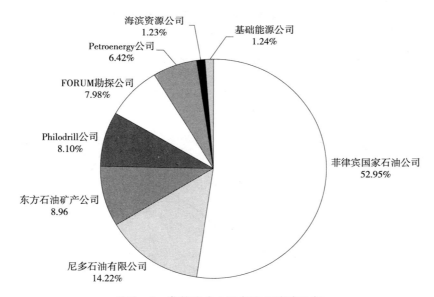

海滨资源公司
1.23%

Petroenergy公司
6.42%

基础能源公司
1.24%

FORUM勘探公司
7.98%

Philodrill公司
8.10%

东方石油矿产公司
8.96

尼多石油有限公司
14.22%

菲律宾国家石油公司
52.95%

图 7-4　菲律宾本土油气公司资产比较

从图 7-5 来看，菲律宾国内公司占有的资本份额约为 33%，国外主要公司占有的资本份额约为 67%。这说明菲律宾当前的石油资本主要由国外跨国公司的资本组成，同时图 7-4 表明其国内的资本以菲律宾国家石油公司为主。

2. 经济效益

（1）总能源生产值、消费额、进口额

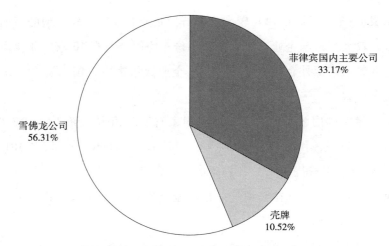

图 7 – 5　菲律宾本土油气公司与菲律宾最主要海外油气公司比较

资料来源：菲律宾证券交易所及各公司财务年报。

菲律宾能源行业有关经济指标如图 7 – 6 所示。

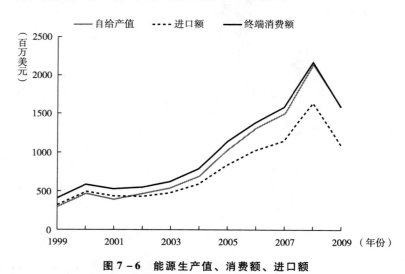

图 7 – 6　能源生产值、消费额、进口额

资料来源：菲律宾能源情况报告，http//www. doe. gov. ph/statistics/energyMix. htm。

菲律宾 1999 ~ 2009 年的自给能源增长率为 17. 25% ，进口增长率为 12. 32% ，终端消费额增长率为 14. 18% 。可见，菲律宾能源自给产值的增长率高于进口额增长率。

（2）总能源产值占 GDP 的百分比

从图 7 - 7 我们看到，菲律宾能源总产值占 GDP 的比重处于上升态势，从 1999 年的 0.4% 上升到 2009 年的 1% 左右，表明菲律宾的能源业在其国民经济中的地位在不断上升。

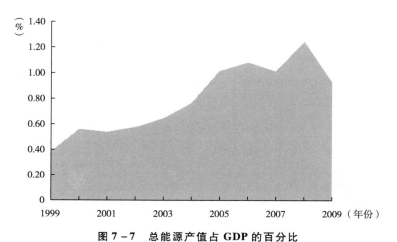

图 7 - 7　总能源产值占 GDP 的百分比

资料来源：菲律宾能源情况报告，http：//www. doe. gov. ph/statistics/energyMix. htm。

（3）海洋能源产值

由图 7 - 8 我们看到，菲律宾海洋能源产值的增长速度非常快，其中以天然气为最。天然气 2000～2009 年的年均增长率为 114.7%，凝析油产值增长率为 64.29%，石油增长率为 37.8%。

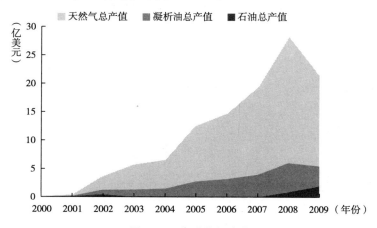

图 7 - 8　海洋能源产值

资料来源：菲律宾能源情况报告，http：//www. doe. gov. ph/statistics/energyMix. htm。

（4）海洋能源产值占能源总生产额的百分比

资料显示，2000年以来，菲律宾的海洋能源业飞速发展，从占能源总生产额的不足5%，增长到2009年的81%，年平均增长率达到58.8%（见图7-9）。

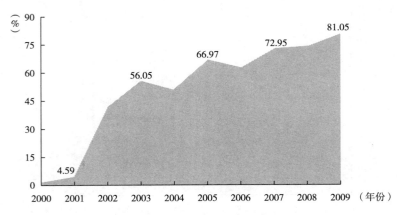

图7-9　菲律宾海洋能源产值占总能源产值的百分比

资料来源：菲律宾能源情况报告，http：//www. doe. gov. ph/statistics/energyMix. htm。

由图7-10可以看出，10年来，菲律宾采掘业从业人员从100万人增长到200万人左右，年平均增长率为7.1%。占总就业人口的比重则波动不大，大致在0.4%~0.6%之间。反映出菲律宾能源业不是劳动力密集型的产业，对解决菲律宾国内的就业贡献有限。

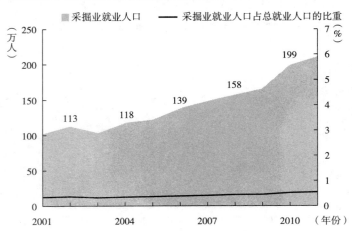

图7-10　菲律宾采掘业就业人数及占总就业人口的比重

数据来源：世界粮农组织数据库，http：//countrystat. bas. gov. ph/selection. asp。

不过菲律宾油气业发展，吸引了大量外商的直接投资，使菲律宾油气业的资本增加迅速，使菲律宾油气业的劳动生产率得到提高，从而有助于提高工人的工资，进而拉动消费。

3. 环境效益

从二氧化碳排放量来看，菲律宾控制得相当不错，10 年来二氧化碳排放量的各项指标均处于平稳或下降状态。尤其是"温室气体比石油指数"指标处于下降状态，说明菲律宾的环境保护政策起到了应有的作用（见图 7 – 11）。

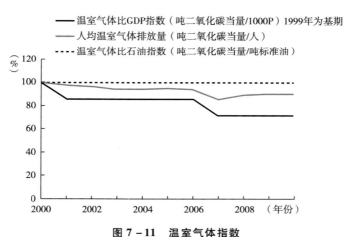

图 7 – 11   温室气体指数

资料来源：菲律宾能源情况报告，http：//www.doe.gov.ph/statistics/energyMix.htm。

菲律宾的环境保护相关法规主要有如下几个。

菲律宾总统令 1586 号：菲律宾环境影响报告系统〔Presidential Decree（PD）1586：Philippine Environmental Impact Statement System（PEIS）〕；共和国法案 8749 号：菲律宾空气清洁法 – 1999〔Republic Act（RA）8749：Philippine Clean Air Act（PCAA）of 1999〕；共和国法案 9275 号：水质管理法〔RA 9275：Philippine Clean Water Act of 2004〕；菲律宾有毒物质和危险废物和核废物法（RA 6969：Philippine Toxic Substances and Hazardous and Nuclear Waste Act）；固体废物管理法〔RA 9003：Philippine Ecological Solid Waste Management Act（PESWMA）of 2000〕。

4. 相关政策

菲律宾为开发其丰富的海洋油气资源，出台了一系列政策，其中以总统令（PD）87 最为详细，该法令也被称为"石油勘探与开发，1972 年法"，对石油服务承包商提供以下奖励：高达 40% 净产量的服务费分成；高达 70% 的生产总值的费用报销，并报销未收回成本（只要服务合同开发总额至少有菲律宾公司参与 15%）；所得税以外的所有税收豁免；所有的石油作业材料和设备进口的税收和关税豁免；原油价格市场化，坚持自由市场；石油分包商的优惠所得税率降至收入总值的 8%；外籍员工服务的承包商和分包商的优惠所得税率降至收入的 15%。

5. 优势与劣势

菲律宾发展海洋油气业的优势主要有以下几点。

（1）自然资源优势

2007 年菲律宾探明油气储量为 1600 万吨，约合 11760 万桶油当量（换算比例为 1 吨:7.35 桶）。根据美国地质局的报告，菲律宾未探明石油储量约为 60900 万桶左右，为已探明储量的 5~6 倍。

从菲律宾油气勘探和开发的分布看，菲律宾油气生产主要集中于巴拉望岛北部和西部，以及苏禄海周边地区。虽然菲律宾近年有大力发展海洋油气业的趋势，并取得了一定的成效，但菲律宾油气业仍有较大的发展空间，其自然资源储量可以支持其长期的开发工作。

跨国企业主要集中在巴拉望岛西北部，特别是马兰帕亚气田的开发，吸引了包括雪佛龙、壳牌在内的一系列公司。

同时我们可以看到，菲律宾本国的企业，起到了勘探新油气资源的作用，例如菲律宾国家石油、尼多石油以及 Philodrill 公司，勘探开发的地点分散到了菲律宾其他地区。

（2）劳动力优势

如前所述，10 年来，菲律宾采掘业从业人员从 100 万人增长到 200 万人左右，年平均增长率为 7.1%。所占总就业人口的比重则波动不大，大致在 0.4%~0.6% 之间。反映出菲律宾能源业不是劳动力密集型的产业，行业性劳动力成本的变动影响力有限。

近几年，菲律宾名义工资有所提高，但物价水平的上升使实际工资并没有提高，也就是说菲律宾工人的实际购买能力并没有得到明显提高。说明菲律宾的劳动力市场仍然处于廉价阶段。劳动的价格增长未超过通货膨胀率。

（3）油气需求旺盛

第一，国内需求

由于国内生产上升，菲律宾的能源进口需求量呈下降态势，年平均下降2.60%。人均能源量的变化可以表现出该国国民对能源的需求。菲律宾的人均能源增长率为负，其原因主要在于人口增加与能源供应不足。人口的增长超过了本国能源的增加量，而进口能源又处于下降趋势，导致了人均能源的减少。

第二，国际需求

从周边国家的需求看，中国自2000年至2009年能源进口需求量增长最快，每年增长率达14.86%，其次为新加坡，年均增长率为7%左右，其他国家也有增长，但增长幅度与总需求量变动均不大。

（4）海洋运输较为便利

菲律宾的海港较为发达，运输油品较为便利。菲律宾的海港以南部吕宋岛、米沙鄢群岛为主，如果考虑中菲合作开采油气，应注重共同开发巴拉望岛西北部与南部吕宋的港口，这样才能使中菲之间运输石油资源更为便利。

菲律宾海洋油气业的劣势主要有以下几点。

（1）资本不足

从资本额来看，菲律宾国内公司占有的油气行业资本份额约为33%，国外主要公司占有的资本份额约为67%。因此在资本要素上菲律宾处于劣势。

（2）本国石油加工制造业发展缓慢

当前菲律宾的成品加工油市场仍然处于外资大于内资的阶段，并且外资掌控75%左右的市场份额。液化石油气与成品油类似，外资占了整个市场 80% 以上的份额。并且这个份额在 5 年之中没有发生什么变化。

菲律宾本国的油气加工产业尚不发达，其中下游油气加工几乎全靠外资企业完成。进入菲律宾的企业主要有：壳牌、彼得龙、LIQUGAZ、雪佛龙等几家。当前菲律宾的石油下游产业处于寡头竞争阶段。

（3）装备和技术较为落后

菲律宾本国石油企业的技术和装备较为落后，无法进行大规模的全国性探采，大多是分区域小片作业和钻探，效率低下，成本高昂，限制了行业的发展。

经上述分析后可做出以下综合判断：①菲律宾在资金、技术、设备上处于劣势，在自然资源、劳动力以及运输上具有优势，并且菲律宾本国是一个增长性的能源市场。②中国在资金、技术、设备上都具有优势，但对自然资源的需求量大，且需要对方有较好的运输条件。因此，中菲之间存在优势互补。③中国提供资金、技术和设备，菲律宾提供劳动力、待开发自然资源和运输途径，双方即可达成双赢的能源合作。在合作的大环境下，再来解决南海资源的分配额度问题，就相对容易一些，不会造成僵持的局面。

6. 中菲海洋油气业合作对策与建议

虽然中菲之间有领土争端，但中菲之间的合作，不应该仅仅立足于南海石油开采权的分割，而应该立足于两国之间的整体油气合作，这样才能妥善地解决南海争议海域的领土问题。中菲间与海洋油气开采相关的协议有：2003 年中国海洋石油总公司和菲律宾国家石油公司在马尼拉签署的有关共同开发南海油气资源的协议；2005 年中国、菲律宾、越南签署的《在南中国海协议区三方联合海洋地震工作协议》。

我们认为，整体的合作应该建立在对两国都有益处的基础之上，构造一个双赢的局面，在此我们提出以下六点建议。

（1）菲律宾石油投资项目建设规模的建议

关于投资规模，可参考菲律宾本的公司以及外国资本的情况。菲律宾国家石油公司资产约为 3 亿美元左右，壳牌投资约为 2 亿美元，雪佛龙投资约为 10 亿美元，我们认为中国企业投资规模维持在 1 亿 ~ 2 亿美元为好。

首先应与菲律宾国家石油公司达成合作勘探和开发的意向，从而利用其本土优势与其他外国资本竞争。

（2）市场定位的建议

中国企业进入菲律宾石油市场，应该以石油上游市场作为谈判基础，以下游成品油市场作为合作条件。

因为中国政府主要看重的是上游市场以及通过上游市场的合作来解决南海争端的政治潜力。所以谈判的重点应集中在石油上游市场，并以中国成品油市场的优势作为合作的谈判筹码，以帮助菲律宾本国企业打开石油下游市场为条件，达成上游市场合作的目的。

（3）本地化经营的建议

在菲律宾投资，应该谨慎对待菲律宾的政治环境和工人组织以及菲律宾法律体系。应该做到守法守序，融入当地的文化环境。

（4）企业直接投资形式分析

a）贸易形式

通过开设贸易公司的形式参与菲律宾石油的运输和贩售，这种投资门槛较低。

b）直接开采形式

通过申请和竞拍菲律宾的油气服务合同来参与菲律宾上游油气资源的开发与利用。这种投资准入门槛较高，并且需要通过国家间的谈判来完成。

c）参股形式

通过购入菲律宾本土公司的股权，达到参与菲律宾油气开采的目的。这种形式是直接开采形式的变通，比较适合当前双方未达成国家间协议时期进行的初步商业合作。

d）并购形式

通过企业合并方式来参与菲律宾的油气开发，其本质和参股形式一致，比较适合国家之间关系缓和之后采用。

（5）多元化投资的建议

多元化综合投资可以采取下列方式。

a）石油资源开发与拉动石油装备出口相结合。

b）石油资源开发与交通、电力等基础设施建设相结合。

c）石油资源开发与下游石化业务相结合。

这样可以分散投资风险，较单一石油开发投资而言更为保险。

（6）政策支持分析

首先，对与菲律宾石油合作项目的融资，建议应优先鼓励国内民营石油企业进行试水，而不主张三大国有石油企业盲目投资。主要原因有三点：①菲律宾油气市场规模有限。②国家之间未达成一致意见，政治局面尚未缓和。③未经过市场调研和试验，大规模投资风险较大。所以，用优惠政策鼓励小型民营油企去菲律宾淘金未尝不是一个很好的选择，既避免了中国国内石油企业间的竞争，也可以刺激民营油企的积极性，一举两得。

其次，关于补贴及税负减免。民企最看重的是利润和成本，所以通过税收优惠和一定程度的补贴来刺激民营企业的投资积极性是可行的。至于税负减少的比率和补贴的程度则需要进一步研究。

再次，融资支持。关于中小型油企海外投资融资问题，我们认为国家可以设立专项优惠贷款，可分为信用贷款和抵押贷款两种，分阶段授予赴菲律宾投资的油企。

最后，政府之间的其他合作。其他合作主要包括：①举办商务洽谈会。②信息平台的建立及信息资源的共享。③油气运输的合作等。

三 滨海旅游业

1. 资源利用现状

菲律宾是世界第三大英语国家，曾是西班牙和美国的殖民地，深受欧美和亚洲的影响，东西方的融合在人种和文化方面都有体现。菲律宾人具有马来人、中国人、美国人、西班牙人和阿拉伯人的血统，人口约 8000

万。家庭关系亲密、虔诚尽责、热情，菲律宾语是国语，英语是通用语。菲律宾按地理和文化分为几个区域，共有 111 种方言。菲律宾人 83% 信仰罗马天主教，基督教占 5.4%，伊斯兰教占 4.6%，还有少数其他教派。

菲律宾属于热带雨林气候，分干湿两季，7000 多个岛屿，地理条件多样，120 个种族有着不同的语言和生活习惯。食物构成受到中国、西班牙、法国、意大利等诸多国家的影响，菲律宾的食物就是本土与各国的融合。菲律宾节日众多，除休公众假期的节日外，各地区都会定期举办有本地区特色的节日活动。

菲律宾的旅游资源十分丰富，有众多自然景观和人文景观，如美丽的沙滩、高尔夫球场、潜水胜地等，且消费价格十分低廉。

从旅游人数来看，菲律宾旅游人数基本处于上升态势，不过也可以看到，菲律宾旅游人数的增长率波动十分剧烈，呈周期性波动（见图 7 - 12），这可能与菲律宾的气象因素有关。

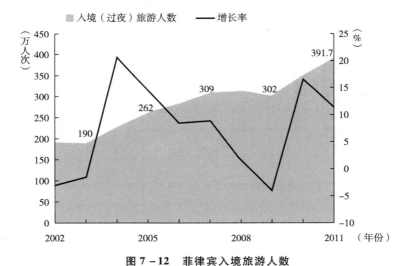

图 7 - 12　菲律宾入境旅游人数

数据来源：菲律宾旅游部网站，http：//www.tourism.gov.ph/Pages/IndustryPerformance.aspx。

到菲律宾的旅客首要目的地是马尼拉，到达人数占总人数的 76%，其次是宿雾地区，占比 14.62%。

关于旅客来源地，根据从 2012 年 1 月到 2012 年 9 月的旅客人次统计，韩国仍然是菲律宾的头号旅游客源，总访问量为 752918 人，占 23.90% 的市场份额，并较上年同期有 9.61% 的增长。其次是美国，485484 人次，占总数的 15.41%。并较上年同期有 4.01% 的涨幅。第三是日本，311008 人次，占 9.87% 的市场份额。

中国大陆排名第四，旅客总数为 196926 人次，占访问量 6.25% 的份额。较上年同期增长 14.50%。中国台湾以 171420 人次的游客量，占5.44% 的市场份额，排在第五位。这个市场较上年数字 136713 人次增长25.39%，是前五大市场中增长率最高的（参考图 7 – 13）。

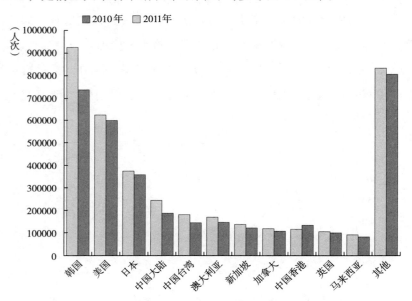

图 7 – 13　菲律宾旅客来源地统计分布（2010 ~ 2011 年）
数据来源：菲律宾旅游部网站，http：//www.tourism.gov.ph/Pages/IndustryPerformance.aspx。

根据从 2012 年 1 月到 2012 年 9 月的旅客人次统计，总计 3149985 人次，比前一年的数字 2887715 人次上升了 9.08%。

2. 经济效益

从图 7 – 14 可以看到，菲律宾旅游业的产值呈波动上升趋势，但旅游收入占 GDP 的比重却在逐年下降。说明菲律宾在旅游行业的投入跟不上旅游经济发展的需要，这是菲律宾旅游竞争力下降的主要原因。

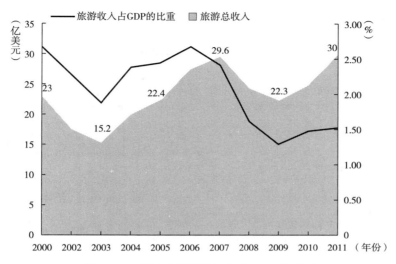

图 7 - 14　国际旅游总收入及占 GDP 的比重

数据来源：菲律宾旅游部网站，http：//www. tourism. gov. ph/Pages/IndustryPerformance. aspx.

3. 社会效益

从图 7 - 15 可见，10 年来，菲律宾旅游业从业人员从 670 万人增长到 1100 万人左右，年平均增长率为 5.29%。占总就业人口的比重有所增加，从 2.2% 增加至 3%。反映出菲律宾旅游业对劳动力的需求量较高，随着旅游业的发展，对菲律宾就业会有所帮助。

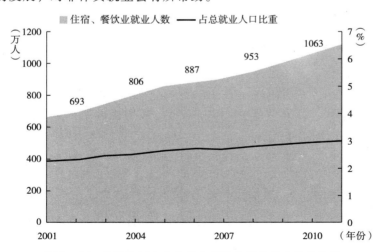

图 7 - 15　旅馆和饭店业就业人数及占总就业人口的比重

数据来源：世界粮农组织数据库，http：//countrystat. bas. gov. ph/selection. asp。

同时可以看到，旅游业就业人数占总就业人数的比率超过了旅游业收入占 GDP 的比率，且该差异呈逐年递增趋势。说明旅游行业的劳动生产率相对于其他行业而言处于劣势，其直接原因是旅游行业的投资不足。菲律宾政府要改变旅游行业低劳动效率就应该扩大对旅游业的投资。

4. 相关政策

为了实现游客人数和支出在未来十年的预期增长，菲律宾中央政府采用了投资驱动的战略。

采取这个战略的主要原因有以下几点：第一，自然资源吸引力不足。第二，基建缺失。第三，没有核心竞争力。

要摆脱旅游业竞争力弱的局面，菲律宾政府需要采用积极的投资带动战略，包括增加财政支出和招商引资等行为，进行各方面的持续投资，例如：基础设施、公用事业、新产品、目的地营销、人力资源开发等。

5. 中菲合作背景

2011 年 8 月 31 日下午，前国家主席胡锦涛和菲律宾总统阿基诺三世出席了在人民大会堂举行的《中华人民共和国国家旅游局与菲律宾共和国旅游部旅游合作谅解备忘录执行计划》签字仪式，国家旅游局局长邵琪伟与菲律宾外长德尔罗萨里奥作为双方代表签署了合作文件。

执行计划就两国旅游部门在 2011～2013 年期间加强旅游安全与质量保障、旅游宣传推广、旅游培训、旅游投资等方面的合作达成了协议。

在该备忘录中双方承诺：①双方将在平等互利的基础上积极发展两国在旅游领域的合作；②双方将鼓励两国政府旅游机构和旅游企业开展交往和业务联系；③双方将鼓励两国公民和居民到各自国家访问；④双方将进行合作，吸引第三国游客到双方国家旅游；⑤双方将根据各自国家的法律和规定，为两国政府旅游机构和旅游企业从事旅游促销活动相互提供便利；⑥双方将不定期地交换旅游信息和旅游统计资料；⑦双方认为在必要时举行双边旅游会晤，以商讨两国旅游合作事宜和符合本谅解备忘录宗旨的合作程序、计划及建议项目。

6. 优势与劣势

菲律宾发展滨海旅游业的优势主要有以下几点。

（1）旅游资源丰富

菲律宾拥有得天独厚的自然资源，包括八打雁、长滩岛、Donsol 岛、马拉帕斯卡岛、巴拉望岛等一系列可以开发的自然景观和天然的高质量的沙滩。同时，菲律宾拥有丰富的文化环境和历史，并且其主要的城市都各具特色，拥有很大的开发潜力，如马尼拉、巴科洛德、碧瑶、宿务、卡加延德奥罗、达沃、塔比拉兰、维甘、三宝颜等。菲律宾的商业中心在首都马尼拉以及周边的几个地区（马卡蒂、奎松市）。虽然从规模和质量上来看尚处于初级阶段，但也拥有向国际性都会发展的潜力。

（2）人力资源丰富

从劳动力要素来看，10 年来，菲律宾旅游业从业人员从 670 万人增长到 1100 万人左右。年平均增长率为 5.29%。占总就业人口的比重有所增加，从 2.2% 增加至 3%。

（3）价格便宜

菲律宾旅游成本较低，纵向比较具有优势，但与东南亚各国横向比较仍处于同一层次，无明显优势。

（4）需求增长较快

菲律宾的到达旅客人数近年以年均 5% 以上的速度增长，尤其是中国的游客增长率超过两位数，中国大陆到菲律宾旅游的人数上升比较明显，年增长率超过 10%，中国台湾对菲旅游上升也比较迅速，达到 16% 左右。

菲律宾发展滨海旅游业的劣势主要有以下几点。

（1）市场份额较低

从东南亚市场来看，东南亚国家的旅客目前仍处于上升阶段，预计整个东南亚 2020 年游客消费的总额为 1600 亿美元，接纳的游客会达到 1.2 亿人次。菲律宾 2020 年旅游总收入预计可达 4000 亿菲律宾比索，约合 100 亿美元，到访人数约 500 万人次。菲律宾当前的旅游总收入约占东南亚地区的 5% 左右，照现在的发展趋势和增长率，2020 年将占到东南亚旅游市场的 7% ~ 8% 。菲律宾在东南亚旅游市场的市场地位并不高，作为"新马泰"以及印尼旅游之外的边缘国家，其旅游业一直徘徊在 5% ~ 7% ，整体上没有竞争力。

（2）没有标志性的旅游项目，吸引力不足

除了宿雾和长滩岛之外，最近几年在热点旅游部门的投资不足，其结果是，旅游业完全依赖于它的自然景点吸引游客。自然景观虽然在许多方面独一无二，但无法形成持续吸引力，不足以支持一个旅游部门的发展。

（3）基建缺失

旅游行业投资有限造成了一系列问题，例如：没有足够的、舒适的住宿环境，中低质量的产品和空运能力不足等，都限制了菲律宾旅游行业的发展。

由以上综合分析不难得出以下判断：菲律宾的旅游业一直处于低于区域发展速度的状态，究其原因，是菲律宾未开发出适合自身的、具有标志性的旅游模式。例如，商业旅游竞争不过新加坡，文化旅游竞争不过泰国，自然旅游竞争不过马来西亚。从而在整体区域市场中处于十分不利的地位。

但也要看到，菲律宾本身拥有不少亮点，既有自然资源，又有多元文化，还有商业中心。虽然目前发展速度有限，但仍具发展潜力，只要选择恰当的发展方式，加大对旅游业的投资和引资力度，发挥本国优势，就能够在环南旅游圈中打造一个可与"新马泰"相媲美的东南亚旅游胜地。

7. 中菲滨海旅游业的合作对策及建议

（1）企业投资建议

我们认为，中国企业赴菲律宾投资旅游业可从以下几个方面进行。

a）餐饮业

该行业成本小、门槛低、风险较小，比较适合小规模投资者。

b）商业购物中心建设及经营

此项投资涉及广、周期长、风险较大。需要菲律宾政府的政策支持且必须经过有效的市场调研才能投资，较适合大型跨国企业投资。

c）承包旅游项目开发的方式

适合大中型投资企业进行长期、稳定的投资。但前期必须做好市场调研和风险的预测，并且需要得到菲律宾政府的许可。

d）游艇及游轮的站点式经营

此项投资规模较大，需要和菲律宾的港口及运输公司或在菲开设航线的跨国游轮公司达成合作，需要以财团的形式共同经营，并且需要得到菲律宾政府的多方面支持。此项投资难度较大，规模要求高，适合大型国有银行进行投资。

（2）政府政策建议

中国政府对菲律宾的旅游投资政策应该以鼓励国内企业试水淘金为主，在双边合作的前提下，以经济合作促进双边关系的发展，从而化解中菲之间的分歧。

鼓励性的政策支持主要应有两方面：信贷的支持；税收的减免或风险补贴。

政策目的应以降低国内企业海外投资风险为主，鼓励企业"走出去"。同时，中国政府应充分利用双边就谅解备忘录中达成的一致意见和合作方面的成果，组织企业见面会，建立信息平台，降低企业的信息成本，使企业更容易发现商机。

四 船舶制造业

1. 资源利用现状

自 2005 年以来，菲律宾作为新兴造船国家，超过了一系列竞争对手，包括欧洲的造船国家，成为世界第四大造船国。菲律宾船厂拥有建造大吨位船舶的能力，如散货船、集装箱船和大型客轮。近期，价值 68 亿美元的土耳其国有商业船由韩进重工在苏比克湾的船厂打造完成。这表明，菲律宾真正拥有了打造世界级远洋轮船的能力。

据 IHS Fairplay 的统计（原劳氏船级社），菲律宾拥有 71 万总登记吨（GRT）的产能。欧洲的主要造船国家德国，只有 49 万总吨，而意大利和罗马尼亚分别只有 47 万总吨及 32 万总吨。菲律宾超过这些国家，成为继韩国、日本和中国之后的第四大造船国。①

菲律宾船舶业的当前发展表现出其独特性，它靠从发达国家引进船舶生产公司、建设生产基地的方式来发展本国造船业。

20 世纪 90 年代以来，菲律宾国内的大型船厂，主要是合资企业与跨国企业，主要有以下三家：韩国韩进－菲律宾（HHIC）公司；日本常石重工业（宿雾）有限公司；新加坡吉宝－菲律宾公司。

引进外资之后菲律宾的船舶工业以面向国际市场为主。菲律宾船厂正在建造的船舶大部分是大吨位的出口其他国家的船只，如散货船、集装箱船和大型客轮。在菲律宾 2009 年的船只出口市场中，这三家外资造船企业占有超过 98% 的总营业额。

菲律宾的船厂主要分布在三个地区：苏比克、八打雁和宿雾，其中苏比克的产量最大。

2. 经济效益

图 7－16 显示，2006～2009 年，菲律宾船舶业产值增长了 12.35 倍，年均增长率为 131.2%。表明菲律宾造船业尚处于发展初期的高速增长阶段，同期国际船舶产值出现下降趋势。说明菲律宾政府对船舶业发展的支持是连贯且有力的，该国拥有的发展空间较为广阔。

3. 政府政策

菲律宾的鼓励性政策主要有如下几点。

（1）MARIN 法案（RA 9295）

豁免增值税：针对进口资本设备、机械、备件、救生和导航设备、钢板等金属板；

净经营亏损结转抵税；

---

① http：//www.globalsecurity.org/military/world/philippines/industry－shipbuilding.htm.

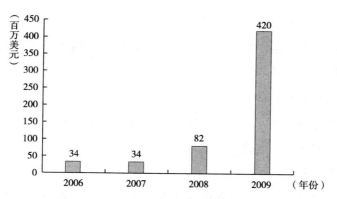

图 7-16 菲律宾船舶业产值

资料来源：菲律宾船舶投资报告。

可使用加速折旧。

（2）投资委员会奖励

在造船、船舶修理及船厂业务（不包括拆船）中，根据菲律宾共和国《2008年投资优先计划》，满足以下条件则有资格获得优惠：

船厂最低产能为7500载重吨；

项目成本至少高于1000万比索。

在投资促进委员会（BOI）注册的公司可以利用以下奖励：

所得税优惠；

人工费用的加计扣除；

免税进口资本设备；

简化海关手续；

无限制地使用寄售设备；

就业的外国公民减免所得税；

进入保税生产/贸易仓储系统；

豁免关税进口零配件；

码头费和任何出口税、关税和费用的豁免。

4. 优势与劣势

菲律宾海洋船舶工业的主要优势有如下几点。

（1）劳动力优势

菲律宾可以提供较为充足的廉价劳动力和低级熟练技术工人，但是在人力资本储量上明显不足。

（2）运输条件优势

菲律宾港口众多，适合船厂建造的地段也十分丰富，其中苏比克、宿雾、八打雁等地区，运输条件优良。

（3）发展机遇

菲律宾刚刚开始准备发展船舶工业，就遭遇了世界船舶业的寒冬。但我们认为这个寒冬是一个机遇，而不是一个灾难。

首先可以看到，船舶工业的前期投资周期很长，从投资建厂到最后的生产，整个周期大约需要 3~5 年的时间，而这个时间恰好可以用来规避当前世界船舶行情的低谷。并且，当前时期购买船舶生产机器和设备的价格较 2008 年繁荣时期下降了很多，还有很多破产的船舶公司的资产可以相当低的价格购入。所以对菲律宾来说，现阶段值得好好把握，以此来推动本国海洋船舶工业的发展。

菲律宾海洋船舶工业的主要劣势有如下几点。

（1）资本过度依赖外资

菲律宾的船舶工业主要靠外资引进，以韩进重工、常石工业、吉宝集团为主，这三家外资企业的总投资额约占菲律宾本国船舶业投资额的 90%。

从表 7-8 可以看出，在菲外资造船企业中，韩进重工所占的市场份额和产能较大，约占 70% 左右，常石集团其次，约占 25% 左右。吉宝集团则处于刚进入阶段，市场份额不足 5%。

表 7-8　2010 年菲律宾主要船舶公司对比

公司名称	韩进重工	常石工业	吉宝集团
产能（总吨）	450000	180000	32500*
地点	苏比克	宿雾	八打雁
投资（亿比索）	796	120	15

公司名称	韩进重工	常石工业	吉宝集团
雇佣人数（人）	21000	11700	1520
产值（亿美元）	14.5	5.8*	1.05*

注：*为估计值。

资料来源：菲律宾船舶业投资报告，各公司官网。

（2）船舶制造产业市场被外资企业垄断

上述三家企业在船只订单和产能上占到菲律宾总市场份额的98%，基本形成外资垄断局面。

菲律宾国内投资过少，这种发展方式使菲律宾船舶工业对外依赖程度较高，本国资本的存量不足，长此以往可能会被锁定在产业链的低端。菲律宾政府必须进行一定的投入和引导，摆脱国外跨国企业垄断和压抑本国企业发展空间的现状。

（3）世界船只需求低迷

由于经济危机带来的投资信心持续减弱和经济二次衰退的可能性，世界各国国际贸易一直处于不温不火的状态。而与贸易量相关的轮船运输业自然也随之陷入停滞状态，导致世界船舶产业从源头上需求不足。

根据上面分析，我们认为造船业的订单短缺状况不会在短时间（3~5年）内迅速得到提升。船舶制造业仍然处于停滞和收缩规模的阶段。一直要等到世界经济开始稳定上升之后，国际贸易环境重新恢复繁荣，世界船舶运输的需求量才会上升。因此，我们预计船舶市场恢复至2008年水平需要5~7年或更长的时间。

基于上述综合分析，可得出以下判断。

整体来看，菲律宾具有廉价的劳动力和优良的运输条件，之前的招商引资工作也打下了良好的基础。世界船舶业虽然整体处于萧条阶段，但是随着经济的复苏，在未来3~5年之后仍然会呈增长态势，长期来看，仍是菲律宾这样的发展中国家值得投入的一个行业。

当前，菲律宾应该重新制订船舶业发展计划，可以考虑从中国引入一批船舶企业进行合作，投资建厂，也可以通过购买机械设备建设新的船舶生产基地，为船舶业复苏之后提供较大的产能，以此加入世界船舶市场的竞争。

5. 中菲海洋船舶工业企业分析及政策建议

（1）企业层面分析

就中国船舶企业而言，在世界船舶市场不景气，且未来 3～5 年仍处于低迷期的情况下，中小型船舶企业面临的问题更为突出。面临的问题主要有国际市场订单缺乏、资金紧张、生产结构重叠度过高、产能过剩等。

在这种情况下，与菲律宾进行合作和资本输出，可以解决中小型造船企业面临的困境。

首先，菲律宾具有吸纳中国造船业资本的能力和空间，菲律宾政府也迫切需要对其造船业注入更多资金和引进更多资本及设备。

其次，菲律宾拥有良好的地理条件和低价的劳动力，可以支持造船业对劳动力的需求。

再次，菲律宾拥有优良的生产运输条件，可以节约企业的造船成本。

最后，中国国内中小型船只的生产已经过度饱和，持续不断的投资只会使市场恶性竞争，导致价格过于低下，企业生存困难，不利于长久发展。所以中小型船只生产商可以考虑将部分中国船企输出到菲律宾。

中国还可以与菲律宾达成劳务输出协议，解决部分船舶制造业工人和技术人员的就业问题。

（2）政策建议

对船企的输出，政府可以起到引导作用，例如组织企业洽谈会、提供部分定向贷款、减免部分税费等。政策应起到引导投资的作用，以减少国内中小型企业对低级船舶生产的资金投入，促进国内的船舶产业提高产业层次，进行升级换代。将过多的劳动力密集型以及技术含量较低的产业向菲律宾和东南亚等国进行转移。逐渐摆脱劳动力密集的产能，以保证中国船舶制造业在世界的长期竞争力。

第八章

台湾地区海洋产业研究

台湾是中国的第一大岛，位于东南沿海的大陆架上，四面环海，东临太平洋，北接琉球群岛，南部有巴士海峡将其与菲律宾相隔，西部则与福建省的厦门市隔海相望。台湾由本岛和 86 个岛屿组成，海岸线长达 1600千米，拥有丰富的各类海洋资源，其中最有前景的是海洋渔业、海洋油气业、海洋矿业以及滨海旅游业。这些产业同时具有与大陆合作和共同发展的可能性。本研究根据已有的文献与可以查找的数据，分析了台湾各项海洋产业的现状、未来的发展趋势，以及与大陆合作的可能性和方向。

一　海洋渔业

1. 资源利用现状

台湾有大小渔港 200 多处，海岸线长达 1600 千米，海洋资源丰富，周围海域有鱼虾类资源近 500 种。渔业是台湾的主要传统产业，在农林渔牧业总产值中约占 25%，水产品出口占农产品总值的四成左右。渔业结构分为远洋渔业、近海渔业、沿岸渔业和养殖渔业四部分。台湾养殖业在世界上小有名气，最为突出的是养鳗、虾、吴郭鱼及虱目鱼等。①

1949 年后，台湾渔业发展迅速，20 世纪八九十年代，其在农业产值中

---

① 吴瑞荣：《赴台湾渔业考察报告》，《中国渔业经济》2002 年第 2 期。

的比重基本维持在 21% ~ 28% ，是台湾农业中仅次于种植业的重要部门，也是台湾农业发展的重要支撑。①

2. 经济效益

表 8 - 1 的数据显示，台湾渔业中的捕捞业呈现缩减趋势，从 2001 年 631.7 亿新台币的产值，减少到了 2010 年 558.4 亿新台币的产值，其间除了个别年份以外，整体呈现出下降的趋势。而台湾渔业中的养殖业则相反，从 2001 年 33.4 亿新台币的产值增加到了 2010 年 59.5 亿新台币的产值，其间除了 2005 年与 2009 年有较大幅度的缩减以外，总体呈现上升态势。此外，据此计算出台湾养殖业与渔业的产值比可知，养殖业占渔业的比重从 2001 年的 5.02% 上升到了 2010 年的 9.63% ，由此可以判断台湾的捕捞渔业可捕捞的资源数量在不断减少，因而养殖业发展对台湾渔业的未来至关重要。

表 8 - 1 台湾海洋渔业历年产值

单位：新台币百万元

年 份	2001	2002	2003	2004	2005	2006	2007	2008	2009	2010
捕捞业	63168.7	62682.5	65766.4	67597.8	61532.2	57029.9	62740.6	58153.5	55990.9	55840.8
养殖业	3343.2	3611.1	4343.8	4269.6	3980.5	4063.9	4587.1	4300.4	2802.5	5953.3
总 计	66511.9	66293.6	70110.2	71867.4	65512.8	61093.8	67327.7	62453.8	58793.3	61794.1

资料来源：《台湾统计年鉴》（2011）。

3. 社会效益

本文衡量产业社会效益的主要指标是该产业对扩大社会就业所做出的贡献。

根据表 8 - 2 和图 8 - 1 可知，台湾海洋渔业的就业人数整体呈现比较稳定的状态，偶有小幅度的波动。2008 年左右捕捞业和养殖业人数都达到最多，2008 年以后开始出现略微下降。可以推测，是渔业资源的萎缩使海洋捕捞业产值有下降趋势，2008 年以后就业人数同时有下降趋势。而根据

---

① 赵玉榕：《台湾渔业产能与两岸整合》，《台湾研究集刊》2007 年第 4 期。

前文可知，养殖业的产值一直在递增，因此，2008 年以后养殖业的产值与就业人数呈反向变动，可能是由于养殖业技术水平的提升和专业化程度的提高使就业人数有所下降。

表 8 - 2   台湾海洋渔业历年就业人数

单位：人

年　份	2001	2002	2003	2004	2005	2006	2007	2008	2009	2010
捕捞业	223967	237114	235112	236411	238426	236638	235652	251124	245392	238901
养殖业	18333	18686	17528	17664	19365	22037	23653	22691	31743	22183
总　　计	242300	255800	252640	254075	257791	258675	259305	273815	277135	261084

资料来源：《台湾统计年鉴》（2011）。

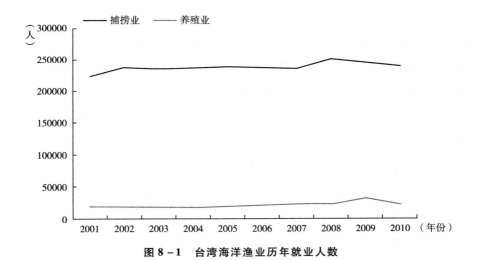

图 8 - 1   台湾海洋渔业历年就业人数

4. 海洋渔业制约因素

（1）沿、近海渔业资源日渐枯竭。据 FAO 的一份统计资料显示，台湾沿海和近海遭到过度捕捞的鱼类占 25%，适度和中度捕捞的鱼类占 25%。过度捕捞的结果是沿海和近海渔船单位渔获量（CPUE）呈明显下降趋势，从 1985 年的 1.94 吨/千瓦下降至 1994 年的 1.73 吨/千瓦，从而减少了渔民的捕捞作业收益。渔业资源的破坏和渔民收益的减少导致了沿、近海渔业产量的持续减少，2005 年台湾沿、近海渔业产量 26 万吨，产值 195 亿元新台币，较 10 年前减少了 28%。

（2）外海渔场缩小制约了远洋渔业的发展。台湾的 200 海里专属经济区与菲律宾、日本等国的专属经济区重叠，因此，台湾与菲、日之间的渔事纠纷接连不断。据统计，在 1997 年菲律宾宣布实施 200 海里专属经济区后，平均每年扣押的台湾渔船数量一路上升，由 10～15 艘发展到目前的 60 艘以上。渔民的人身安全和利益得不到保障，直接导致远洋渔业的发展受限。①

5. 相关政策

台湾的海洋渔业政策以发展可持续渔业为总体目标，具体政策包括调整渔业结构、提高科技水平以及发展渔会的作用等。②

（1）调整渔业结构，促进产业升级。为防止渔业出现产量滑坡、效益下降，台湾采取了相应措施，引导产业转型升级。一是继续发展远洋渔业。为了消除世界沿岸国家相继实施 200 海里经济区制度给远洋渔业带来的负面影响，台湾重视运用渔业试验船和民间渔船开展公海渔业资源勘探，拓展远洋渔场；推行渔船监控系统，即时掌握渔船动态、加强管理，以适应国际责任制渔业等相关渔业管理规范；扩大与沿岸国家的渔业合作，确保作业渔场、辅导业者进行渔船本地化经营；参加国际渔业管理组织，以确保远洋渔业权益；加强海外渔业基地的配套设施建设、提高远洋渔业的社会化服务水平；推行"渔船淘汰"政策等。通过以上措施的实施，台湾远洋渔业取得了稳步发展。二是积极发展休闲渔业。为了加快产业转型，台湾实施减船转产措施，鼓励从事近海沿岸作业的渔民发展休闲渔业。

（2）重视科技教育，提升产业水平。台湾省从事水产科学技术研究的单位包括研究院、农业委员会、水产试验所、财团法人生物技术开发中心及台湾海洋大学等 9 所大专院校。台湾对科研投入力度很大。20 世纪 90 年代后水产试验所每年的经费从 3.7 亿新台币增加到 7.17 亿新台币，现在

---

① 卢宁、韩立民：《两岸海洋渔业发展的困境及渔业学术合作展望》，《中国渔业经济》2008年第 6 期。

② 周通、周秋麟：《台湾海洋资源与海洋产业发展》，《海洋经济》2011 年第 12 期。

维持在 6.5 亿新台币的水平。

（3）发挥渔会作用，延伸产业链条。为了发展渔业合作，提高渔民的知识和技能，拓展水产品市场，强化行业自律，保障渔民权益，增加渔民收入，促进渔业现代化，台湾政府鼓励发挥渔会的作用。渔会是台湾渔民的自治团体，居于当局与渔民之间，为兼具政治、经济、教育、社会服务等功能的法人组织，至今已有 80 多年的历史。台湾目前有 40 个左右的渔会，其中省级渔会 1 个、区级渔会 39 个，共有会员 20 多万人。渔会会员每年需交 200~400 元的会费，即可享受渔会提供的一系列服务。渔会的主要职能是调解渔业纠纷，推广渔业技术，救助海难事故，通报渔况和渔业气象，管理渔港设施，开展水产品加工、冷藏、运输和鱼市场经营，提供渔需物资供应，向政府报批渔需物资补贴，协调海外渔业基地建设和国际渔业合作项目，开展金融业务，发放低息渔业贷款，做好渔村文化、医疗、福利、救助等社会工作，搞好渔村建设，为遇难渔船申报救济经费，负责水产资源的保护，开展渔业保险和渔民的保险业务，负责实施当局委托业务等。[①]

6. 目前和大陆的合作与交流

（1）1981 年，大陆水产学会第二届代表大会通过并发出了《致台湾水产界同仁信》，第一次正式公开表达了大陆水产界与台湾水产界沟通合作的愿望，得到了台湾水产界的积极回应。

（2）1988 年，大陆水产学会第一次邀请 20 余名台湾水产专家及企业代表，参加了在广州举办的畜牧水产饲料学术讨论及展览会。此次活动，开启了两岸渔业界交流与合作的先河，使两岸渔业界交往的愿望变成了现实，为日后的交流与合作打下了良好的基础。

（3）1990 年，大陆水产学会邀请台湾水产协会理事长曲铭先生率 51 人代表团对北京、大连等 8 座城市进行了 19 天的考察访问，双方签署了《共同意向书》。这是两岸在阻隔 40 多年后，台湾与大陆水产界形成的第一个书面文件。

---

① 宋晓建：《积极借鉴台湾经验发展福建海洋渔业》，《发展研究》2006 年第 3 期。

（4）1998 年，大陆渔业协会与台湾水产协会共同在台北举办了"海峡两岸渔业资源永续利用研讨会"，汇编了《海峡两岸渔业资源永续利用研讨会论文集》。

（5）2009 年 9 月，大陆有关部门在福州共同举办了"2009 海峡（福建）渔业周暨第四届中国（福州）渔业博览会"，台湾高雄、马祖等地渔业界有关人员共同参加了以"共护海峡渔业资源，增进两岸同胞情谊"为主题的渔业资源增殖放流活动，这也是台湾渔业界第一次参加大陆举办的渔业资源增殖活动。①

7. 优势与劣势

（1）优势。渔业一直都是台湾较为发达的产业，技术水平和管理水平居世界领先地位，水产品竞争力较强。捕捞产量虽然低于大陆，但平均产值远高于大陆，处于世界领先水平，并一度超过捕鱼大国秘鲁的渔业产值。

（2）劣势。台湾附近的海域由于历年来的过度捕捞，资源开发殆尽，同时渔业劳动力、资金、市场等缺乏，都限制了台湾渔业的进一步发展。②此外，台湾的 200 海里经济圈与周边许多国家的经济圈都有重叠，因而免不了争议与冲突。

8. 大陆与台湾海洋渔业合作的对策建议

（1）合作开展远洋捕捞。有专家认为，近十几年来，中国大陆海洋渔业的最大困境就是近海资源过捕严重。同时，由于中越、中日、中韩先后签订渔业协议，中国渔区面积有所减少。台湾远洋渔业较发达，但近年因缺乏渔业劳工也面临困境。通过鼓励台商以参股等方式申办远洋渔业公司，利用台湾远洋渔业企业的资金、技术和市场，可拓宽中国渔民的捕捞渠道，增加渔民收入，同时也可以解决台湾远洋渔业缺乏渔业劳工的难题，实现合作共赢。

（2）加强科技领域的合作与交流。组建"渔业合作论坛"，并借助其

---

① 王德芬：《两岸渔业合作的现状与发展趋势》，《中国水产》2009 年第 12 期。
② 卢宁、韩立民：《两岸海洋渔业发展的困境及渔业学术合作展望》，《中国渔业经济》2008 年第 6 期。

建立起大陆和台湾科技合作与交流的平台。组织两地科研机构、专家、学者联合开展台湾海峡海域海洋环境监测与预报、海洋资源调查、渔业资源评估等科学调查和研究。相互交换海洋监测资料和海洋调查统计资料。并通过定期举办培训、互派学者访问、举行研讨会等方式进行交流，共同提高科技创新水平。

（3）联合应对海洋灾害。建立台湾海峡海域海洋防灾救灾应急系统的共享机制，建立台风季节出海生产渔船就近避风机制。共同建设海上渔船遇险救助系统，建立统一的海上求救报警电话和两岸官方与民间海上救助力量的互助联动，提高渔船海上生产安全系数。

二　海洋油气业

1. 资源现状

台湾环岛的麓山带及海岸平原区几乎都是沉积岩。沉积岩中产生油气和煤，是台湾油气探勘的主要对象。台湾常见的油气露头有气苗、油苗及泥火山。台湾的出磺坑油气田是台湾最古老的油气田，也是目前世界上正在开采中的最古老的油气田。[1]

1989 年，中科院海洋研究所与福建省海洋研究所等组成的联合调查队，对台湾海峡西侧第一阶段和第二阶段的调查发现，整个台西盆地的含油性十分乐观，估计油气地质远景储量达 36 亿吨以上。[2]

台湾海峡西部是我国近海油气勘察中开展较晚的一个海域，截至 2003 年，尚未实现资源发现的突破。广州海洋地质调查局在 20 世纪 80 年代对台湾海峡进行过近万公里的反射地震调查，认为台湾海峡西部有可能具备形成中小型油气田的条件，估算其资源量可达到 2.75 亿吨。[3]

① 《台湾地区油气田》，中国天然气工业网，http：//www.cngascn.com/html/news/show_ news_ w1_ 1_ 15837.html。
② 《台湾海峡地下珍藏油气储量逾 36 亿吨》，《文汇报》1989 年 9 月 5 日。
③ 周玉芬、陈惠玲：《探寻海洋油气后续基地有潜力》，《中国矿业报》2003 年 5 月 24 日。

2. 经济效益

根据表8-3的数据，台湾油气业的产值大体呈递减趋势，从2001年的69.4亿新台币下降到2010年的42.7亿新台币。这一方面是由于台湾油气开采的年代已经比较悠久，一些早期开发的矿场中可采的石油与天然气数量也在逐渐下降。而另一方面，台湾能源部门虽然一直都在勘探新的油井与气田，但是真正投入生产的数量是有限的，因此可开采资源整体处于缩小趋势。

表8-3 台湾历年油气业产值

单位：新台币百万元

年 份	2001	2002	2003	2004	2005	2006	2007	2008	2009	2010
石油及天然气产值	6944	6946	7229	7194	5818	5506	5804	5602	4655	4269

资料来源：《台湾统计年鉴》(2011)。

3. 社会效益

已有的资料中油气业包含于矿业中，因此分离不出油气业的具体就业数据。笔者找到了台湾油气业生产工厂的历年变化数据来讨论这一部分的社会效益。因为油气工厂的生存有赖于油气产业的发展，而工厂的数量必然会影响就业人数。当然就业人数对产业的敏感度肯定要远远高于工厂数量，因为对大多数企业来说，裁员的代价要比关门小得多。

从表8-4的数据看，台湾油气业的工厂数量一直处于增加的趋势，可以推测台湾油气业创造的社会效益一直都是正向的，起码对带动产业扩大做出了一定贡献。

表8-4 台湾油气业历年工厂数

单位：家

年 份	2001	2002	2003	2004	2005	2006	2007	2008	2009	2010
工厂数	22	38	45	54	59	69	74	84	94	99

资料来源：《台湾统计年鉴》(2011)。

4. 目前和大陆的合作与交流

2012年3月7日，福建省全国政协委员、省台盟副主委、泉州市政协副主席骆沙鸣提交提案，建议在建设海西能源基地和能源储备方面，加快两岸在台湾海峡油气资源的合作勘探与联合开发步伐，并将两岸共同开发台湾海峡油气资源列入两岸能源合作议题。

提案指出，根据中国科学院南海海洋研究所与福建海洋研究所合作开展的台湾海峡西部石油地质地球物理及地球化学调查研究结果，台湾海峡石油天然气资源丰富。建议在全国油气资源战略调查中，将台湾海峡海域列为重点调查项目，就台湾海峡西部资源调查初步成果、深海勘探台湾海峡盆地油气资源前景与合作机制的构建、两岸石油天然气勘探开发等问题进行探讨，争取早日与台湾方面签署相关协议并进入实质运作。[①]

5. 优势与劣势

（1）优势。台湾地区油气开采的历史较长，目前仍在运作的出磺坑油气田的开掘仅比 1859 年挖掘的世界上第一个油田（美国宾州油田）晚了两年。因而台湾在油气开采方面具有较为丰富的经验与技术。同时，在台湾 200 海里经济圈内的许多地方可能还存在丰富的油气资源有待勘探。

（2）劣势。首先，台湾内陆油气资源经过历年开采数量已经有限，因而油气消费以进口为主。其次，台湾的油气业缺乏专业的劳动力，同时资金匮乏等问题也限制着台湾油气产业的进一步发展。

6. 大陆与台湾海洋油气业合作的对策建议

（1）建立互信，强调双赢。在海峡两岸油气行业合作方面，特别不能把猜忌对方的政治意图放在第一位来判断合作的可能性。当然，由于油气工业的特殊重要地位，油气合作离不开政治。对海峡两岸油气合作来说，如果将来两岸在政治互信方面有实质性进展，两岸的政治关系将会逐步透明，政治顾虑将会随之消失，最终达成政治目标的一致。在建立互信的基

---

① 《两岸合作开发台湾海峡油气资源》，国家石油和化工网，http：//www.cpcia.org.cn/html/16/20123/101354.html。

础上，两岸可以制定共同和一致的目标。从公司利益来讲，要以双赢为出发点。这不仅指商业利益上的双赢，同时也指政治意义上的双赢。就目前情况而言，两岸的能源合作，抛开政治是不现实的。互信要建立在信息透明的基础之上，双方应该让对方了解其合作的商业意图和政治意图。既然双方合作意图心照不宣，还不如摆在桌面上更好。建立互信，就可以推进更大规模的合作，可以在一定范围内超越政治界限，甚至能起到引领两岸政治走向的作用。

（2）从易到难，逐步延伸。两岸的油气合作，也可以从一些政治不太敏感、技术性强、更需要相互依存的非传统能源领域开始。例如在太阳能开发利用方面加强合作，可以带动其他新能源领域的合作研究与共同开发，甚至可以延伸到海洋资源的共同开发。在海洋资源中，油气资源是主要成分，这样就可以重新回到油气合作的起点，共同勘探开发海上油气资源。两岸石油公司应该进一步加强已经开始且较容易达成一致的勘探领域的合作，为以后更大范围、更实质性的合作做好准备。为了促进两岸油气合作，扩展延伸现有合作看来是非常有效的做法。除了进行油气的实际勘探、开发和生产作业之外，合作研究、共同进行人才培养也是可能的选项。

（3）建立合作机制，理顺沟通渠道。现在的政治环境非常有利于建立两岸油气合作的有效机制。建立海峡两岸新能源合作组织是一个不错的选择。这种做法可以延伸到传统的油气领域，建立两岸油气合作组织。由两岸油气企业发起，共同建立一个油气合作行动小组，组织成员可以吸纳专家学者参加，定期共同商讨合作事宜，及时传递相互的近期和长远目标、意向和想法，为政策制定者提供咨询，为两岸油气公司提出合作建议。在合作过程中，遇到需要解决的问题，可以通过行动小组商讨，提出解决方案，供各方参考。在合作模式方面，建立相对独立的联合实体是可以考虑的模式。相对独立的联合实体，有运作更加灵活的特点，更有利于整合双方优势，发挥各方长处，提高合作效益，提升联合体在国际市场上的竞争力。

三 海洋电力业

1. 电力产业现状

传统的发电途径主要是火力、水力和核能发电三种,这也是台湾电力的主要来源。火力发电主要是利用燃烧化石燃料产生蒸汽来推动发电机,需要大量的燃料及冷却水,因此厂址以濒临海滨或港湾,靠近大量储油库或生产煤、天然气的地区,水源充沛的地方为主。水力发电曾为第二次世界大战结束后一段时间发电系统之主力,目前台湾的水力发电厂共十一所,依其运转形态可区分如下:1. 惯例程:川流式、调整池式、水库式;2. 抽蓄式。①

此外,台湾还有再生能源发电的新型发电方式。再生能源的发电包括风能发电、太阳能发电等形式,今后可能还有通过洋流发电的可能性。

从发电产业组织来看,目前,台湾省有 3 种类型的电力组织:一是台湾电力公司,二是民营独立发电公司,三是热电联产装置(即自备电厂)。其中台湾电力公司的发电量占比例最大,2000 年底该公司的发电总量达台湾总发电量的 78.7%。②

2. 海洋风能发电

台湾位于地球上最大陆块与最大海洋的交界处,明显的东北季风与西南季风随季节交替,使台湾具有丰富的天气变化,每年约有半年以上的东北季风期。加上台湾海峡两侧山脉所形成的"狭管"地形效应,季风吹过时受到挤压而加速,因此冬季风力相当强劲。依据台湾工业技术研究院能源与资源研究所和台湾"中央大学"大气物理所共同研究完成的风能分布图(wind atlas),台湾地区风力资源相当丰富,主要分布于台湾海峡、西部沿海与澎湖列岛等地区,年平均风速可达 5~6 米/秒或以上,非常具有开发潜力。③

---

① 《台湾传统发电形式》,台湾电力公司网站,http://www.taipower.com.tw.sixxs.org/。
② 朱成章:《台湾电力业的状况及面临的问题》,《海峡科技与产业》2002 年第 2 期。
③ 吕威贤:《台湾风力发电史》,台湾工业技术研究院,百度文库,http://wenku.baidu.com/link?url=A_hwlRyr6B8aOSoBnhcAfuaDwGJrUTD2gWFV1a-j1wOhsiPUzEhB90Ex6VkwrYaR5lfqKE8GecqDE4O7FL7mhbmiQ4LpcMs6Q_CAiPuGY17。

事实上台湾关于风能的研发很早就已经开始。早在 1961 年，台电公司就在澎湖白沙乡设置了一台 50 千瓦级的风力发电机进行试验。而在两次能源危机之后，台湾政府为了促进能源多元化，在台湾经济部能源会的资助下，由台湾工业技术研究院在 1982~1990 年进行了长期而又系统的风能研究。可惜当时油电价格较低而风力发电的成本很高，由于缺乏市场机缘，风能研发中止，因此，台湾风能应用未能有进一步的发展。

在间隔了近 10 年之后，2000 年台湾政府为加速推动岛内风力发电的应用，参考国外成功经验颁布实施了"风力发电示范系统设置补助办法"奖励民间投入设置风力发电示范系统。目前，在台湾工业技术研究院能源与资源研究所的协助辅导下，全岛已完成共 8540 千瓦的装置容量，包括云林麦寮 2640 千瓦、澎湖中屯 2400 千瓦以及竹北春风 3500 千瓦等三座风力发电示范系统。

2000 年 12 月 27 日，台湾第一座商业化运转的新型风力发电厂——"麦寮风力发电示范系统"正式启动。截至 2004 年 3 月，该发电厂累计发电近 2570 万度。

3. 经济效益

表 8-5 台湾历年发购电量

单位：百万度

年 份	2001	2002	2003	2004	2005	2006	2007	2008	2009	2010
水力发电	4070	3604	3852	3338	3830	3902	3924	3459	3290	3047
火力发电	114822	121526	129566	136770	143295	150014	154142	152636	145756	159112
核能发电	34094	38009	37371	37939	38404	38317	38961	39260	39981	40029
再生能源发电	5073	2762	3022	3199	4133	4335	4828	4886	4579	5197
总 计	158059	165901	173811	181246	189662	196568	201855	200241	193606	207385

资料来源：《台湾统计年鉴 2011》。

目前台湾的主要电力来源是火力发电，其次是核能发电，水力发电与再生能源发电量占总发电量的比重相对比较低。根据台湾工业技术研究院的报告，目前再生能源发电占岛上总发电量的比重比较低，但是整体而言，再生能源发电的总量在逐年递增，可见台湾再生能源发电整体技术水平以及产出水平还是在不断进步的。

4. 海洋新能源发电进展

台湾海峡有黑潮经过，因此有利用海洋温差发电的潜力。海洋温差发电的优点是几乎不会排放二氧化碳，可以获得淡水，因而有可能成为解决全球变暖和缺水这些 21 世纪最大环境问题的有效手段。在赤道地区，接近海面的表面海水在太阳照射下温度高达近 30℃，而水深数百米的深层海水温度是 5 ~ 10℃。海洋温差发电就是利用这一温差进行的。海洋温差发电要利用氨和水的混合液。与水的沸点 100℃相比，氨水的沸点是 33℃，容易沸腾。借助表面海水的热量，利用蒸发器使氨水沸腾，然后可用氨蒸气带动涡轮机。氨蒸气随后会被深层海水冷却，重新变成液体。在这一往返过程中，可以依次将海水的温差变成电力。[①]

据 2011 年 11 月 15 日台湾《中国时报》报道，台湾海洋大学成功研发了台湾首例电力近 3000 瓦的小型"潮流发电机"。台湾海洋大学校长李国添 14 日说，潮流发电机第二年将放置在黑潮流速强劲的基隆屿与和平岛之间的海域下进行测试运转，希望为有效开发台湾的海洋能源跨出重要的一大步。[②]

5. 优势与劣势

（1）优势。首先，台湾地区雨量充沛，河川坡地陡峻，水力资源丰富，因而水力发电一度成为台湾电力业的主要形式。其次，台湾地区丰富的气候变化带来了丰富的风力资源，而台湾政府对风能发电产业愈来愈重视，因而在未来风能发电可能会成为台湾电力业的新兴优势产业。最后，台湾不断开发其他新型能源，近年来再生能源的发电总绝对量在不断上升。

（2）劣势。首先，台湾的能源消耗对进口的依赖非常严重，截至 2000 年，台湾一次性能源的进口量占消耗总量的 97%。其次，台湾的电力需求

[①] 《海洋温差发电技术》，国际电力网，http://power.in - en.com/html/power - 2007200709 21125705.html。

[②] 《台湾海洋大学研发小型潮流发电机》，中国新闻网，http://www.chinanews.com/tw/ 2011/11 - 15/3462331.shtml。

量逐年扩大而电力产量的增加相对有限。最后，台湾电力输送设备老化，可靠性降低。①

6. 大陆与台湾海洋电力产业合作对策建议

台湾电力公司操控了台湾主要的发电量，在发电技术创新和机组管理方面富有经验，大陆方面可以向其学习借鉴。而大陆则在企业管理的实践标准化、信息化方面做得相对较好。双方加强经验交流，互相学习，把彼此的经验转化为工作标准，对照标准学习，对照标准合作，可推动企业管理水平不断提高。在全球节能减排、发展绿色电力的大环境下，海峡两岸电力企业更应致力于交流管理经验和研究成果。当前，发展清洁能源、应对气候变化、保障能源安全是电力行业发展面临的重要任务，两岸可以就新能源的开发与利用不断进行交流讨论甚至合作科研，为未来电力提供寻找新的有效方法和途径。

四 海洋交通运输业与船舶制造业

1. 海洋交通运输业现状

台湾的海运业包括海洋水运业、船务代理业、海洋货物承运业、港口码头业及其他水上运输辅助业等。海运业维系着台湾经济的发展，承担着台湾98%以上的对外运输。2006年，海运业总产值（总收入）达到新台币3714亿元。2004年，高雄港集装箱装卸量达到971万标准箱，为全球第六大集装箱港，但2006年降为全球第八大集装箱港，2007年重新上升为第六大集装箱港。

台湾的港口码头业：台湾地区现有基隆、台中、高雄、花莲等4大国际商港及已核准设置的麦寮、和平及观塘3个工业专用港，其中麦寮及和平工业专用港已正式营运。②

台湾海洋交通业相关数据见表8-6。

---

① 朱成章：《台湾电力业的状况及面临的问题》，《海峡科技与产业》2002年第2期。
② 周通、周秋麟：《台湾海洋资源与海洋产业发展》，《海洋经济》2011年第12期。

表 8-6　台湾各国际商港进出港船舶及货物吞吐量

年份	进港船舶		出港船舶		货物吞吐量（千吨）		
	艘次（艘次）	总吨位（千吨）	艘次（艘次）	总吨位（千吨）	进港	出港	总计
2001	36364	529760	36349	529021	160076	61208	221284
2002	36746	548304	36722	547590	172081	64265	236346
2003	37976	560487	37944	559338	178871	68504	247375
2004	41412	574718	41410	574287	200423	78214	278637
2005	41360	584284	41327	583929	187662	78189	265851
2006	41033	607653	41051	607861	187179	77025	264204
2007	39197	601275	39198	601270	195848	78303	274151
2008	37143	584969	37111	585164	193303	72876	266179
2009	36366	621634	36355	620827	170570	65168	235738
2010	37299	664044	37278	664867	182116	64369	246485

资料来源：《台湾统计年鉴》（2011）。

2. 船舶制造业

台湾的修造船业由大型、中型、小型公司，游艇厂及船舶零件厂等组成，其中大型造船公司仅中船公司一家，2004 年该公司产值为新台币162.57 亿元。以 2004 年中船公司的产值为例，该产值来自 4 大营收项目：①商船 14 艘，产值为新台币 149.84 亿元。②军舰 1 艘，产值为新台币1.33 亿元。③修船，产值为新台币 9.28 亿元。④制机，产值为新台币2.12 亿元。

台湾的中型船厂有 6 家，以建造公务船与渔船为主，产量为 80 艘，2004 年产值为新台币 80.79 亿元。小型船厂有 82 家，以建造小型船及修船为主，产量为 88 艘，2004 年产值为新台币 15.65 亿元。游艇厂有 31家，其中 20 家位于高雄，以建造外销 FRP 游艇为主，产量为 230 艘，2004 年产值为新台币 56.80 亿元。船舶零件厂有 11 家，2004 年产值为新台币 12.01 亿元。2004 年台湾船厂建造的船艇产量共有 413 艘，船艇建造（新台币 272.51 亿元）及修船（新台币 41.18 元）为造船产业共创产值新台币313.7亿元；装备零件产业产值为新台币14.12亿元，整个船舶产业（造船产业及装备零件产业）总产值为新台币327.82亿元，较2003年增长9.7%。2005年整个船舶产业（造船业和装备零件产业）总产值达新台币392亿元，比2004年增长19.6%。^①

3. 海洋交通运输业与船舶制造业相关政策

台湾海洋交通运输业与造船业的政策有两项目标，即活络产业发展环境和提升航运的国际竞争力。海洋交通运输业与造船业的主要政策策略与工作包括以下三项。

（1）健全港埠经营环境。具体包括强化整体港埠资讯建设，提供完善资讯服务；鼓励民间投资经营港埠设施，提升码头营运效率；推动国际商港设置自由贸易港区，引进国际物流产业。

（2）建构优良造船环境。具体包括设立评鉴小组审查机制，编列造船业研究发展经费，提升造船竞争力；鼓励业主自制独木舟、风浪板、帆船等水域运动器材。

（3）促进航运产业发展。具体包括促进船货配合支援机制，建立适当的船队；建构船员供给与培训体系，培植海运专业人才；制定航业发展优惠租税措施，降低产业经营成本。

4. 海洋交通运输业优势与劣势

（1）优势。台湾港口位处亚太地区的中央，地理位置优越；台湾港口能量充裕且设施完善，定期航线密集，有利于转口业务发展；高雄港、台中港港区外围地缘平坦辽阔，邻近工业区，可搭配运用的土地资源充裕，有利于发展加工出口、仓储转运、经贸园区，提高产品附加值；集装箱码头出租以专用为主，租金采用固定年租金方式，承租航运公司随使用率的提高，可降低单位运输成本，易达到规模经济效应；装卸作业民营化、码头工人雇佣问题的解决，航运公司普遍给予极大肯定，有助于台湾成为东亚转运中心；台湾经济实力雄厚，有利于物流发展。

---

① 周通、周秋麟：《台湾海洋资源与海洋产业发展》，《海洋经济》2011年第12期。

（2）劣势。台湾引进民间资金投入港口建设的程度远较香港、上海低；港口作业信息化、自动化程度较香港、新加坡落后；海关作业较香港、新加坡繁复，致使集装箱作业整体流程延长；台湾当局财力有限，各港建设经费不如以往充足；现行法规及行政效率反应不及香港、新加坡迅速，企业经营理念也相对无法实时反映市场的需求。[1]

5. 船舶制造业优势与劣势

（1）优势。台湾造船业始于 20 世纪 40 年代，有较长的造船历史，积累了丰富的经验和技术。台湾造船业种类齐全，尤其是游艇业，大型游艇制造业 2010 年在全球名列第七，在亚洲名列第一。此外，台湾注重造船技术的研发与升级，台湾最主要的船舶研发中心（财团法人联合船舶设计发展中心）的主要工作是从事高性能船舶设计、研发及资讯整合并发展海洋工程技术，目前设计中心共有设计人员 160 人，其中具博士、硕士学位的占 45%，具学士学位的占 41%。[2]

（2）劣势。台湾造船业面临着来自大陆与国际的双重竞争，但是整体管理跟不上形势的变化。生产成本和劳动成本的上升也给台湾造船业带来了资金和劳动力不足的影响。

6. 大陆与台湾海洋交通运输业及造船业合作的对策建议

就当前的形势而言，中国大陆与台湾两岸之间应以港务合作以及船舶运输公司跨地区合作为主，在政策层面，相关部门应该采取鼓励性政策以促进两岸合作项目的筹建以及引导两岸资金向双边海洋交通运输业注入。具体措施包括：①城市之间的港口双边协议以及深化合作。②对跨地区物流及运输公司的政策支持。③对双边合作的港口企业予以政策优惠。

对于造船业，两岸也可以通过一系列的措施增强相互间的交流：①大陆可以借鉴台湾长年积累的造船经验与技术，带动大陆船舶行业的发展与升级。②为了解决台湾船舶业的资金问题，大陆可以投资在台湾设立船舶

① 崔晨曦：《台湾西部港口与上海港 SWOT 分析》，《中国储运》2009 年第 6 期。
② 陈明义：《走进台湾造船业》，《炎黄纵横》2011 年第 2 期。

制造公司，或者入股已有船舶公司，激活台湾船舶产业在新形势下的潜力。

五　滨海旅游业

1. 滨海旅游业现状

台湾地区海岸型游憩区域主要为东北部、北部、东部、垦丁、绿岛、兰屿、澎湖各岛海岸。游泳、冲浪、浮潜、风帆船、独木舟、水上摩托车、潮间带等活动为这些区域的主要活动项目。使用海港进出的海域游憩活动区域主要分布在东北角海域、北部海域、东部海域、垦丁海域及澎湖海域，这些地区的活动项目主要为乘船游览、赏鲸、浮潜及水肺潜水、拖曳伞及海钓活动等。

为了给交通游乐船及游艇进出、停泊提供场所，台湾除了兴建东北角龙洞、垦丁后壁湖及布袋专用游艇港外，还增建了绿岛交通观光港，协调渔港朝功能多元化发展。台湾目前有 21 处渔港（计有基隆市碧沙港区，新竹市新竹渔港，台南市安平渔港，台南县将军渔港，高雄县兴达渔港，屏东县海口及小琉球交通观光港，台东县新港及金樽渔港，澎湖县龙门、大果叶、沙港西、通梁、歧头、后寮、赤嵌、七美南沪、吉贝及马公第三渔港）可供游艇进出，并于台北县淡水第二渔港、新竹渔港、宜兰乌石渔港、澎湖马公第三渔港及赤嵌渔港兴建了浮动码头，且改善了绿岛南寮渔港及台东富冈渔港候船室与周边环境。

为推展海域游憩活动，台湾规划开发东北角海岸、东部海岸、澎湖、大鹏湾、马祖、北海岸及观音山、云嘉南等七处海岸型风景区丰富的海域观光资源，并于 2004 年 6 月 4 日公告台湾本岛 24 海里及离岛周围 12 海里为游乐船舶活动区域。

2. 经济效益

从已有数据看，台湾旅游业发展较为迅速。历年来台的旅游人数从 2001 年的 283.1 万人增加到了 2010 年的 556.7 万人，除了 2003 年受非典影响来台观光旅客人数大幅缩减外，整体的旅客人数是逐年递增的。其中以观光为目的的旅客数量最具有代表性，这部分旅客占旅游人数的比重最大，并且有逐年增加的趋势，其比例由 2001 年的 36.1% 上升到了 2010 年的 58.3%。按客源地来看，华侨占游客总数的比重也是逐年增加的，从 2001 年的 19% 增加到了 2010 年的 41.9%，相比较而言，外籍游客总数的增加幅度没有华侨游客增加幅度大（见表 8 - 7）。这说明两岸互通之后，大陆对台湾旅游业的发展做出了重大贡献。

表 8 - 7　历年来台旅游人数统计

单位：人

年份		2001	2002	2003	2004	2005	2006	2007	2008	2009	2010
按客源分	外籍	2291871	2354017	1812034	2428297	2798210	2855629	2988815	2962536	2770082	3235477
	华侨	539164	623675	436083	522045	579908	664198	727248	882651	1624922	2331800
按目的分	观光	1021572	1028635	695277	1031713	1381637	1510207	1648507	1775229	2298334	3246005
	业务	848732	831465	698792	920377	944487	949836	930775	881431	795669	937777
	探亲	332834	329751	280022	374008	379252	377455	395760	404692	413942	496627
	求学	26971	61904	48575	37324	38717	38649	41901	45229	54701	62681
	会议	39390	39485	31545	43616	49686	52634	57839	59226	68925	88097
	其他	561536	686452	493906	543304	584339	591046	641281	679380	763433	736090
总计		2831035	2977692	2248117	2950342	3378118	3519827	3716063	3845187	4395004	5567277

资料来源：《台湾统计年鉴》（2011）。

而关注台湾旅游业的外汇收入可知其也是逐年递增的，从 2001 年的 43.17 亿美元增加到了 2010 年的 87.19 亿美元（见表 8 - 8），尽管每年的经济形势略有差异导致旅游外汇收入的增幅变动有一定差异，但除了 2003 年受非典影响外汇收入大幅下降以外，台湾的旅游外汇收入整体是逐年增加的。

表 8 - 8　历年观光外汇收入

单位：百万美元

年　份	2001	2002	2003	2004	2005	2006	2007	2008	2009	2010
收　入	4317	4584	2976	4053	4977	5136	5214	5936	6816	8719

资料来源：《台湾统计年鉴》（2011）。

3. 台湾滨海旅游业相关政策

台湾滨海旅游业以"推动海洋观光游憩活动与产业""推动休闲渔业"两套体系、健全海域观光游憩活动管理、促进观光与渔业共存共荣为主要策略。其策略和具体工作主要在推动海洋观光游憩活动与产业方面，重点有如下两个方面。

（1）落实推动海域公共使用的概念，理清并宣传专用渔业权的权限，以使相关产业得以共同使用海域。

（2）推动海域多元化利用，增加亲水设施，建立海洋观光游憩活动与相关产业（含游艇）发展的辅导管理机制，提升海洋观光游憩产业的服务品质。在推动休闲渔业方面，重点在于结合渔村文化与周边生态景观，推动休闲渔业，健全娱乐渔船的经营管理，完善休闲渔港与渔村建设。①

4. 优势与劣势

（1）优势。旅游业起步稍早，旅游资源和产品开发程度高；居民收入水平较高，对旅游消费和旅游产品比较能接受；旅游业者具有积极的创业精神，旅游经营理念较新，市场行销经验丰富；人力资源开发较早，旅游经营管理人才充足。

（2）劣势。目前，两岸旅游业交流主要表现为台湾游客到大陆旅游观光，导致岛内市场规模偏小，需要广泛吸引岛外游客以扩大需求；旅游资源和产品虽丰富，但民众已不满足于仅在岛内消费，热衷于出岛旅游，并从海外转向大陆；旅游景点开发过度，生态环境受到一定影响。②

5. 大陆与台湾滨海旅游业合作对策建议

（1）海峡两岸携手，共同推动旅游合作的扩大与交流。两岸旅游业界的交流与合作已具有相当的规模和基础，应在这个基础上扩大合作。希望业界发挥各自优势，以优势互补、资源共享、市场互动为良好平台，深化合作领域，实现两岸旅游业的进一步繁荣和发展，打造两岸世界级旅游目

---

① 周通、周秋麟：《台湾海洋资源与海洋产业发展》，《海洋经济》2011 年第 12 期。

② 柳勇、林云华：《大陆与台湾旅游业合作的 SWOT 分析及政策建议》，《商场现代化》2007 年第 13 期。

的地。

（2）构建海峡两岸旅游交流与合作的保障机制。随着两岸人员往来的不断增进，服务质量问题、旅游安全问题以及旅游突发事件问题，随时可能发生。因此，建立两岸旅游交流与合作的保障机制非常必要，将有利于保障两岸旅游市场的有序健康发展，有利于保障两岸的旅游交流与合作更多、更好、更紧密地进行。

（3）构建海峡两岸旅游交流与合作的信息交流平台，打通海峡两岸旅游信息传递的通道。通过联合海峡两岸旅游行业协会及旅游企业界联办海峡两岸旅游论坛，交流旅游方面的信息。

（4）建立海峡两岸旅游双向交流与合作的有效推进机制，构建海峡两岸和谐旅游区，逐步打造以建设世界级旅游目的地为主旨的海峡两岸新型旅游合作框架。[①]

[①] 董友涛：《海峡两岸深入开展旅游合作的政治经济意义及建议》，《桂海论丛》2008 年第 9 期。

第九章

中国南海地区海洋产业研究

在国际水文局的定义中，南海为东北—西南走向，其南部边界在南纬3度，位于印尼的南苏门答腊和加里曼丹之间，北边至中国大陆，东北至台湾本岛，东至菲律宾群岛，且包含吕宋海峡西半侧，西南至越南与马来半岛，通过巴士海峡、苏禄海和马六甲海峡连接太平洋和印度洋。整个南中国海几乎被大陆、半岛和岛屿所包围。

南海为世界第三大陆缘海，仅次于珊瑚海和阿拉伯海，面积约为356万平方千米，约等于渤海、黄海和东海总面积的3倍，平均水深约为1212米，最深处为中部的深海平原，达5567米左右。南海为太平洋和印度洋之间的重要航道，四周大部分为半岛和岛屿。南海地处低纬度地域，属于热带深海。南海海水表层水温较高，为25℃～28℃，年温差3℃～4℃，盐度为35‰，潮差平均为2米。

中国南海国土包括大陆、岛屿和干出礁这些陆地及其沿岸领海、毗连区、专属经济区域，这些水域有人称之为"蓝色的国土"。南海诸岛陆地面积小，为5286.5平方千米。据《海洋法公约》测算，1个远离大陆的珊瑚礁、干出礁或小岛，至少可以拥有1543平方千米的领海和431015平方千米的专属经济区海域。

一　海洋渔业

海洋渔业包括海水养殖、海洋捕捞、海洋渔业服务和海洋水产品加工等活动。

南海海域广阔，生态复杂多样，浮游生物丰富，适合鱼类及甲壳、软体、爬行等类别的生物生存，构成一个完整的海洋生态系统。

南海鱼类约为 2000 种，在鱼类资源和实际捕捞种类上，组成较为复杂，所以南海在我国各大海域中具有其特殊的一面，也具有重要的资源价值和渔业价值。

1. 资源利用现状

自改革开放以来，南海区域的海洋渔业总产量一直处于上升阶段，捕捞量在 2001 年之后开始负增长，而养殖量则在 1996 年之后稳步提高。

随着《联合国海洋法公约》的生效，中国加大了对海洋捕捞的管理，于 1999 年之后基本实现了海洋捕捞计划产量"零增长"，之后管理力度不断加大，海洋捕捞产量出现负增长。

近年来，华南三省区的海洋捕捞量处于下降趋势，从 2000 年的 340 万吨左右，下降到 2007 年后的 310 万吨以下。

南海渔业资源主要由广东、广西、海南三省开发，我们分别给予介绍。

（1）广东

广东的渔场资源丰富，主要分为粤东渔场、东沙渔场和粤西渔场三部分。其中粤东渔场约为 4.9 万平方千米，东沙渔场约为 11.5 万平方千米，粤西渔场面积约为 10 万平方千米。粤东渔场产品以白姑鱼、蓝圆鲹、海鳗、蟹类为主；东沙渔场产品以竹架鱼、蓝圆鲹、深水金线鱼、枪乌贼、虾类为主；粤西渔场产品以大黄鱼以及其他优质鱼虾为主。

（2）广西

广西南部靠近北部湾的区域，是中国的著名渔场之一。北部湾面积约为 12.93 万平方千米，平均水深 38 米，最大水深 100 米左右。主要出产的鱼类包括红鱼、石斑鱼、马鲛鱼、鲳鱼、立鱼等，以其优质的肉质和无污染闻名于国内和海外。鱼类总资源量大约在 140 万吨左右。

当前，广西发展的珍珠养殖产业已经在国际上处于领先地位，成为广西技术输出主要项目。

（3）海南

海南的渔场主要有两部分，海南岛东北部渔场以及海南岛东南部渔场，其中，东北部渔场水质肥沃，有较多的渔业资源。

2. 经济效益

我们将南海地区的经济效益也划分为广东、广西、海南三个方面介绍。

（1）广东渔业经济效益

广东是渔业大省，海洋渔业是广东省海洋经济中的支柱产业。广东省认真履行国家的政策，降低了海洋捕捞的发展速度，产值在近 10 年维持在 100 亿元左右未发生变动。捕捞量则从 2000 年的 191.48 万吨下降到 2006 年的 168.56 万吨。

广东省海水养殖业发展迅速，养殖面积由 2000 年的 19.49 万公顷发展到 2006 年的 23.46 万公顷。广东省的海水养殖主要分布在电白、台山、阳西、遂溪、阳东 5 个县市区，产量从 2000 年的 168.97 万吨增加至 2006 年的 241.95 万吨，海水产品的养捕比率从 2000 年的 0.88 增加至 2006 年的 1.44。

广东省海洋水产品加工业已经走出过去简单的初级加工模式，走上海洋水产品精深加工的道路。2006 年广东全省海洋水产品加工企业 1142 家，较 2000 年增加 342 家；海洋水产品加工能力为 218.24 万吨/年，约为 2000 年的 2 倍，2006 年加工海洋水产品 131 万吨，约为 2000 年的 1.8 倍（见图 9 – 1）。

（2）广西渔业经济效益

近 10 年，广西海洋产品的出口量一直保持在万吨以上，是出口创汇的

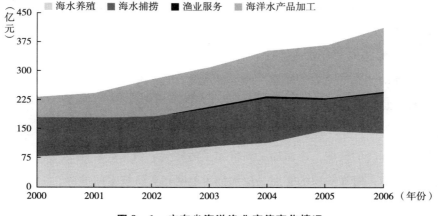

图 9 - 1　广东省海洋渔业产值变化情况

数据来源：广东省沿海地区"908"项目数据。

龙头产业。同时，优越的地理条件以及交通运输条件也为广西发展渔业提供了有力的保障。但是广西自我国加入世贸组织以来，传统渔场产量下降，捕捞业出现负增长，2006 年远洋渔业从业人员为 5838 人，远洋捕捞总量为 46907 吨（见图 9 - 2），海洋养殖主要是对虾，数量约为 178.6 亿尾左右。

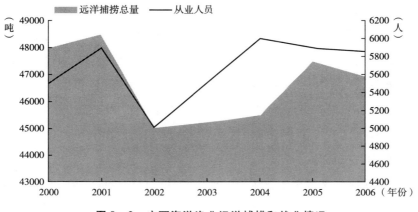

图 9 - 2　广西海洋渔业远洋捕捞和就业情况

在市场经济和政府的引导之下，广西渔业产业结构调整比较迅速，优质水产和养殖业发展迅速。2001 年广西对虾、罗非鱼的养殖规模为 25.76

万亩和21.3万亩，2006年养殖面积分别为30.59万亩和30.5万亩，增长速度很快。

（3）海南渔业经济效益

海洋渔业是海南省海洋经济的主要产业，近几年海南省海洋渔业发展速度较快，2006年共实现渔业增加值94.8亿元，对总体海洋经济的贡献度为26.18%。目前，海南的渔业结构已经实现了对传统发展格局的突破，实现了由浅海到深海的转变，由粗加工到精加工的转变，由港内养殖到海洋养殖的转变。其中，海洋养殖的亮点是深水抗风浪网箱养殖技术的推广。

海南省2006年的海洋捕捞量为116.51万吨，产值为48.73亿元，全省拥有海洋捕捞劳动力25.88万人，渔船1.5万艘，吨位26.85万吨，总功率72.39千瓦。

海南省2006年水产养殖面积为1.92万公顷，海洋水产鱼苗226亿尾，产量21.53万吨，产值41.87亿元，占渔业总产值的28.23%。

海南省水产品加工业近几年发展较为迅速，主要出口对象为美国、日本、韩国等国家。目前拥有海洋水产品加工企业244家，加工能力71.45万吨/年，实际加工量34万吨/年，产值为23.5亿元。

3. 环境效益

南海生态环境总体较好，但是由于废物排放等原因，近海地区受到不同程度的污染，污染物类型大多为无机氮、活性碳酸盐以及油类。上述三类年均超标比例为70%、46.5%和21.4%。近年来海上开发活动对南海地区的环境破坏比较严重，尤其是珠江出海口附近污染特别严重。另外，广西北部湾地区的开发也会给该地区的环境带来很大的生态压力。

据海洋部门统计，近年来南海地区赤潮灾害呈日趋严重的态势，平均每年11~14次，多发生于粤东沿海地区和珠江口附近的海域。此外，雾霾的发生天数也呈上升态势，多发区主要是珠江口近岸地区以及汕头、粤西、雷州半岛地区。

保护丰富的海洋资源是实现可持续发展的基础，片面追求经济增长的发展模式在近些年被证明是有缺陷的，海洋渔业资源退化是当前最突出的问题之一。由于渔业资源的过度捕捞和环境的破坏，南海区域的渔业捕捞资源衰退，致使许多自然渔场消失。

统计数据显示，近年北部湾近海污染加剧，部分生物资源衰退，沿海湿地减少，生物多样性下降，整体生态功能减弱。这给南海区域经济发展带来很大挑战。

4. 优势与劣势

中国发展海洋渔业的优势主要有如下几点。

（1）渔业产品市场较大

随着中国人口的增加和饮食需求水平的提高，中国对渔业产品的需求量上升十分明显。由图 9-3 可以看出，中国在 2001~2008 年，渔业进口需求量增加 189%，平均每年增加 16.4% 左右。

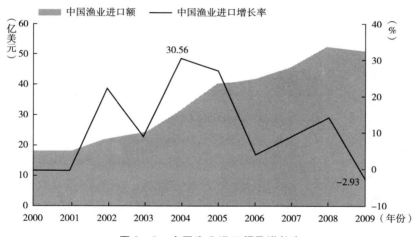

图 9-3　中国渔业进口额及增长率

数据来源：联合国粮农组织数据库，http：//www.fao.org/fishery/statistics/global - commodities - production/query/zh。

如图 9-3 所示，中国虽然在 2009 年进口略有下降，但总体年均保持了 10% 以上的进口增长额。表明中国大陆具有非常惊人的渔业市场发展潜力，尤其是海洋渔业产品。

（2）渔业养殖技术较为先进

中国广东目前开发研究的深水网箱自动控制技术与装备项目取得了重

大成果，研制并规划投产了第一批深水网箱 5000 套。

据有关专家称，过去 5 年 2000 只深水网箱的规模化养殖生产实践表明，1 只普通标准型的深水网箱，年产优质鱼 30 吨，相当于 60 只传统网箱或 1000 亩普通池塘的养殖产量。

深海养殖技术世界上掌握的国家并不多，而中国凭借制造业优势，生产的深海网箱及配套的养殖技术能够以较低的价格出口包括菲律宾在内的东盟各国。

（3）南海地区自然资源丰富，海域广阔

南海为世界第三大陆缘海，仅次于珊瑚海和阿拉伯海，面积约 356 万平方千米，约等于渤海、黄海和东海总面积的 3 倍，平均水深约为 1212 米，最深处为中部的深海平原，达 5567 米左右。南海为太平洋和印度洋之间的重要航道，四周大部分为半岛和岛屿。南海地处低纬度地域，属于热带深海。南海海水表层水温较高，达 25℃~28℃，年温差 3℃~4℃，盐度为 35‰，潮差平均为 2 米，具有良好的海洋养殖空间和环境。

中国发展海洋渔业的主要问题有如下几个方面。

（1）近海污染严重

随着沿海地区社会经济的发展以及工业的发展，南海污染不断加剧，赤潮爆发次数剧增，严重威胁海洋生态平衡和海洋渔业生产。

（2）渔业资源开发模式落后

中国当前渔业发展布局不尽合理，近海海域渔业资源过度开发，过于注重单一渔业资源，盲目调整作业结构，对生态环境没有足够的重视和保护意识，导致污染问题日渐严重，环境负载能力愈发下降。

（3）渔业资源衰退

1980 年以后，渔业捕捞量明显降低，高价值种类数目减少，小型杂鱼大量繁殖，破坏了海洋生物结构。

（4）捕捞能力过剩

大批量的小型渔船在浅海区域作业，使浅海区域捕捞饱和，渔民失业和返贫现象严重，沿海几十万渔民生活困难。

（5）中国与周边国家存在冲突。

5. 中国海洋渔业政策

近期，党中央、国务院为了应对多变的经济形势，做出了关于进一步扩大内需、促进经济平稳较快发展的重大产业决策，出台了一系列政策措施。

其中，国家海洋局下发了《关于为扩大内需促进经济平稳较快发展做好服务保障的通知》，出台了十大政策措施，确保海洋工作为国家扩大内需、促进经济平稳较快发展提供直接、快捷的服务保障。此外，《珠江三角洲地区改革发展规划纲要》和《广东海洋经济综合试验区发展规划》的颁布实施，给广东的发展带来了重大的机遇和发展动力。

6. 海洋渔业发展对策及建议

南海是一个值得高度重视的战略区域，在强化"寸土寸金"的国土意识时，也要注意与周边国家的政治经济合作，以达到和平、有效、互利地开发南海资源的目的。

我们对中国当前渔业发展主要有如下几点建议。

（1）优化渔业结构

继续保持捕捞量的下降，增加养殖量的比重，在不破坏生态环境的前提下扩大深海养殖、网箱养殖的规模。

（2）积极开发、增加投入

政府应大力支持对南海中南部海域渔业资源的调查和监测，为合理安排渔业生产提供科学依据，同时为维护我国对南沙的主权积累资料。

（3）实行区域性的渔业资源合作

中国可以考虑采取对内实行资金合作、对外实行外交合作与资金合作并重的方式，来综合开发南海渔业资源。

二 海洋油气业

海洋油气业是构成南海区域海洋产业体系的主体产业之一。目前已投产的有珠江盆地惠州 21 – 1 号、西江 24 – 3 号、惠州 26 – 1 号、陆丰 13 – 1 号油田，北部湾盆地涠 10 – 3 号、涠 10 – 3N 号油田，莺歌海盆地崖 13 – 1 号气田等，产量都很大。南海北部大陆架的油气资源，即使按已探明储量也足够开采很长时间。南海现在发现的 5 个含油气沉积盆地——珠江口盆地、北部湾盆地、莺歌海盆地、琼东南盆地、台湾浅滩南盆地（台西南盆地）——开采前景都十分喜人。海洋石油开采带动了以海洋油气为中心的石油化工业的兴起，由此又推动了油气运输、仓储、通信、救助等一系列后勤服务业的发展。目前，湛江、深圳、广州等城市已成为海洋产业基地。随着南海油气资源优势向经济优势的日益转变，海洋油气产业必将成为南海区域的支柱产业。

1. 资源利用现状

我国对南海石油的勘探工作始于 20 世纪 60 年代初，随着勘探工作的不断深入和扩大，目前来看，主要的油气田分布在南海北部和南部。现已探明，在南海西南部和南部的 7 个盆地中有 135 个油气田，其中油田 72 个、气田 63 个，有 4 个盆地已探明石油可开采储量约为 10 亿吨，天然气可开采储量约为 2 万亿立方米。现已证实，在南海北部有 28 个油气田或含油气构造。

广东省海洋油气开发稳步发展。2000 ~ 2006 年广东海洋原油产量稳定在 1300 万吨左右，还保持每年 350 万吨左右的海洋原油出口量。2000 ~ 2006 年，广东海洋天然气产量呈 "V" 形，2000 年产量为 34.6 亿立方米，2003 年下降到 27.4 亿立方米，2006 年上升到 54.9 亿立方米。

广西壮族自治区石油生产始于 1985 年，自 2000 年以来，石油产量始终维持在 4.64 万 ~ 5.13 万吨之间。

海南省 2007 年炼化累计加工原油及原料油 802.45 万吨，生产汽油、柴油等加工产品 742 万吨，目前已初步建成主要布局在洋浦经济开发区的石油化工一体化产业基地；海南对澄迈福山、莺歌海、东方市海域 3 大气田进行了开发，2007 年生产天然气 60 亿立方米，主要用于发电和化工企业，现已初步形成以东方市海域为中心的天然气化工基地。

2. 经济效益

广东省的海洋原油2001～2006年出口量稳定在350万吨左右，占全省原油产量的25%～30%。随着国际油价的上涨，2001～2006年广东省海洋原油出口创汇呈逐年增长态势，从2001年的5.7亿美元增加到2006年的15.9亿美元。

海南省2007年出口石油加工产品和石油化工产品77万吨，累计实现工业总产值335.87亿元，工业增加值27.78亿元，实现税金15.13亿元，高附加值产品的收益率达到90%以上。

3. 社会效益

海南省2007年有28.2亿立方米天然气用于发电和化工企业，解决了海南省电力不足的问题；海南还在海口、三亚、东方三个城市建成676千米供气管网，30多万城市居民用上了管道天然气；全省5360辆公交车和出租车已有3330辆改用天然气，减少了尾气污染，提高了空气质量。

在提高海南居民生活水平和改善全省生活环境的同时，海南还将29亿立方米天然气通过海底输气管道送往香港，用于香港的发电和居民生活，为香港的稳定繁荣和健康发展贡献了一份力量。

4. 优势与劣势

华南三省区发展海洋油气业的优势体现在以下几个方面。

（1）优越的地质条件。南海盆地是第三纪下沉形成的，有着厚厚的第三纪沉积物和很厚的第三纪底层，这些都是天然油气资源形成的先决条件。同时，南海盆地还是一个利于油气生成和聚集的中心，仅南海陆缘极为重要的盆地就有16个，它们都具有油气地质的条件和基本特征。

（2）诱人的储量和开采前景。据统计，南海主要的18个沉积盆地仅占南海陆架总面积的48.8%，也就是说南海有一半以上陆架面积的含油量还是个未知数。金庆焕院士认为，南海主要盆地油气资源量为70718亿吨，其中石油资源29119亿吨，天然气储量为582260亿立方米，探明可采石油地质储量为20亿吨，探明天然气可采储量约为40000亿立方米。近几年勘探结果表明，新探明的油气总储量还在不断攀升。从各种情况判断，南海海底可能会是世界上最重要的油田之一。

（3）海南省油气化工基地初具规模（见表9-1）。海南省所辖的超过200多万平方千米的海域中，共有含油气构造200多个，油气田180个。中国已探明的5个天然气富集区，有3个就分布在海南岛周边。目前，海南已经初步建成了以洋浦经济开发区和东方市海域区为中心的油气化工基地。

表9-1　海南省油气化工基地已建成项目

名　　称	主要产品	产　　量
富岛化肥一期	合成氨、尿素	30万吨合成氨；50万吨尿素
富岛化肥二期	合成氨、尿素	45万吨合成氨；80万吨尿素
编织袋项目	编织袋	3200万条
3万吨甲醛项目	甲醛	3万吨
复合肥项目	复合肥	5万吨
食品二氧化碳干冰项目	食品二氧化碳	3万吨
60万吨甲醛项目	甲醛	60万吨
24万吨瓶级聚酯切片项目	聚酯切片	24万吨
8万吨苯乙烯项目	苯乙烯	8万吨

目前，中海油、中石油、中石化3家中国最大的油气开采和油气加工企业强强联合，积极参与和推动海南省油气化工产业开发，与此同时，来自美国、德国、荷兰、新加坡等国和香港地区的一批跨国公司也加入了投资者的行列。

华南三省区发展海洋油气业的劣势主要体现在以下几方面。

（1）广西石油产量少，绝大部分依赖外地输入。自1980年以来，广西石油消耗量逐年增加，到2006年石油消耗量为978.15万吨，是1980年的5.18倍。广西石油产量很少，自2000年以来稳定在4.8万吨左右，2006年，外地输入石油量是本地石油产量的201倍，绝大部分石油依靠外地输入。

（2）传统海域内的油气资源遭周边国家开采。南海尤其是南沙海域的油气资源由于其特殊的地理位置以及丰富的蕴藏量，成为周边国家争夺的焦点。越南的油气开发区已向东延伸到 300 海里以上的南海纵深区域，已进入我国传统海疆线，其对外招标的区域几乎包括整个南沙海域；菲律宾沿海油气开采已向西进入我国传统海疆线；马来西亚已将油气开采区延伸到我国曾母暗沙以北约 120 海里。印度尼西亚、文莱也已将勘探开采范围推进到我国南沙群岛海区。南沙周边的一些国家为了利益纷纷声称对南海群岛全部或部分海域拥有主权，使南沙群岛主权争端不断激化升级。《瞭望》周刊 2006 年载文披露，南沙群岛周边国家每年从南沙群岛开采石油6000 万吨，天然气 546 亿立方米，而他们的油井绝大部分位于南海断续线中国海域一侧。而且，南沙群岛海域 1000 多口油井没有一口属于中国。为了保证掠夺南海油气资源的顺利进行，越南、菲律宾、马来西亚、印度尼西亚都十分重视对自己的勘探船只和他国联营船只的保卫，一有情况一般都要动用军事力量，采取警戒措施。

（3）区外国家参与其中，加紧掠夺我国油气资源。20 世纪后半叶开始，为与我国抗衡并增加在南海开采油气的力量，越南等周边国家采取联合国际知名大公司共同开采的方法，不断加大对南海油气资源的开发力度。与越南联合勘探和开采的有来自美国、英国、日本、俄罗斯、加拿大、法国等 30 多个国家和地区的上百家石油公司；菲律宾自 1990 年起，先后与美国、英国、瑞典等国的 23 家石油公司开展合作；马来西亚也与美国、荷兰、日本、意大利等国的 20 多家石油公司建立了合作关系。目前已有 60 多个国家的公司插手南海，每年从南海开发石油超过 6000 万吨，有些是在我国海上版图的断续线以内。

5. 南海区域海洋油气业政策

（1）从"九五"计划开始，海南就把油气产业视为海南经济发展的重要支柱产业，积极实施"资源开发和产业发展并举"的方针，采取多元化投资，集中资金加快发展海洋天然气，以气带油滚动发展。

（2）"十一五"期间，海南重点规划建设了 120 万吨大甲醇及制烯烃、6 万吨聚甲醛、50 万吨醋酸、1 万吨/年可降解塑料、MTO 等项目，并向下游衍生发展三聚氰胺等。根据海南省发改厅的"十一五"规划，海南石油化工产业发展的目标是：到 2010 年新增产值 302 亿元，到 2020 年总产值达到 1082 亿元。到 2010 年再兴建乙烯 100 万吨、PTA60 万吨、聚丙烯 50 万吨、苯乙烯 28 万吨等项目。

（3）2008 年国家同意海南开展乙烯工业项目的前期工作。该项目选址洋浦经济开发区，被誉为海南省"一号工业项目"。该项目建设不仅能为海南带来数百亿元的投资、数千亿元的产值以及数百亿元的财政贡献，同时还能积极推动海南石油化工产业链的延伸发展，对调整产业结构、较快提高经济实力、实现又好又快发展意义重大。

（4）根据广西北部湾经济区发展规划，海洋油气勘探开发将是该区重点发展的特色海洋资源产业，将重点开展海域综合地质调查，勘探新的油气远景区和新的含油气层位，确保北部湾 8 万吨石油的年开采规模。充分利用北部湾油田及其邻近海区（海南莺歌海）的油气资源，有选择地发展本地的下游产业，完善产业结构。

6. 南海区域海洋油气业合作对策建议

已有合作项目：2005 年 3 月 14 日，中国海洋石油总公司与菲律宾国家石油公司、越南石油和天然气公司在菲律宾首都马尼拉正式签署《在南中国海协议区三方联合海洋地震工作协议》。根据协议，三家石油公司将联手合作，在 3 年协议期内，收集南海协议区内定量二维和三维地震数据，并对区内现有的二维地震线进行处理，该协议合作区总面积超过 14 万平方千米。

对南海区域海洋油气业合作的对策建议如下。

（1）维护主权前提下，加强合作研究与开发。南海地域辽阔，在资金技术有限的条件下，必须坚持油气资源优先开发。这也势必要求我们积极开展区域合作。如中越两国对能源有着共同的需要，随着泛北部湾经济合作的深入开展，广西应该积极推动企业之间、地区之间甚至是国家层面的合作勘探、开发，探明共有海域的油气资源，共同实现规模化开发海底油气资源。

（2）实现区域资金合作。南海资源开发投资巨大，为了化解南海资源开发的投资风险，需要进行区域资金合作，企业通过参股等合作方式申办合资企业，搁置争议，合作勘探、开发共有海域油气资源，以提供各国实现经济发展所需的油气资源，实现合作共赢。

（3）实现政策合作，建立谈判和协调机制。应积极开展多边对话，协商制定与南海油气开发相关的经济政策、科技政策、产业合作政策，旨在维护南海周边各国的共同利益；与南海周边国家建立谈判机制和协商机制，和平解决争议。

南海油气资源的区域合作必须强调和坚持主权归我的原则，在这一原则的基础上，与南海周边国家开展多种形式的海洋油气业合作。

三　滨海旅游业

南海地区拥有我国最大的热带国土，热带海洋壮观瑰丽的风光和众多的海岛，形成别具一格的旅游资源，具有发展滨海旅游业得天独厚的条件。滨海旅游业包括以海岸带、海岛及海洋各种自然景观、人文景观为依托的旅游经营和服务活动，主要包括：海洋观光游览、休闲娱乐、度假住宿、体育运动等。滨海旅游可分为滨海自然旅游和滨海人文旅游，根据南海地区的资源特征以及游客的出行目的可将南海海洋旅游资源分为热带风光和海岛旅游资源、海滨浴场和水上运动旅游资源、温泉旅游资源以及人文胜迹旅游资源四大类。

1. 资源现状

（1）热带风光和海岛旅游资源。南海地区拥有风光无限的众多岛屿，从广东东部诸岛到海南周围的群岛，乃至西沙、南沙等1758个岛屿以及大量洲滩礁沙，都有可供旅游开发的潜力。按照目前的技术水平，仅海南省拥有的500多座岛礁中，能够开发利用的就有220多座。在这些地方不仅可以观赏到热带自然风光，有的还适合开发钓鱼、观海、潜水等休闲活动。不过，目前除部分岛屿已经进行了开发以外，很多海岛的旅游资源开发尚未起步，或者进行得很不充分。

（2）海滨浴场和水上运动旅游资源。南海地区海岸线绵长，海陆相交之处有蔚蓝的海水和连绵的沙滩，还有与之相连的面积大小不等的陆地。不少海岸还倚靠着山丘，既有水色又有山景，非常适合建立海滨浴场，发展水上运动。目前，在沿海地区开发的此类场所不下 30 处。比较有名的有深圳的小梅沙、珠海的香炉湾海滩、海口的秀英海滩以及三亚的大东海等。此外，港湾和近海水体还适合发展水上运动，例如斗门区白藤湖农民度假村就是一个很有特色的水上旅游中心。

（3）温泉旅游资源。温泉中含有多种微量元素，有很高的理疗价值，因此对游客有很强的吸引力。广东省是我国温泉分布最广的省区之一，温泉数量约占全国的 1/10。海南岛的温泉有 22 处，水温在 65℃ ~ 90℃。这些温泉是宝贵的旅游资源，适合进一步开发。

（4）人文胜迹旅游资源。沿海地区的文物古迹、风景名胜等旅游资源不在少数。随着近年来的重视与保护，人文胜迹的价值逐渐得到认识和肯定，成为一种具有观赏、游览和科学研究意义的旅游资源。

2. 主要省份经济效益

（1）广东省。广东省依靠自身强大的滨海旅游资源优势，大力发展滨海旅游业。2006 年广东省滨海旅游业外汇收入为 69.8 亿美元，比 2001 年增加 68.3%；接待入境游客人数 1954 万人次，比 2001 年增加 63.7%。

2006 年，广州、深圳的滨海旅游收入为 50.63 亿美元，占全省滨海旅游收入的 72.5%。2006 年全省沿海城市接待入境旅游人数最多的城市是深圳市，接待入境游客人数超过 700 万人次，占全省沿海城市接待总数的 35.8%。

（2）广西壮族自治区。广西沿海地区"908"项目数据调查显示，广西壮族自治区沿海三市（防城港、钦州、北海）2000 年的旅游收入达 16 亿元（钦州市未统计），2006 年则达到 28 亿元（见表 9 - 2），比上年增加 16.1%，其中北海市旅游收入最高，占 2006 年三市总和的 67.6%。

表 9 - 2　广西沿海三市 2000 ~ 2006 年旅游收入

单位：万元

年　份	2000	2001	2002	2003	2004	2005	2006
北海市	154400	159106	175502	161600	145313	161718	189300
防城港市	5689	5500	5358	2407	4017	4353	5059
钦州市	—	—	—	—	62656	75264	85844
合　计	160089	164606	180860	164007	211986	241335	280203

资料来源：广西沿海地区"908"项目数据。

（3）海南省。旅游业是海南省的主导产业，因此海南发展滨海旅游业有着其他沿海地区所不可比拟的区位优势、政策优势、环境优势和资源优势。目前海南省一些热带海岛海滨度假休闲旅游胜地已初步建成。截至2007 年，全省年旅游接待人数达 1845. 5 万人次，是建省前 1987 年的 24. 6倍，旅游年总收入达 191. 37 亿元，是 1987 年的 150 倍。海洋旅游业逐渐成为海南省海洋经济发展的重要支柱。

3. 优势与劣势

（1）优势。南海地区海岸线绵长，纵跨热带、亚热带，辽阔的海域中分布着大小各异的岛屿、滨海动植物群落以及历史文化遗迹，这些都是珍贵的滨海旅游资源。自然景观与人文景观相结合，构成南海地区海洋旅游的风景资源基础。此外，旅游产业能吸纳较多的就业人员、产业关联度高、创造附加值能力强。

（2）劣势。目前我国的资源开发中存在能耗高、环境污染严重等问题，这不利于可持续发展。旅游产品有名牌、少金牌；观光区热点多、凉得快；低层次开发、重复建设严重。

4. 未来发展对策与建议

（1）打造适应国际潮流的滨海旅游产品。应顺应 21 世纪国际滨海旅游市场需求，整合、完善和深度开发南海地区滨海观光旅游产品，优化滨海旅游产品结构，设计一批新产品，改造提高一批老产品，规划一批未来产品，使旅游产品丰富多彩。

（2）积极开发独具特色的海岛旅游。应充分利用南海丰富的海岛资源优势，加快海岛旅游基础设施建设，深度挖掘，推出一批海岛精品游，吸引更多的海内外游客。

（3）进一步加强滨海旅游基础设施建设。高水平建设一批具有较高服务管理能力的酒店、度假区，促进滨海休闲度假游发展。精心建设、完善旅游交通网体系、提高旅游地的便捷性。建造滨海游艇旅游基地，开发、深挖滨海旅游项目。

（4）加快培养高质量的滨海旅游人才。积极培养和引进旅游服务业的技术和管理人才，加强综合信息和多语种翻译以及导游、领队人才的培训，培养一批高素质的旅游人才。

四　海洋交通运输业

南海是我国最大的海洋国土，其大部分地区位于北回归线以南，南部到达赤道附近，是全国唯一具有热带海洋特色的海洋国土。南海区域位于环太平洋经济圈内，北至广西、广东、海南和台湾，东至菲律宾，南接印度尼西亚和马来西亚，西临中南半岛和马来半岛，具有发展海洋经济得天独厚的条件。

南海海洋国土位于东南亚海上交通的要冲，东有巴士海峡、巴林塘海峡、巴布延海峡以及巴拉巴克海峡等沟通太平洋和苏禄海，南有马六甲海峡、加斯帕海峡、卡里马塔海峡，与安达曼、爪哇海相通。这些海峡使南海成为我国与南亚、西亚、非洲、欧洲等取得海上联系的最近通道，地理位置非常重要。南海是印度洋和太平洋之间的海上交通枢纽，具有十分重要的战略地位，也是世界上主要的海运通道之一。

1. 资源利用现状

改革开放之后，伴随着经济全球化的进程，我国南海的海洋交通运输业得到了较为快速的发展。目前，在港口建设方面已经具有一定规模。

通常南海区域的沿海港口被划分为粤东、珠三角（粤中）、粤西、广西、海南岛和南海诸岛 6 个港口群（见表 9 - 3）。

表 9-3 南海区域港口群情况

	主要港口数量	大型港口	泊位级别
粤东港口群	20	汕头港、汕尾港	万吨级
珠三角港口群	60	广州港、香港港、深圳港	万吨级
粤西港口群	10	湛江港	万吨级
海南港口群	78	海口港、三亚港	万吨级
南海诸岛港口群	9	—	—
广西港口群	21	防城港、北海港	万吨级

资料来源:《中国区域海洋学——海洋经济学》,海洋出版社,2012,第 308~417 页。

粤东港口群东起柘林湾,西至平海湾,海岸线长 760 多千米,主要港口有约 20 个。目前,粤东港口群的港口大部分兼有商港和渔港的双重功能,港口吞吐量一般在 10 万~50 万吨,个别达 100 万吨。

珠三角港口群从大亚湾延伸至镇海湾,海岸线长约 1800 千米,该港口群有大小港口 60 多个,占岭南沿海已开发港口的半数左右,平均每 30 千米岸线就有一个港口。珠三角港口群还有世界最大的集装箱港口之一的香港港和华南内地最大的枢纽港广州港,该地的港口已逐渐发展为等级和分工不同的港口体系,其中部分港口开展国内远海运输,香港港和广州港承担着远洋和远海运输,深圳港是在广州港和香港港两大港之间起分流作用的港口。

粤西港口群东起阳江平港,西至雷州半岛安铺港,海岸线长约 2000 千米,该港口群的大小港口共 10 处,但是港口建设相对落后,其中大部分小港口的航道水深仍处于天然状态。除湛江港为大型深水港外,其他港口均为泊位 1000 吨以下的小港。

海南港口群有大小港口 78 个,很多港口可以建设深水泊位,但由于该处开发程度低、设备落后,许多中小型港口航道仍处于天然状态。海口港素有"琼州门户"之称,具有发展深水泊位的条件,但目前还未得到充分开发。

目前,南海诸岛上共有 9 处港口,分别建于东沙岛、永兴岛、广金岛、金银岛、珊瑚岛、东岛、中建岛、太平岛、永暑岛。该处的部分港口是在个别礁体上开辟建设的,并且南海区域还有很多珊瑚礁具有建设港口的条件。

广西地区海岸曲折,港湾水道众多且多深入陆地,有很多天然良港。

广西港口群的主要港口有防城港、北海港、龙门港、珍珠港、铁山港、大风江港、英罗港、沙田港等21个，其中防城港、北海港规模最大，均有万吨级泊位，其余则为小鱼港。

2. 经济效益

表9-4是广东省海洋交通运输业的经济效益情况。2005年，该产业的增加值是268.76亿元，2006年，出现了近几年的最大增加值，达到705.5亿元，随后两年出现下降。相比2008年，2009年广东省海洋交通运输业的增加值增长6.82%，达到530亿元。

表9-4　2005~2009年广东省海洋交通运输业增加值变化情况

年　份	2005	2006	2007	2008	2009
增加值（亿元）	268.76	705.5	666	496.14	530
增长率（%）	8.81	162.5	-5.6	-25.5	6.82

数据来源：《广东海情》，第201页。

图9-4和表9-5是南海区域三省区的海洋旅客运输情况。在过去几年里，客运量的变动情况并没有明显趋势。2008年和2009年，广西和海南的客运量呈同向变化，而广东与二者呈反向变动。2009年，广东、广西和海南的海洋旅客运输量分别是1612万、94万、908万人，旅客周转量分别是6.45亿、0.62亿、2.3亿人千米。

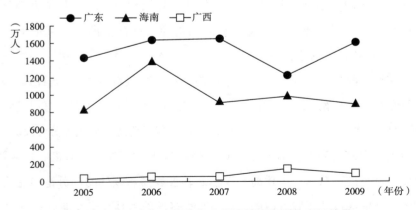

图9-4　广东、广西和海南沿海地区海洋旅客运输量

表 9 - 5　广东、广西、海南沿海地区海洋旅客运输量和周转量

单位：万人，亿人千米

地区	年份	客运量			旅客周转量		
		总量	沿海	远洋	总量	沿海	远洋
广东	2005	1438	783	655	8.28	2.62	5.66
	2006	1639	953	686	11.41	3.52	7.89
	2007	1654	862	792	10.16	3.11	7.05
	2008	1229	521	708	6.88	1.74	5.14
	2009	1612	956	656	6.45	1.89	4.56
广西	2005	50	50	—	0.51	0.51	—
	2006	61	61	—	0.56	0.56	—
	2007	60	60	—	0.63	0.63	—
	2008	149	149	—	0.55	0.55	—
	2009	94	93	1	0.62	0.6	0.02
海南	2005	835	835	—	1.49	1.49	—
	2006	1404	1404	—	2.10	2.10	—
	2007	930	930	—	2.30	2.30	—
	2008	991	991	—	2.29	2.29	—
	2009	908	908	—	2.3	2.3	—

数据来源：《中国海洋统计年鉴》（2006～2010）。

图 9 - 5 和表 9 - 6 是南海区域三省区的海洋货物运输量情况。2005～2009 年，广东、广西、海南的海洋货物运输量基本呈上升态势，三省区的年均增长率分别为 4.95%、49.5%、21.32%。2009 年，广东省沿海地区海洋货物运输量为 16686 万吨，广西为 2368 万吨，海南为 6663 万吨，三省的海洋货物周转量分别为 2701.45 亿、323.97亿、661.41 亿吨千米。

表 9 - 7 和表 9 - 8 是广东、广西和海南三省区沿海港口国际标准集装箱运量的情况，三省区的集装箱运量基本呈波动上升趋势。2009 年，受国际金融危机的影响，广东和广西的国际标准集装箱运量出现了下降，但三省的吞吐量仍然分别达到 3236 万、35 万、59 万箱，运量达 5063 万、675万、295 万吨。

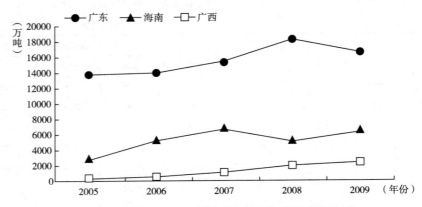

图 9 – 5　广东、广西和海南沿海地区海洋货物运输量

表 9 – 6　广东、广西、海南沿海地区海洋货物运输量和周转量

单位：万吨，亿吨千米

地　区	年　份	货运量			货物周转量		
		总量	沿海	远洋	总量	沿海	远洋
广　东	2005	13756	7449	6307	2765.89	1193.78	1572.11
	2006	13976	6735	7241	2832.75	1065.43	1767.32
	2007	15312	7915	7397	2894.71	1232.53	1662.18
	2008	18252	11717	6535	2655.85	1635.50	1020.35
	2009	16686	9778	6908	2701.45	1382.27	1319.18
广　西	2005	474	285	189	33.58	23.49	10.09
	2006	581	350	231	47.49	33.99	13.5
	2007	1075	839	236	96.16	87.08	9.08
	2008	2018	1785	233	234.78	226.99	7.79
	2009	2368	2110	258	323.97	314.16	9.81
海　南	2005	3076	2702	374	389.67	288.64	101.03
	2006	5359	4640	719	568.85	380.68	188.17
	2007	6875	6834	41	728.45	725.12	3.33
	2008	5246	4995	251	525.04	478.57	46.47
	2009	6663	6489	174	661.41	615.9	45.51

数据来源：《中国海洋统计年鉴》（2006～2010）。

表 9 - 7 　 广东、广西和海南沿海港口国际标准集装箱吞吐量

单位：万标准箱

地　区	2003 年	2004 年	2005 年	2006 年	2007 年	2008 年	2009 年
广　东	1616.7	1990.4	2378.1	2837.6	3407	3620	3236
广　西	8.6	11.8	15.4	20.9	27	34	35
海　南	21.2	23.7	26.6	32.8	41	46	59

数据来源：《中国海洋统计年鉴》（2004～2010）。

表 9 - 8 　 广东、广西和海南沿海港口国际标准集装箱运量

单位：万吨

地　区	2003 年	2004 年	2005 年	2006 年	2007 年	2008 年	2009 年
广　东	3030.2	2915.3	3777.2	3837.6	5666	6772	5063
广　西	57.6	166.9	78.4	113.6	165	1209	675
海　南	272.0	260.1	264.2	884.2	417	285	295

数据来源：《中国海洋统计年鉴》（2004～2010）。

3. 社会效益

表 9 - 9 反映了广东省海洋交通运输业的社会效益。2001 年，该产业创造就业岗位 87759 个，占全国海洋交通运输业就业人数的 17.3%，占广东涉海就业人数的 9.2%。到 2002 年，就业人数出现大幅度下降，仅为 23763 人，占全国的 3.3%，占广东涉海就业人数的 3%。

表 9 - 9 　 广东省海洋交通运输业就业人员情况

单位：万人

项　　　目	2001 年	2002 年
全国海洋交通运输业就业人数	50.8	71.1
广东省海洋交通运输业就业人数	8.7759	2.3763
广东省海洋产业就业总人数	95.852	78.9166

数据来源：《中国海洋统计年鉴》（2002～2003）。

4. 优势与劣势

中国南海区域发展海洋交通运输业具有很明显的优势，主要体现在以下几个方面。

（1）地理位置优越

南海区域是东南亚，乃至全球的重要海洋航道，是众多航线的必经之路。中国南海区域的 6 个港口群主要位于南海区域的北部，地理位置优势十分明显。

（2）经济腹地广阔

南海区域涉及的广东、广西、海南三省区中，广东省经济较为发达，2011 年，广东省的 GDP 高达 5.32 万亿元，活跃的市场和频繁的对外贸易为海洋交通运输业的发展做出了重要贡献。广西和海南虽然稍显逊色，但是该区域的总体经济活动较为频繁，货运量和客运量较大。另外，中国是对外贸易大国，与广东、广西相邻的间接经济腹地——例如湖南、江西、福建等——的对外贸易活动也间接推动了海洋交通运输业的发展。

（3）港口条件优越

南海区域的三省区中，广东的港口条件最为优越，港口广泛分布在 14 个沿海城市，广州港、湛江港、虎门港、江门港、汕头港、珠海港等主要码头的总延长均超过 8000 米，仅该 6 个港口的码头泊位个数就超过了 1250 个。截至 2007 年，广西的沿海港口中万吨级以上泊位已经达 34 个，总吞吐能力超过 1 亿吨，从东到西的北海港、钦州港、防城港三大港口基础设施较为完善，港口条件较为优越。海南沿海地区有很多可以深度开发的港口，基础设施也正在逐步完善。

虽然在中国南海区域发展海洋交通运输业港口条件优越，发展也比较迅速，但是与西欧等发达国家的现代化港口相比，还有一定差距。主要表现在以下几方面。

（1）港口建设不当

在中国南海区域，港口建设不当的问题比较突出。例如，广东港口量多并不意味着质优。由于沿海各地区经济发展不平衡，港口布局也呈现出东西两翼少、珠三角地区多的状态，在围绕珠江口和伶仃洋的区域内，大大小小的港口与珠江河网一样密集。珠三角的众多港口都是因为珠三角地区加工制造业密集、能源需求巨大、国际贸易频繁等发展起来的。目前，各地的行政划分使经济利益分化，于是导致低水平的重复建设，大部分力量都花在了内耗之上，忽略了港口定位的区别。

（2）金融服务欠缺

实体经济的优质发展离不开虚拟经济的相关服务，国际航运中心的建设与金融服务业的健全密不可分。虽然，国务院《珠三角地区改革发展规划纲要》中明确提出要将广州、深圳建设成区域金融中心，而且深圳也设有证券交易所，但与部分发达国家相比，中国南海区域航运金融服务业的发展差距比较明显，并且还存在与航运金融相关的法律法规不健全、金融机构发展航运金融的动力不足、航运金融发展所必需的专业机构发展滞后、航运金融专业人才匮乏等诸多不足。

五 船舶制造业

船舶制造业是为水上、海洋和国防等部门提供技术装备的综合性产业。船舶制造业是劳动、资金密集型产业，对钢铁、化工等上下游产业有比较强的带动作用，对促进就业、发挥出口优势的国家战略有重大意义。东南沿海有漫长的海岸线，有发展海洋事业的明显优势，而海洋船舶制造业作为海洋产业的基础和依托，自然也有得天独厚的发展条件。我国外贸迅猛增长，也为华南船舶制造业的发展提供了宝贵的机遇。目前华南地区船舶制造业发展较好的主要是广东省。

1. 南海海洋船舶工业现状

广东是中国的南大门，有悠久的造船历史，与江苏并驾齐驱，是中国造船业的行业冠军。2006 年通过的《船舶工业中长期发展规划》明确提出"十一五"期间建设环渤海、长江口、珠江口三个大型造船基地。预计2015 年，珠江口造船能力将达到 300 万吨。

广东船舶制造业在 21 世纪有了新的发展，行业类型由劳动密集型向科技和资本密集型转变。2001~2006 年，造船完工量从 165 艘下降至 30 艘，修理完工量由 5121 艘下降到 128 艘。而造船完工量由 2001 年的 27.82 万综合吨上升到 2006 年的 59.16 万综合吨。

广东船企众多，分布于珠江三角洲各地，形成了一片特色明显、生产能力强的产业集群。详情见表 9 - 10。

表 9 - 10　广东主要船坞生产能力及分布情况

地 区	企 业	类 型	主尺度（米）			最大造船能力（万吨）
			长	宽	深	
广　州	广州中船南沙龙穴建设发展有限公司	造船干船坞	490	106	13.1	30
			480	92	13.1	30
		船坞式试验场造船干船坞	260	96	14.3	10
		修船干船坞	360	65	13.3	30
			300	74	13.3	20
广　州	广船国际股份有限公司	干船坞	—	—	—	5
广　州	广州文冲船厂有限责任公司	1#船坞	215	24	9.5	15
		2#船坞	250	35	11.2	25
广　州	广州中海工业菠萝庙船厂	浮船坞	158.7	22.8	13.2	16
江　门	江门市南洋船舶工程有限公司	1#船坞	240	41.8	10.8	60
汕　尾	万聪船厂	干船坞	138	22	5.6	0.81

数据来源：《广东海情》，第 193 页。

海洋船舶工业对海洋资源的消耗和占用并不多，在一定程度上，可以说是一个为海洋经济服务的"半陆上产业""准海洋产业"，而非完全使用海洋资源进行生产的"纯海洋产业"。该产业的特点是：①消耗资源以钢材为主；②主要海洋占地为海岸线；③主要海洋用海为排污用海。

海洋船舶工业对环境的污染主要表现在以下几个方面。

（1）废气：油漆有机废气、除锈粉尘、焊接烟气、食堂油烟和锅炉废气；

（2）废水：主要包括生产含油废水和生活废水；

（3）噪声：主要噪声源为抛丸系统、风机、切割机、喷砂机、喷漆机、空压机等设备；

（4）固废：一般固废主要包括废钢丸、废铁矿砂、铁锈、钢材切割废料、除尘装置粉尘和生活垃圾。危险废物主要包括废油漆桶、废焊料、焊渣、漆屑、污水站污泥、废活性炭、废乳化液等。

2. 经济效益

2001 年广东造船业实现总产值 38.25 亿元，创造增加值 7.1 亿元；2005 年船舶制造业实现总产值 64.8 亿元，创造增加值 11 亿元；分别比 4 年前提高了 69.4% 和 54.9%。

从整体发展情况来看（见图 9-6），广东省海洋船舶工业尽管在 2000～2005 年发展较不稳定，且 2002 年跌至谷底，但通过近几年的重点推进，广东省海洋船舶工业此后基本保持了稳定增长。

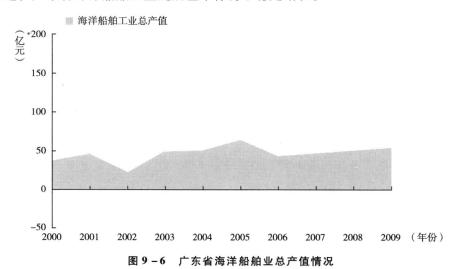

图 9-6 广东省海洋船舶业总产值情况

从发展的质量上来看（见图9-7），广东省的海洋船舶工业正从注重数量向注重高附加值转变。一方面，广东省海洋船舶工业的造船完工艘数自2002年后急剧下降；另一方面，造船完工万综合吨数则呈平稳增长趋势，保持了稳定的增长速度。

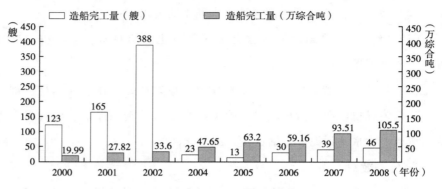

图9-7 广东省海洋船舶业发展情况
资料来源：《广东海情》，第194页。

据统计，2009年上半年广东船舶出口同比增长4.5%，虽然出口创下历史巨量，但由于金融危机的滞后表现，广东造船业的冬天可能并未真正来临。据广东海关统计，2009年1~6月，广东出口各种船舶共计7.8亿美元，比2008年同期增加4.5%。

广东船舶出口以加工贸易为主，而一般贸易增长速度高于加工贸易。1~6月，广东以加工贸易方式出口的船舶总值为7.4亿美元，同比增长2.3%，占同期出口船舶总值的94.9%。此外出口机动多用途船和机动散货船1.1亿美元和9544.7万美元，分别大幅度增长1.7倍和1.2倍。

3. 社会效益

海洋船舶工业作为劳动密集型产业，具有高于平均水平的就业创造能力（见表9-11），即以主要海洋产业2%左右的增加值占比提供了3%左右的就业岗位。

4. 优势与劣势

广东省是我国南方重要的造船基地，其优势是造船历史悠久，造船能

表 9-11　海洋船舶工业就业情况

单位：万人,%

	2001 年	2006 年	2007 年
海洋产业合计	719.1	1006.7	1075.2
海洋船舶工业	20.6	28.8	30.8
提供就业占比	2.86	2.86	2.86
海洋船舶工业增加值占比	1.15	1.79	2.19

来源：《中国海洋统计年鉴》。

力位居全国前列，且占全国份额较高（见表 9-12），特别是在非金属船舶制造、娱乐船和运动船的建造和修理、船舶修理及拆船中，广东省都有着极大的市场份额。

表 9-12　2007 年广东省海洋船舶制造业占全国的份额

单位：%

	从业人员合计	全年营业收入	工业总产值	年均从业人数	工业增加值	主营业务收入	利润总额	工业中间投入
金属船舶制造	6.87	6.76	6.26	6.81	6.29	9.06	10.85	6.72
非金属船舶制造	37.40	27.65	28.80	37.09	31.20	29.54	25.16	29.09
娱乐船和运动船的建造和修理	26.53	19.92	19.71	27.22	13.31	20.47	17.9	21.60
船用配套设备制造	2.00	3.33	3.45	1.96	3.43	3.38	4.16	3.75
船舶修理及拆船	21.54	15.99	15.41	20.92	15.40	16.72	18.01	16.21
全行业	10.96	8.76	8.33	10.75	8.80	10.75	13.16	8.72

来源：中经网。

广东是海洋与经济大省，造船业的发展机遇与挑战，在广东表现得更为突出。为把握难得一遇的造船业向我国加速转移的机遇，中国船舶工业发展政策提出：要以集团化发展为重点，集中力量建设渤海湾、长江口、珠江口三大造船基地。逐步形成以大型船舶工业集团为主体，以三大造船基地为依托的各类造船和配套企业协调发展的产业格局。为此，中船集团投资45亿元左右在广州龙穴岛建设了年产200万~300万吨的造船基地，使之成为中国三大造船基地之一，这对广东的造船业是一个重大的机遇。

但相较于上海、辽宁、山东等地积极发展的船舶配套园区已初显成效，作为重点建设的三大造船基地之一的广东，造船业发展相对滞后。以2006年为例，上海、江苏和辽宁三大地区造船完工分别为542万载重吨、328万载重吨和246万载重吨，占全国造船总量的37.3%、22.6%和17.0%，居国内前3位。

另外，广东在船舶配套设备自产率上的不足也很突出，据广东造船工程学会统计，在广东船厂出口的船舶中，设备配套70%以上都依赖进口。目前，广船国际、文船公司和黄埔造船三大船厂出口船舶的本土设备利用率不足10%，其中20%左右还靠江浙地区的企业做配套供应。

此外，人力资源严重短缺，造船企业中高级管理人员和技术人员数量明显不足，有经验的技术工人严重短缺，外包工队伍很不稳定。特别是新建的龙穴岛造船基地对人力资源的需求更为急迫，这已严重制约了广东船舶工业的稳定发展。

5. 广东海洋造船业发展思路

广东造船业应以龙穴岛造船基地的建设为契机，做大做强，形成造船规模经济。另外，为抓住机遇、应对挑战，要重点做好以下几点。

（1）重视科研和人才培养，强化船舶设计与制造的技术和管理水平

我国的造船业在技术上还只是处在中等水平，其竞争力主要在于低成本竞争优势，但该竞争优势受到工艺和管理水平、规模效应不足和人民币升值的冲抵。而且由于该竞争优势完全是一种纯价格优势，广东即使在满订单的现在，也只能保持10%~20%的利润空间。

因此，为提升广东造船业的竞争能力，从根本上来说，要提升产品的差异型竞争优势，缩小与韩、日的差距。这就需要大力提升高新技术、高附加值船舶（LNG 船、LPG 船、VLCC 船、大型集装箱船和某些海洋工程项目）的设计制造能力和船舶配套设备自主品牌的开发能力。主要做好以下几点：①增加对广东省高校培养船舶及其设备设计、修理和制造专业人才的扶持力度，目前这是最紧迫的，也是造船业长期发展的真正竞争力之所在；②广东船厂要抓住现在效益大好的历史机遇，吸引人才，充实骨干技术力量，提升其开发能力和先进制造技术的消化吸收及创新能力；③要促进产学研相结合，充分利用省、市、区各级科研基金，加大对船舶及其配套设备的科学研究的投入力度，重点支持前瞻性、基础性关键技术的攻关研究；④积极引导外资和社会资本进入，通过技术的引进、消化吸收和再创新，提高关键船用设备国产化研制水平；⑤进一步加强船厂的技术改造升级；⑥提升管理水平，按照现代企业制度的要求建立和完善法人治理结构，加强生产调度和物资采购的信息化管理系统建设，对现有管理人员进行培训。

（2）加大政府扶持力度

据对世界各主要造船国造船业兴起过程的分析，政府的扶持对造船业的发展起着至关重要的作用。当前，广东省政府部门应在以下几点加大扶持力度：为当地造船业提供必要的优惠贷款和优惠的财税政策，加强对船厂技术改造升级的支持力度；为大力发展船舶配套能力，对于从国外和其他省市引进的高新技术给予减免税收、提供低息贷款和政府补助方面的支持；对于引进重点技术的企业，鼓励企业在技术引进中进行开发创新，可采取扣除研究试验费后征税或提供相同数额的政府补贴的方式进行支持；加大对主要船用配套设备进行技改投资的力度，尽快提高技术装备水平，改善配套产品的研制生产条件。

（3）采取必要的金融措施规避汇率风险

人民币持续稳步升值将在相当长时期内存在，目前我国手持的船舶订单中 83% 为出口船舶，其中绝大部分都是以美元计价的远期合同，这将对船舶工业的经济效益产生很大的冲击。为防范金融风险，必须有意识地采取一些必要的措施：①造船企业应争取较高的船舶合同首付款比例。②争取在合同中选择欧元等硬货币或本币计价。③争取在合同中订立汇率保值条款或风险分摊条款。④可提前结汇或应用远期外汇交易、外汇期权交易等金融工具。⑤可通过外汇掉期交易、应收票据贴现等措施转移汇率风险。

第十章

环南中国海海洋经济圈构想

一 构建环南海洋经济圈的现实性、宗旨与目标

1. 构建环南海洋经济圈的现实性

当前，在南海问题错综复杂的背景下，如何纾解南海地区争端方对海洋资源无限渴望诱发的亢奋，如何理性地化解《联合国海洋公约》引致的不切实际的法律幻觉造成的冲动，是环南地区亟待解决的重大问题。幻想与企盼今日的中国无视民族感情、抛弃原则与底线，无异于美丽的泡影，它只能严重损害环南沿海国家与地区的共同利益，只能严重违背环南地区共同开发的诚挚意愿，只能严重阻碍环南地区经济与社会发展的进程。

中方以极大的耐心、极度的忍让、极大的诚意，积极寻求破冰的路径，构建环南海洋经济圈正是基于复杂现实的理性选择。

构建环南海洋经济圈的主要障碍包括以下几类。

政治障碍：领海主权纷争。越南、菲律宾、印度尼西亚、文莱及马来西亚对南沙群岛和南沙海域提出的一系列"主权或管辖权要求"，不仅侵犯中国对南沙群岛的主权及其海域管辖权，而且上述 5 个国家间对南沙群岛和南沙海域的权利要求也相互重叠。另外，还存在中国大陆与台湾历史遗留的内政问题。历史及现实问题短期内不可能彻底解决，围绕海洋资源的权益争夺将愈演愈烈，南海岛礁被多国割据的局面还将长期维持下去。

国际关系障碍：涉及区域外大国间的错综复杂关系。南海地区不同程

度地涉及中国、美国、日本、欧盟等国家和地区之间的关系，尤其是存在敌对势力对抗与包围中国的活动。东盟各国基于各自利益，有逐渐联合起来采取一致行动共同对抗中国的企图与趋势。美国重返亚洲的战略、日本在国际社会重新扮演重要角色的强烈愿望，决定其必然采取包围、抑制中国的种种措施。

贸易障碍：环南各国及地区渔业产品出口竞争激烈。环南地区许多同类渔业产品的质量、规格、档次相近，出口市场相似，多集中在欧美和东亚，出口竞争中的零和博弈现象突出，各种形式的保护主义抬头，进而影响各国之间的渔业合作。

投资环境障碍：环南各国及地区海洋产业基础设施水平参差不齐，海洋经济投资环境各不相同，给环南地区海洋经济投融资活动造成不同程度的困难。

社会制度障碍：环南各国及地区的社会政治制度、法律制度、文化传统、宗教信仰等存在较大差异，会为环南海洋经济圈的构建与合作带来障碍与摩擦。

同时，构建环南海洋经济圈也存在一些有利条件，主要包括如下几点。

共同愿望：环南地区各国多为发展中国家，具有改变落后面貌、实现繁荣富强蓝图的相同愿望，具有反对霸权主义的共同愿望。

面临诸多共同挑战：如粮食安全问题、就业问题、海洋环境保护与海洋资源开发问题、海洋巨灾预警与应对问题等。同时这里还面临渔业资源枯竭的共同挑战，环南地区的渔业以捕捞业为主，养殖业相对不太发达，据联合国环境部门的数据，约10%的全球鱼类供应来自该地区。然而，随着捕捞量的增加，近海的许多鱼种面临着灭绝的危险。应对各种共同挑战是建立合作愿景的必要条件。

具有良好的合作基础：中国与环南各国签署有多项双边合作协议。这些协议列举如下。

①《中华人民共和国政府与马来西亚政府海洋科技合作协议》（2009

年）。

②关于越南对我国企业进行投资合作的保护政策主要有：中越《关于鼓励和相互保护投资协定》（1992 年）、中越《关于对所得避免双重征税和防止偷漏税的协定》（1995 年）。另外，中越间还有《关于成立经济贸易合作委员会的协定》（1995 年）、《边贸协定》（1998 年）、《北部湾渔业合作协定》（2000 年）、《关于扩大和深化双边贸易合作的协定》（2006 年）。

③中菲曾有两国高层不断互访的历史，两国签署的主要协定有：《相互鼓励和保护投资的协定》（1992 年）、《经济技术合作协定》（1993 年）、《避免双重征税的协定》（1999 年）、《关于加强农业及有关领域合作协定》（1999 年）、《渔业合作谅解备忘录》（2004 年）、《在南中国海部分海域开展联合海洋地震工作协议》（2004 年）、《关于促进贸易和投资合作的谅解备忘录》（2005 年）、《关于建立中菲经济合作伙伴关系的谅解备忘录》（2006 年）、《关于扩大和深化双边经济贸易合作的框架协定》（2007 年）等。

④中国与印度尼西亚签署的双边投资保护协定包括：《促进和保护投资协定》（1994 年）、《避免双重征税和防止偷漏税协定》（2001 年）、《中国—东盟全面经济合作框架协议货物贸易协议》（2010 年初建成）等。

⑤文莱对华企业进行投资合作的保护政策主要有：《鼓励和相互保护投资协定》（2000 年）、《促进贸易、投资和经济合作谅解备忘录》（2004 年）、《避免双重征税和防止偷漏税协定》（2004 年）。中文还签署了以下主要协定：《文化合作谅解备忘录》（1999 年）、《中国公民自费赴文旅游实施方案的谅解备忘录》（2000 年）、《最高人民检察院和文莱达鲁萨兰国总检察署合作协议》（2002 年）、《高等教育合作谅解备忘录》（2004 年）、《最高法院合作谅解备忘录》（2004 年）、《旅游合作谅解备忘录》（2006 年）等。

⑥泰国对华企业进行投资合作的保护政策有：《中华人民共和国政府和泰王国关于促进和保护投资的协定》（1985 年）、《关于避免双重征税和

防止偷漏税的协定》（1986 年）、《关于民商事司法协助和仲裁合作的协定》（1994 年）、《中华人民共和国政府和泰王国关于我国加入世界贸易组织的双边协议》（2000 年）。中泰其他双边贸易协定主要有：《科技合作协定》（1978 年）、《旅游合作协定》（1993 年）、《引渡条约》（1993 年）、《卫生医学科学和药品领域合作谅解备忘录》（1997 年）、《关于高等教育合作谅解备忘录》（1999 年）、《关于加强禁毒合作的谅解备忘录》（2000 年）、《文化合作协定》（2001 年）、《刑事司法协助条约》（2003 年）、《全面开放中泰国际航空运输市场的秘密谅解备忘录》（2004 年）、《环境保护合作谅解备忘录》（2005 年）等。

⑦新加坡对华企业进行投资合作的保护政策有：《经济合作和促进贸易与投资的谅解备忘录》（1999 年）、《中华人民共和国政府和新加坡共和国政府自由贸易协定》（2008 年），同时，双方还签署了《中华人民共和国政府和新加坡共和国政府关于双边劳务合作的谅解备忘录》。双方还签署过《促进和保护投资协定》《避免双重征税和防止偷漏税协定》《海运协定》《邮电和电信合作协议》《成立中新双方投资促进委员会协议》等多项经济合作协议。

由上可见，中国与环南国家与地区之间存在政治上的共识，经济上的互补，文化上的认同，具备构建环南海洋经济圈的现实性和可能性。

沿海国家区域经济体的空间结构是由不同国家、不同规模的各类城镇在空间上形成的嵌入式分布格局。不同国家、不同规模的各类城镇海洋资源禀赋不同，海洋产业布局不同，产业发展存在差异，彼此各有优势劣势，可以进行专业化分工，取长补短，优势互补，共同促进区域内海洋经济的发展。环南地区作为立体空间，不仅地域辽阔，而且资源具有复杂性、多层次性的特点。对于环南地区海洋资源的开发利用，各国应以国内外环境、市场状况、区域经济发展方向为基础，确定资源开发秩序，优先开发优势资源，延长产业链条，使产业向高级化发展。海洋油气、滨海旅游、海洋交通运输是环南地区的主要优势资源，环南地区应以海洋油气业为发展重点，以滨海旅游、海洋交通运输、海洋渔业为支柱构建现代海洋产业体系。

以沿海国家的沿海大都市群为引领，构建海洋经济圈，推动经济圈内现代海洋产业的建立既代表着城市化的发展趋势，也可以充分发挥海洋产业集聚和集群具有的收益递增、专业化经济、知识外溢、规模经济等优势。海洋经济圈可以推动海洋经济发展在空间上的协调，按海洋经济圈组织经济活动，有利于充分发挥沿海国家沿海大都市群的作用，有利于发挥沿海国家的综合优势，有利于促进该地区现代海洋产业集聚，形成海洋产业集群，实现现代海洋产业跨国、跨地区、跨行业的专业化协作。它将对地区稳定、和平、发展与繁荣发挥难以估量的作用。

2. 构建环南海洋经济圈的原则、宗旨、目标

合作共赢、互利互惠、由易到难、稳步推进，是构建环南海洋经济圈应遵循的原则。

以经济推动政治，以对话化解对抗，以谅解达成协作是海洋经济圈秉承的宗旨。

促进环南沿海国家与地区的和平、稳定与繁荣是环南海洋经济圈的目标。环南海洋经济圈将成为南海周边国家和地区经济发展、科技进步、文化繁荣、生态和谐、环境优美、和平稳定的五彩光环。

环南海洋经济圈并非具体的地理空间，而是一种政治构想。它不同于东盟式的国际组织，而是紧密或松散的经济体。它不同于自由贸易区，而是嵌入环南城市群中的海洋产业集群。它与东盟也存在密切联系，它是增加了海洋产业集群功能的东盟加长版。

中方恪守的原则是：坚持"两个一百年"和"中国梦"奋斗目标不动摇。中国正处在走向世界强国的重大战略机遇期，保持相对和平的环境（即不发生大的战争）是实现"两个一百年"和"中国梦"宏伟蓝图的关键，是挫败敌对势力对华实施战略包围阴谋的关键，不搞大规模的备战和军备竞赛，是中国避免重蹈苏联解体覆辙的关键。战争是流血的政治，是不得已的政治选择。不战而屈人之兵，善之善者也。要既坚持原则，又着眼地区和平与合作大局，通过谈判解决争议。

二 协调机制

1. 建立多层次、网络型的协调机制

建立中央政府、地方政府、城市、企业、各类跨地区性的非政府组织间的多层次、网络型的协调机制。通过多层次、多领域、多渠道、多形式的交流与合作，建立长期、稳定的经济交流与合作关系，推动地区和平与稳定。

2. 政府间的合作协调

适时举行环南海洋经济圈各国首脑会晤，进行顶层设计，达成战略共识，形成纲领性文件，化解矛盾纠纷，达成政治互信。

定期举行部长级联席会议，设立环南海洋经济圈合作专门小组，强化工作协调和执行职能，磋商合作项目和事项，确定年度重点工作，实行顶层推动。

定期举行环南海洋经济圈市长论坛，落实顶层设计，创新地方政府间的合作模式，搁置、淡化高层政府长期悬而未决的纷争，实现低敏感度合作。

3. 企业、非政府组织间的合作协调

环南海洋经济圈合作协调应以产业配置为切入点。应定期举行产业及企业联谊，积累、扩展社会资本，嵌入当地社会，嵌入全球价值链，通过民间广泛交往化干戈为玉帛。

组建环南海洋经济圈战略咨询机构，吸纳各界代表和专家参与，研究各领域合作发展的问题、对策等，举办发展论坛，发挥咨询论证功能，向环南海洋经济圈高层提供政策建议。

加强环南海洋经济圈的学术交流和人才培养。建立环南海洋经济圈学术交流平台，推动合作深入发展。为适应环南海洋经济圈内的语言多样性、法律差异性、文化宗教复杂性等特点，各国必须重视环南海洋经济圈内人力资源的开发与合作，尽快培养出更多复合型人才。

发挥东盟—中国经济贸易促进会的平台作用，推进环南海洋经济圈工商企业界、专业服务界、传媒界的合作交流。

推进环南海洋经济圈内各类行业协会设立行业协会合作平台，开展人员培训、行业自律等工作，推行统一的行业服务标准，实行统一的资格认定，共同制定区域行业标准。

三 环南海洋经济圈结构模式

1. 构建"圈中有圈、多圈组团"模式

环南海洋经济圈内有东西部海洋渔业合作圈、南部海洋油气资源合作圈、北部粤港澳经济圈、粤闽经济圈、粤桂琼经济圈，还有嵌入海洋城市群中的环南滨海旅游圈和环南海洋产业集群。

2. 东西南部海洋经济圈

东西南部海洋经济圈由东西部海洋渔业合作圈、南部海洋油气资源合作圈、环南海洋城市群、环南滨海旅游圈和环南海洋产业集群组成，属于国际合作。

构建环南海洋经济圈是环南国家与地区在海洋经济发展领域的跨国公共事务，实现环南海洋经济圈的政治构想，必须重视发展政府间的伙伴关系，建立和完善政府间的合作机制，实现法律框架下的机制化运作。

中国—东盟政府间经济合作机制是实现环南海洋经济圈的有效依托。这一合作机制的突出功能在于协调政府间的关系，确保东盟国家在跨国层面上正确、有效地行使经济发展权。

环南海洋经济圈的构建是一项系统工程，是一个分阶段、多环节的动态过程，是由多主体、多领域、多环节构成的复杂的经济、政治、文化活动。因此，应充分考虑运行机制的合理性、权威性、灵活性、有效性。

本书在以下部分着重研究了环南海洋经济圈的海洋渔业、海洋油气资源、海洋旅游业、海洋交通运输业等海洋产业的合作，并从产业政策、金融政策、财政税收政策、法律政策、信息协调、生态环境保护政策、科技

文化交流政策、外交政策等方面提出了环南海洋经济圈内双边或多边合作的建议。

环南地区是世界上国际关系最为复杂的地区之一，单一的经济手段无法彻底解决环南的各种问题，经济不能替代政治、军事，但可以为政治、军事等问题的解决奠定坚实基础，提供有利条件。

3. 北部海洋经济圈

北部海洋经济圈由粤港澳经济圈、粤闽经济圈、粤桂琼经济圈组成，属于中国内部合作。应按照海陆统筹、区域联动、优势互补、合作共赢的总体框架，以推动区域内资源要素统筹配置、优势产业统筹培育、基础设施统筹建设、生态环境统筹整治为重点，加快海洋经济发展步伐，带动内陆地区开发开放，共同打造南中国新的海洋经济发展极。

应定期举办北部经济圈合作峰会，达成共识，加强协调，促进发展；联合制定北部经济圈总体战略规划和各类专项规划；建立区域内各方政府间的经常性互访和双边磋商机制；建立民间团体、企业、行业协会之间的交流沟通机制。以此推动北部经济圈合作的顺利进行。

四 海洋渔业合作圈协作建议

1. 通过深化双边关系推动多边合作

深化与友好国家（如印度尼西亚、文莱等国家）的渔业双边合作关系。鼓励中国沿海有实力的省份直接投资与文莱本地公司开展渔业合作。为促进渔产加工业的发展，文莱政府计划成立贮藏和分销中心以及进出口中心，为加工业提供各种服务。今后应注重在文莱发展高端深水养殖。

巩固与已有双边渔业合作协议的国家（如菲律宾、越南）间的合作关系。渔业属于菲律宾"投资优先计划"中鼓励投资的领域，目前，我国与菲律宾的海洋渔业合作，主要通过签订协议、召开交流讨论会议、贸易合作、考察访问以及技术交流等途径进行。未来应发挥我国有条件的地区和企业在苗种和技术方面的优势，与菲律宾合作发展水产养殖。越南鼓励外资对养殖、制盐、水产品加工等行业进行投资，由于越南的养殖和捕捞技术不很成熟，因此可针对越南中南部区域开展渔业、制盐业等方面的合作。

在已有双边海洋渔业合作协议的基础上磋商签署环南海洋经济圈渔业合作协定，促进签署海上划界协定，协商划定"环南经济圈跨界共同渔区"，互惠、互利开发海洋渔业资源，为南海纷争寻求解决途径，推动环南海洋经济圈的发展。

2. 加强海洋渔业合作圈内的对话与合作机制

积极发挥合作圈内已有组织机构的对话功能。如亚太经合组织海洋与渔业工作组（OFWG）主办"企业/私人部门关于海洋环境可以持续发展的第十三次领导人非正式圆桌会议"的方式，给私营部门、学术界、非政府组织和其他利益相关者与公开海洋事务和海岸带管理的政府官员提供了交流意见的机会。

建立远洋渔业资源开发的对话与合作机制。进行远洋渔业合作，是主动参与国际分工和对外经济合作的重要手段，也是中国发展远洋渔业、实施"走出去"战略的重要组成部分。应加强海洋渔业合作圈内的渔业资源管理对话机制，建立健全海水产品质量安全管理的对话与合作机制。

加强海洋渔业合作圈内的技术合作。即加强物种引进合作，促进水产种苗培育和养殖技术的研发和推广，加强专业技术人才培养等方面的合作。

开展环南地区气象合作、海上救援合作。

3. 探索多元化的海洋渔业融资机制

引导金融资源和社会资金投入海洋渔业领域；探索海洋渔业合作圈内城市银行的金融合作，探索跨境贷款、在境外发行海洋渔业债券；推动海洋渔业合作圈内大型企业在境外发行股票融资；推进海洋渔业风险投资基金投入海洋渔业开发项目和企业；推动针对海洋渔业的保险产品创新。

4. 构建海洋渔业合作圈信息平台

探索构建环南海洋经济圈海产品交易信息平台，形成环南海产品世界价格，推动环南海洋渔业共同市场的形成，实现区域海产品市场的供求均衡。

构建环南地区卫星信息平台，为建立健全海洋渔业气象灾害的预警减灾机制提供技术支撑，为做到海洋重大突发事件的早预警、早预防、早解决，构建海洋经济发展安全网。

充分利用亚太经合组织海洋与渔业工作组（OFWG）的研究成果。该工作组结束了"APEC关于卫星数据对渔业可持续发展作用"的讨论会，并在2012年出版了最终报告。这个项目有助于帮助APEC的发展中国家应用卫星数据发展可持续渔业、保护海洋生物多样性以及研究气候变化和渔业的相互作用。

亚太经合组织海洋与渔业工作组（OFWG）举办了题为"分享缓解极端气候对渔业和水产养殖影响的研讨会"，促使亚太经合组织的各个经济体互相分享经验，以更好地了解、准备和应对不断变化的气候条件，从而降低对渔业和水产养殖的负面影响。

5. 建立海洋渔业巨灾保险机制

探索建立海洋渔业合作圈内的海洋渔业巨灾保险机制，降低恶劣气候灾害造成的巨大损失。

五 海洋油气资源合作圈协作建议

1. 区分不同合作类型

在环南海洋油气资源合作圈中应区分不同的合作类型，大体可归纳为三种类型。

传统友好型。主要代表国家有印度尼西亚、文莱，与中国保持长期友好合作关系。这两个国家的共同特点是石油和天然气资源丰富，但是受到国内资金、探勘开采水平等条件的限制，在油气资源的开发和利用上需要与其他国家进行合作。中国石油企业大都有着雄厚的资金和丰富的海外作业经验，与西方石油业巨头相比，具有较明显的成本优势，可与印尼和文莱各取所需、优势互补。但是随着资源形势的日益紧张，传统合作模式的优势正在逐步减弱，要想继续保持这种良好的合作关系，就不能仅局限于现有的合作项目和合作模式。基础设施建设薄弱是制约印尼和文莱油气行业发展的一个重要因素，随着石油和天然气敏感度的不断上升，加强油气产业配套设施建设方面的合作应成为一个新的合作方向。

对抗争夺型。主要代表国家为越南、菲律宾。中国曾与越南、菲律宾有过石油勘探等方面的合作，双方也都曾表现出加强合作的意愿，然而，随着近年南海争端升温，中越、中菲之间的能源安全问题使双边的合作陷入僵局，进展缓慢。再加上西方国家的介入，想要与之加深合作困难重重，而且这两个国家不顾中方反对，已经在争议区开采油气资源，严重侵害了中国的利益。对于此种类型，近期应寻求低敏感度领域的合作，如海洋气候预报、海洋巨灾抵御与保险等。

新能源合作型。代表国家为新加坡，代表地区为中国台湾。新加坡油气资源十分贫瘠，因此，新加坡极为重视新能源的开发和利用，并且走在了世界的前列；台湾因近年石油行业减产，也把目光投向了海洋风力发电，并且积累了较为丰富的经验，发展十分迅速。中国当前也致力于新能源的开发和使用，可以相互学习，相互借鉴。由于传统能源的不可再生性，加之各方日益重视战略资源储备，其合作必然会受到诸多限制。而新能源具有独特的优势：可再生、安全、清洁、低污染，不仅合作空间巨大，而且容易实现合作共赢，也更加符合南海周边各国及地区的整体利益。

2. 充分发挥经济圈中已有的专门性对话机制与综合性合作机制的作用

专门性对话机制包括：中国—印尼能源论坛，东盟与中日韩"10 + 3能源部长会议"，可为我国与东盟各成员国参与彼此的能源计划、加强能源对话与协作提供专门渠道和机制。

综合性合作机制包括：中国—东盟自由贸易区（CAFTA），大湄公河次区域经济合作（GMS），可为中国与东盟的能源合作提供一定的制度框架。CAFTA 有关货物贸易、服务贸易、投资以及争端解决的规则同样适用于中国与东盟的能源贸易和投资及其产生的各种争端；GMS 则主要是为中国与部分东盟国家的电力贸易提供可适用的规则。

3. 寻求海洋油气资源合作圈内新的合作方式

目前，油气资源贸易在能源合作模式中仍占据着重要位置，但是，由于油气资源的稀缺性，加之各国国内需求日益增加，油气贸易呈不断减少趋势。因此，在努力维护已有油气资源贸易的同时，应积极寻求新的能源合作方式、新的合作项目及合作领域。

直接竞标投标。中国油气公司拥有先进的油气勘探开发技术、科学化的管理方法、性能安全耐用的开采设备及良好的企业形象，能够取得其他政府的认可和支持，中国企业应积极参与竞标投标，实现与其他国家的优势互补、合作共赢。2008 年中海福建天然气有限责任公司在印尼投资约240 亿元人民币，实施开发液化天然气（LNG）的重大合作项目，这一经验值得借鉴。

收购公司股份。收购有利于开拓海外油气市场，扩宽油气供应渠道，增强开采权益，减少国际油价变动和能源输出国供给不稳带来的影响。2009 年 5 月，中石油通过其全资拥有的中国石油国际事业有限公司的全资附属公司中国石油国际事业新加坡公司收购了新加坡吉宝公司所持新加坡石油公司 45.51% 的全部股份。[1] 2010 年 8 月，中信集团全资子公司 Citic Seram 收购了印尼 Seram Non - Bula 区油田开采承包权 51% 的权益。2010年 12 月，中石化收购了雪佛龙公司在印尼深水气田 18% 的股权。[2]

合作兴建油气运输管道。2005 年，印尼国有油气公司 Pertamina 与中国企业中石化签署合资协议，双方在印尼东爪哇共同兴建一条石油输出管道。2008 年，中国投资印尼的天然气总体项目中包括接收站和输气干线、运输管道方面的内容。2012 年，中石油与马来西亚国家石油公司携手合作，中标伊拉克哈拉夫（GARRAF）油田原油外输管道项目。

① 《中石油收购新加坡石油公司股份》，《北京晨报》2009 年 6 月 22 日。
② 闻武刚：《中国—印度尼西亚油气资源合作研究》，《东南亚纵横》2011 年第 7 期。

4. 其他具体合作措施

签署环南地区二维、三维海洋地震数据收集工作协议。协商签署环南地区油气资源共同勘探、开采协议。签署拓展环南海洋油气产品及装备的进出口协议。

加快建立完善能源运输设施，确保能源开采后的运输渠道畅通。

深化勘探开采合作、原油加工合作。

开展多元化综合投资合作，将油气资源开发与油气装备贸易相结合；油气资源开发与交通、电力等基础设施建设相结合；油气资源开发与下游石化业务相结合，以分散投资风险。

六　环南滨海旅游圈协作建议

1. 加强环南海洋旅游圈合作，推动海洋旅游业发展

海洋旅游业已成为衡量一国旅游业可持续发展的重要指标，甚至堪称与海洋石油、海洋工程并列的海洋经济第三大新兴产业。应加强海洋旅游与资源特性相近或相似的地区以及地理位置相近地区的合作，整合开发区域内的海洋旅游资源，发挥区域优势，树立海洋旅游形象，丰富海洋旅游产品类型，增强海洋旅游市场营销能力，抢占国际海洋旅游高端市场。

加强与东盟各国协调，构建"海上七国游"线路。东盟大多数国家是岛国或有海岸线的国家，海洋旅游资源丰富，集民族风情及东西方文化交融而成的异域风情为一体。如越南下龙湾，泰国普吉岛、芭提雅，新加坡圣淘沙岛，印尼巴厘岛等。应积极协调开通东盟至粤桂琼的远距离海上旅游环型航线，将该航线延伸至越南、新加坡、马来西亚、文莱、印尼、菲律宾等国的主要海滨城市，打造"海上七国游"线路。

2. 以双边合作推动环南海洋旅游圈形成

目前环南中国海地区已存在松散的双边海洋旅游区域合作，迫切需要进行顶层设计，达成共识，优化配置海洋旅游资源，构建海洋旅游圈。应使环南国家、地区充分认识到环南海洋旅游圈形成利于资源优势互补、互

惠互利；利于环南海洋旅游资源重新进行空间配置；可以行业合作推动区域合作，利于维系和改善区域关系。

3. 建设完善环南海洋旅游圈的各项基础设施

合资或合作扩建、改造环南滨海旅游区港口；完善滨海旅游城市的公共交通等基础设施及安全设施，为环南海洋旅游圈奠定坚实的物质技术基础。

4. 实施环南海洋旅游差异化发展策略

为避免与地中海地区、加勒比海地区等海洋旅游业的恶性竞争以及圈内的同质化竞争，必须走差异化发展道路。同时，圈内国家和地区海洋经济发展水平参差不齐，海洋旅游资源禀赋存在差别，国家管理体制、企业经营方略等均存在较大差异，实施差异化发展策略是客观要求。因此，环南海洋旅游圈应以资源禀赋差异达成竞合目的，以市场细分拓展海洋旅游市场，以环南特色打造旅游圈整体形象。可在以下方面进行尝试。

以蓝色文化交流为依托开展渔业观光旅游、渔区风情游和游钓业等休闲渔业与滨海旅游合作发展的机制。打造具有环南海洋生态和海洋文化特色的滨海旅游国际金牌。

5. 积极推进环南海洋旅游圈统一签证

尽快实施环南滨海旅游圈统一签证，为"海上七国游"提供便利，同时利于拓展滨海高端旅游市场。

七 环南海洋交通运输业协作建议

1. 构建环南海洋交通综合运输体系

建立通畅、高效、安全的环南海洋综合运输体系，发挥经济圈内海洋交通运输方式的整体优势和组合效率。深化环南国家、地区海上互联互通方面的合作内容，进一步拓展东盟合作成果。

2. 促进环南地区港口开发合作，推动环南重要港口物流集约化发展

加强环南地区港口开发合作、造船修船合作、基础设施建设合作，实

现港口的物流枢纽与中转功能。推进环南海洋经济圈内形成港口合作联盟，为发展环南地区国际海洋运输业以及深化海洋经济圈内的经贸合作奠定坚实基础。

3. 加强环南海洋工程装备制造业合作

环南国家、地区应推进国际海洋工程装备制造项目合作；中国应与新加坡联合开展海洋工程装备制造的研发和创新，鼓励合资成立研发机构，促进环南国家和地区海洋工程装备制造业集聚，提升环南地区海洋工程装备制造业的国际竞争力。

八 粤港澳经济圈、粤闽经济圈、粤桂琼经济圈

1. 粤港澳海洋经济合作圈

粤港澳海洋经济合作圈定位：以珠江三角洲海洋经济优化发展区为支撑，共同建设具有国际影响力的世界级城市群、国际高端现代海洋产业基地和大珠三角优质生活圈。

粤港澳海洋经济合作圈是推进中国—东盟自由贸易区建设的重要通道。经济圈与东盟在贸易及投资双向发展方面将获得新的机遇，将使区域的商贸服务平台优势得以充分发挥，将为促进自贸区建设提供示范经验。东盟主要为沿海国家，粤港澳海洋经济实力雄厚，将在 CAFTA 的海洋经济、海洋产业中发挥更为积极的作用。粤港澳既融入环南海洋经济圈、滨海城市群的合作之中，又通过泛珠三角合作强化与腹地的联系，将进一步提升粤港澳海洋经济合作圈的优势。

深化粤港澳海洋经济圈全方位、多层次合作，对于全面实施 CEPA、全面推进《内地与香港关于建立更紧密经贸关系的安排》《内地与澳门关于建立更紧密经贸关系的安排》将发挥不可替代的作用。

2013 年 4 月，广东省正式印发《实施〈粤港合作框架协议〉2013 年重点工作安排》，双方主要围绕南沙新区、前海、横琴开发推动深层次合作。粤港将共同支持广州南沙、深圳前海、珠海横琴创新跨境人民币业

务。上述先试先行的各项措施将极大促进三个国家级新区中海洋新兴产业的集聚与发展，促进海洋产业链在环南海洋经济圈及在全球的延长，进一步密切与 CAFTA、CEPA 及世界海洋国家的联系。

2. 粤闽海洋经济合作圈

粤闽海洋经济合作圈定位：以粤东海洋经济重点发展区为支撑，对接海峡西岸经济区；发挥汕头港、潮州港成为首批对台直航港口的作用，加强与台湾的海洋运输与物流合作。共同建设海峡西岸先进制造业基地和海洋高新技术产业带。

粤闽海洋经济合作圈应进一步深化两岸渔业合作，共护海峡渔业资源。积极扩大两岸及越南在深水大网箱等海洋离岸养殖、生态养殖、珍珠及海水名贵鱼等特色品种养殖方面的合作；实施海水养殖苗种工程，加快建设水产原、良种场和遗传育种中心；加快发展水产品精深加工及配套服务业建设，建设水产品冷冻加工基地；加快水产品加工流通业合作，建成一批水产品加工基地和物流中心；积极发展热带休闲和观赏渔业。

进一步巩固和扩大海峡两岸的能源开发合作。巩固中海油与中油旗下子公司——海外石油及投资公司（OPIC）签署的"台南盆地和潮汕凹陷部分海域石油物探协议""合作意向书""台南盆地和潮汕凹陷部分海域合作区石油合同修改协议""乌丘屿凹陷（南日岛盆地）协议区联合研究协议"等协议精神，推动中海油与中油在南日岛盆地协议区以及更广泛区域的勘探、开发合作。

深化两岸旅游合作。自 2008 年 7 月启动大陆居民赴台游以来，两岸旅游业发展呈现出蓬勃的生机与活力。特别是 2010 年，海峡两岸旅游交流成绩斐然。未来，两岸应在更大范围内实现旅游资源的优化配置和品牌旅游资源优势的共享，消除恶性竞争。应进一步细分旅游市场，提供差异化的旅游线路产品和差异性的体验活动产品，如台湾游客大致可分为 6 类客户：宗教朝拜型、寻根谒祖型、文化交流型、文化投资型、旅游交流型、文教交流型。要深化旅游地域分工，提高双方旅游行业的服务水平。积极开发滨海度假、海洋观光、海岛休闲、邮轮游艇、海上运动等特色旅游项目，争取台湾游客来粤闽进行滨海度假和滨海旅游。通过旅游合作，促进两岸在经贸、科技文化交流等方面的合作，维系、改善两岸关系，推进祖国统一大业。

两岸合作的深入发展以及两岸关系的改善，既有利于中国在环南海洋经济圈中发挥积极作用，也有利于促进东北亚地区的和平与稳定。

3. 粤桂琼海洋经济合作圈

粤桂琼海洋经济合作圈定位：以粤西海洋经济重点发展区为支撑，对接北部湾地区和海南国际旅游岛。共同建设中国—东盟合作新高地、沿海经济走廊、粤桂琼港口群、滨海旅游"金三角"。

粤桂琼是密切联系华南、西南地区的重要通道。《泛珠三角区域合作框架协议》的签署，使以珠江水系为纽带的九省加港澳的区域经济以空前的速度和力度进行了大整合，为该经济圈产业结构的调整、优化、升级以及产业梯度转移提供了得天独厚的优势。

粤桂琼海洋经济合作圈尤其要发挥主要港口的优势，打通大西南内陆腹地。制约港口优势发挥的因素很多，包括运输成本、运输时间等机会成本、内陆腹地实力支撑、自然条件等。

根据产业集聚理论，当前应着力打造粤桂琼海洋产业发展极，吸收更多要素和资源。通过"极"的发展，促进发展轴形成，方能疏通大西南通道。为此，经济圈的核心任务是全面提升海洋产业自主能力。重点抓手是发展临港重化工业、海工装备制造业、滨海旅游业、海洋油气业、港口物流业。

只有走大项目驱动的发展极形成模式，才能形成我国最具国际竞争力的海洋重化工业发展极，形成国际物流产业，以此拉长产业链。

发挥粤桂琼主要港口作为环南北部龙头港、枢纽港的作用，可将大西南内陆腹地与东盟联系在一起。粤桂琼港口群是中国走向环南经济圈的桥头堡，是环南海洋交通体系中的重要枢纽。

建立海洋旅游"金三角"，可使粤桂琼海洋经济合作圈在"海上七国游"中发挥更为重要的作用，更好地落实 CEPA 的有关协议精神。

九　环南海洋经济圈的政策协调

1. 产业政策协调

政府是发动机。政府最传统、最重要的角色是"创造和提升生产要素"。政府政策会对生产要素产生影响，政府政策对于企业掌握的各类生产要素以及企业竞争优势这两个方面均有重要影响。加强环南经济圈政府间的产业政策合作能够为该地区海洋经济、海洋产业的发展提供良好的外部环境。

通过政府间的海洋产业政策协调，可优化海洋经济圈中的产业结构，实现大力发展新兴海洋产业与调整提升传统海洋产业的并举，构建结构合理、产业协调的现代海洋产业体系；调整海洋经济圈中的产业组织结构，实现规模经济与差异化的并举；调整海洋经济圈中的产业技术结构，实现技术改造与自主创新的并举，以提高先进技术对海洋产业的渗透能力，提高海洋经济综合竞争力；调整海洋经济圈中的海洋产业布局结构，实现集聚化发展，推动海洋产业集聚，提升海洋产业集聚的核心能力，构建新的海洋经济带、海洋城市群。

通过政府间的产业政策合作，可确定海洋经济圈中各国及地区优先发展、限制发展的海洋产业。

2. 金融政策协调

应引导金融资源和社会资金投向南海海洋经济圈。积极开展船舶、海域使用权抵（质）押贷款业务。支持符合条件的南海涉海企业发行企业债、公司债、短期融资券和中期票据等债务融资工具，以及在境内发行股票融资。可探索在境内外发行南海海洋开发债券。鼓励产业（股权）投资基金投资南海海洋综合开发企业和项目。大力开展保险业务，推动针对南海海洋产业的保险产品创新。

应加强环南海洋经济圈内各国的金融合作，建立高效、安全的认证系统，探索跨境贷款，为圈内经济活动提供跨国异地支付结算服务。

应推动环南海洋经济圈中各国互设金融分支机构；建立完善地区贸易结算体系，加强各国之间货币的直接结算，减少交易成本和汇率波动对国际收支的影响；建立人民币现钞回流渠道；在环南海洋经济圈内推进"亚元"的形成。

经济圈各国可协商签署双边或多边《投资协议》，建立融资平台。推动经济圈内各国政府设立"环南海洋经济圈经济合作基金"，鼓励圈内大型企业注资该基金，引导海洋装备、海洋能源与环境、港航物流基础设施等重点领域开展项目建设。

3. 财政税收政策协调

应磋商制定环南海洋经济圈税收利益协调机构，协商利益分配的基本原则、争端处理机制、信息沟通交流机制。研究实施环南海洋经济圈税收政策，支持环南海洋高技术产业和海洋新兴产业发展。

推动环南海洋经济圈内国家的双边或多边合作，探索国家预算内投资对环南海洋经济圈项目的支持，加大专项资金投入力度。

加大政府投资对环南海洋经济圈渔港防波堤、护岸、码头、航道等基础设施建设的投入力度。

在税收政策的基础上，对环南海洋科技投入和环南海洋科技成果转化、生态环境保护等可实行必要的财政补贴。

对海洋新兴产业中如海水综合利用、海洋可再生能源等产业，可加大政府采购支出力度。

4. 法律政策协调

应磋商签署环南海洋经济圈贸易协议，建立环南中国海关税同盟。迫切需要环南海洋经济圈内国家元首就建立关税同盟达成共识，签署有关建立关税同盟的协议，以此作为建立环南关税同盟的法律基础。

建立环南海洋经济圈海洋产业、资源开发等争端协调机制，为环南海洋经济圈内的经济合作提供重要的制度保障。

近期应着眼于调整、补充环南海洋经济圈内各国国内经贸投资等方面的法律法规，共同营造稳定、透明的环南海洋经济圈的法律环境。

本着先易后难、循序渐进的原则，首先制定和补充双边合作协定，构建双边合作规则。

5. 信息协调

应建立环南海洋经济圈各国间的对话磋商机制，开展高层互访、行业协会及商会间的对话、企业间的交流等各个层次的沟通协调活动。

建立环南海洋经济圈信息互动平台，打通信息渠道，增进相互了解，让环南海洋经济圈内各国的政府官员、企业家和商会负责人对南海地区的经济合作形势与政策有深入的了解。

提供环南海洋经济圈各国的市场信息与海洋行业信息，促进环南海洋经济圈各国在投资、贸易、旅游、科技文化等方面的合作。

6. 海洋生态环境保护政策协调

南海及其周边海洋生态环境是环南周边国家赖以生存和实现可持续发展的宝贵财富，海洋环境污染和海洋生态系统退化等均危及环南周边国家沿海地区的可持续发展，是我国及环南周边国家共同面临的挑战，认真保护南海及其周边的海洋生态环境，是环南各国共同的责任和义务。

2012 年 1 月，国家海洋局颁布了《南海及其周边海洋国际合作框架计划（2011 - 2015）》（简称《框架计划》），为今后一段时期发展与周边国家全方位、多领域、多层次的海洋合作指明了方向。该计划提出的合作领域包括海洋与气候变化、海洋环境保护、海洋生态系统与生物多样性、海洋防灾减灾、区域海洋学研究、海洋政策与管理六个方面。为此，应全面推动我国与环南海洋经济圈内国家的交流与合作，深化现有的合作项目；加强环南海洋经济圈内经济领域的合作，建立健全海洋环境保护政策，探索治理海洋污染、维护海洋生态环境的新合作模式。

7. 海洋科技文化交流政策协调

应建立环南海洋经济圈各国间的海洋科技和海洋教育合作机制，实现资源优势互补，不断拓宽合作领域。

积极推动环南海洋经济圈海洋高新技术产业的合作。海洋高技术产业对海洋产业甚至整个国民经济的现代化都能起到较强的推动作用。因此发展海洋高新技术产业合作，以高起点推动地区海洋经济发展是环南海洋经济圈许多国家和地区共同选择的重点合作领域。与海洋相关的高新技术产业包括海洋监测和探测技术装备产业、海洋油气产业、海洋生物技术产业及海水养殖产业、海水淡化及海水综合利用产业、深海采矿产业、现代造船业、海洋能源产业、海洋信息服务业等。由高技术产业构成的海洋高新技术产业基地是区域海洋经济发展合作的重要载体和平台，环南海洋经济圈尤其应注重这些方面的合作。

积极建立科学技术合作与交流平台。积极推进环南海洋经济圈各国建立国际海洋科技合作示范区。加强环南海洋经济圈内与海洋经济、科技相关的著名高等院校、科研院所的合作，建设一批海洋科学研究中心、重点实验室、海洋高新科技产业园，推动建立环南海洋经济圈产业技术联盟，构建"环南海洋经济圈硅谷"。大力推进海洋科技成果转化，建设一批海洋高新科技成果转化基地和示范区，加速海洋高新科技成果孵化和产业化。在环南海洋经济圈内开展重大海洋科技专项合作，加强海洋科技重点攻关，突破一批重大关键性和共性技术，带动环南海洋经济圈内海洋科技的全面发展。加强海洋防灾减灾、海洋生态环境保护与修复等技术的开发合作，提高海洋科技对环南海洋经济圈海洋综合管理的支撑能力。

完善人才培养机制，重视环南经济圈内人力资源的合作开发。依托环南海洋经济圈内著名高等院校、科研院所和大中型企业，以重大科研项目为载体，加快建立环南海洋经济圈创新型人才培养基地。积极开展环南海洋经济圈内海洋教育的国际交流合作，培养一批具有国际领先水平的创新型海洋科技人才队伍。

8. 外交政策协调

构建环南海洋经济圈应把握好外交的着力点，处理好大国关系和周边关系。特别应处理好以下关系。

改善、巩固中美战略合作关系。环南海洋经济圈的密切合作相当程度上取决于中美关系的改善，处理好中美战略方面的合作，在一定程度上有利于打消环南地区某些国家的幻想。要使美方认识到：敌视与封锁中国，美方从未获得过成功的历史经验，面对正在崛起的中国，采用"冷战时期"的陈旧伎俩，也绝不会获得满意的现实结果；中国不是苏联，企盼历史重演，是幼稚的政治幻想。只有深化中美合作才是双赢战略，才有助于世界稳定与和平。

处理好与东北亚海洋经济圈的关系。构建东北亚海洋经济圈，主要强化与俄、韩的经济合作与战略合作，以挫败日本的战略意图；抓住日本对华能源、贸易的高度依赖，引导其与华进行深度海洋经济合作，以此缓和紧张的政治气氛。要使日方清醒地认识到不能幻想钓鱼岛问题能够在短期内得到解决；中日间是无法搬家的邻居，与华对抗，双方经济均会受到损失，而日方遭受的损失将更为巨大。

"仇恨没有未来"（前法国总统希拉克纪念盟军登陆诺曼底60周年的讲话），日本是否具有深刻反思历史并承担历史责任的勇气，中国是否能展示与法国一样的胸怀，是中日两国能否长期保持友好关系的充分必要条件。

结　语

　　研究环南中国海地区海洋产业体系发展模式、构建海洋经济圈的有效途径，对于缓和划界矛盾、达成政治共识、推动区域国际合作、促进区域稳定与和平，具有重要的现实意义。

　　党的十八大报告指出，要"提高海洋资源开发能力，发展海洋经济，保护海洋生态环境，坚决维护国家海洋权益，建设海洋强国"。

　　海洋战略是中国的强国战略。如何在中国南海地区建立现代海洋产业体系，构建环南经济圈，是当前决策层、学术界、企业界亟待研究和解决的重大理论和现实问题。

　　本课题在上述研究中深入探索了环南中国海地区"七国八方"的海洋渔业、海洋油气业、滨海旅游业、海洋交通运输业、海洋电力业、船舶制造业和海洋工程装备制造业的资源利用和发展现状，经济与社会效益，存在的优势与劣势，现有的产业政策，以及双边合作的对策建议。

　　本研究的重要政治构想是构建环南海洋经济圈，推动经济圈内现代海洋产业集聚，形成海洋产业集群，实现现代海洋产业跨国、跨地区、跨行业的专业化协作。以经济推动政治，以对话化解对抗，以谅解达成协作，促进环南沿海国家与地区的和平、稳定与繁荣。

　　本研究提出了建立中央和地方政府、城市、企业、各类跨地区的非政府组织间的多层次、网络型的协调机制，构建"圈中有圈、多圈组团"模式，经济圈内海洋产业实行合作的对策建议。

上述研究由于受"七国八方"统计数据、情报资料以及研究能力所限，无法运用计量模型从事实证研究。

本课题进一步研究方向有如下几个方面。

使用区位熵、行业绝对份额、同构系数等指标衡量环南经济圈中海洋产业的产业集聚程度，更全面、更准确地反映环南地区某产业的集聚及其竞争优势。

采用层次分析（AHP）的产业结构综合评价方法，对环南经济圈中的海洋产业科技创新综合指标、海洋产业政策创新综合指标、海洋产业环境保护创新综合指标、海洋产业发展模式创新综合指标等进行估算。

通过深化上述研究，可以得出更为准确、合理的研究结果。

参考文献

［1］Perroux，F. Note sur la notion de spolesde croissance. econimic appliqué，1955，1 and 2，pp. 307 - 320。（中译文见弗朗索瓦·佩鲁《略论增长极概念》，《经济学译丛》1988 年第 9 期。）

［2］谭崇台：《发展经济学概论》，武汉大学出版社，2001。

［3］赫希曼：《经济发展战略》，经济科学出版社，1991。

［4］约翰·冯·杜能：《孤立国同农业和国民经济的关系》，商务印书馆，1986。

［5］马歇尔：《经济学原理》，商务印书馆，1981。

［6］韦伯：《工业区位论》，商务印书馆，1997。

［7］廖什：《经济空间秩序——经济财货与地理间的关系》，商务印书馆，1995。

［8］彼得·尼茨坎普：《区域和城市经济学手册（第 1 卷）区域经济学》，经济科学出版社，2001。

［9］Raymond Vernon. International Investment and Investment Trade in the Product Cycle. *Quarterly Journal of Economics*，1966（80），pp. 190 - 207.

［10］J. G. Williamson，Regional Inequality and the Process of National Development：A Description of the Patterns，*Economic Development and Cultural Change*，1965，Vol. XIII，No. 4，Part II.

［11］崔功豪、魏清泉、陈宗兴：《区域分析与规划》，高等教育出版社，

1999。

[12] 魏后凯：《走向可持续协调发展》，广东经济出版社，2001。

[13] Garnier J. B. & Delobez，A. *Geography of Marketing.* Longman，1979.

[14] 王缉慈：《创新的空间——企业集群与区域发展》，北京大学出版社，2001。

[15] Sforzi，F. The Geography of Industrial District in Italy. In *Small Firms and Industrial Districts in Italy*，ed. E. 转引自朱华晨、王缉慈《大塘袜业产业区分析》，《中外科技信息》2001 年第 11 期。

[16] Bagnasco A. Tre italic：La problematica territoriale dello sviluppo italiano. Bologna：IIMulino，1977.

[17] Becattini G.，distretto industriale marshalliano come concetto socio – economico, in Pyke F.，Becattini G.，and Sengenberger W.（eds.），Distretti industriali e cooperazione tra imprese in Italian，Quadernon n. 34 di Studi e Informazione della Banca Toscana，1991.

[18] 迈克尔·波特：《国家竞争优势》，李明轩、邱如美译，华夏出版社，2002。

[19] 纳尔逊、温特：《经济变迁的演化理论》，商务印书馆，1997。

[20] Asheim B. Territoriality and Economics：On the Substantial Contribution of Economic Geography. In O. Jonsson，& L. O. Olander（Eds.），*Economic Geography in Transition*：*The Swedish Geographical Yearbook.* Swedish：Lund，1998，pp. 98 – 109.

[21] Lundvall，B. *National Innovation Systems*：*Towards a Theory of Innovation and Interactive Learning.* London：Pinter，1992.

[22] Feldman M. P. *The Geography of Innovation*，Kluwer Academic Publisher，London. Dordrecht，1994.

[23] DeBresson，C. and Amesse，F.，Networks of Innovators：a Review and Introduction to the Issue. *Research Policy*，1991（20），pp. 363 – 379.

[24] Romer，P.，Increasing Returns and Long – run Growth，*Journal of Polit-*

ical Economy，1986（94），pp. 1002 – 1037.

［25］ Lucas，R. E.，Jr.，On the Mechanics of Economic Development，*Journal of Monetary Economics*，1988（23），pp. 3 – 42.

［26］ Jaffe，A. and Trajtenberg，M. International Knowledge Flows：Evidence from Patent Citations，NBER Working Paper，1998，No. 6507.

［27］ Krugman，P. *Development*，*Geography*，*and Economic Theory*，MA：MIT Press，1995.

［28］ 藤田昌九等:《集聚经济学》，西南财经大学出版社，2004。

［29］ Piore M and Sabel C. *The Second Industrial Divide*：*Possibilities for Prosperity*. NewYork：Basic Books，1984.

［30］ 胡佛:《区域经济学导论》，商务印书馆，1990。

［31］ 克鲁格曼:《发展地理学与经济理论》，北京大学出版社、中国人民大学出版社，2000。

［32］ Vernon. International Investment and International Trade：In the Product Cycle. *Quarterly Journal of Economics*，1966（80），pp. 197 – 207.

［33］ 萨缪尔森、诺德豪斯:《经济学》，人民邮电出版社，2008。

［34］ Dixit，Avinash K. and Joseph E. Stiglitz. Monopolistic Competition and Optimum Product Diversity，*American Economic Review*，1977（67），pp. 297 – 308.

［35］ 杨小凯:《经济学原理》，中国社会科学出版社，1998。

［36］ 魏守华:《集群竞争力的动力机制以及实证分析》，《中国工业经济》2002 年 10 期。

［37］ 施蒂格勒:《市场容量限制劳动分工》，《产业组织和政府管制》，上海三联书店，1996。

［38］ 钱德勒:《企业规模经济与范围经济》，商务印书馆，1999。

［39］ 张元智、马鸣啸:《产业集群——获取竞争优势的空间》，华夏出版社，2006。

［40］ Granovetter Mark. Economic Action and Social Structure：The Problem of

Embeddedness. *American Journal of Sociology*, 1985, (91), pp. 481 – 510.

[41] Kaplinsky R & Morris M. : Governance Matters in Value Chains. *Developing Alternatives*, 2003, 9 (1), pp. 11 – 18。

[42] 拉法尔·卡普林斯基 (Raphael Kaplinsky):《夹缝中的全球化:贫困和不平等中的生存与发展》,知识产权出版社,2008。

[43] 夏京文:《我国产业集群的外生性、嵌入性与内生性缺陷》,《税务与经济》2007 年第 3 期。

[44] Hubert Schrnitz. Collective Efficiency: Growth Path for Small – Scale Industry. *Journal of Development Studies*, 1995, 31 (4), pp. 529 – 566.

[45] Hubert Schmitz. Collective and Increasing Returns. IDS Working Paper, 1997 (50).

[46] Hubert Schmitz. Collective Efficiency and Increasing Returns, *Cambridge Journal of Economics*, 1999, 23 (4), pp. 465 – 483.

[47] Williamson, Oliver E: *Markets and Hierarchies*, Free Press, New York, 1975.

[48] Williamson, O. E. : *The Economic Institutions of Capitalism*, Free Press, New York, 1985.

[49] Storper M. The Transition to Flexible Specialization in Industry: External Economies, the Division of Labor and the Crossing of Industrial Divides. *Cambridge Journal of Economics*, 1989 (13), pp. 273 – 305.

[50] Storper. M. The Limits to Globalization: Technology District and International Trade. *Econ. Geogr*, 1992 (68).

[51] Storper M. Regional Worlds of Production: Learning and Innovation in the Technological Districts of France, Italy and the USA . *Regional Studies*, 1993 (27), pp. 433 – 455.

[52] Feldman. M. P, The New Economics of Innovation, Spillovers and Agglomeration: A Review of Empirical Studies. *Economics of Innovation and New Technology*, 1999 (8), pp. 5 – 25.

[53] Feldman, M. P. Location and Innovation: The New Economic Geogra-

phy of Innovation, Spillovers, and Agglomeration, in Clark, G., Feldman, M. and Gert ler, M. (eds.), *Oxford Handbook of Economic Geography*, Oxford: Oxford University Press, 2000, pp. 373 – 394.

[54] Markusen A. Sticky Places in Slippery Space: A Typology of Industrial Districts. *Economic Geography*, 1996, 72 (3), pp. 293 – 313.

[55] 《发展论坛》, 新华网, http://forum. home. news. cn/thread/97162792/1. html。

[56] 《国际经济频道》, 中国经济网, http://intl. ce. cn/zhuanti/09fbbwjhlt/zbgj/200907/30/t20090730_ 19669113_ 1. shtml。

[57] 《越南水产业有关情况》, 中国国际贸易促进会, http://www. ccpit. org/Contents/Channel_ 54/2007/1102/72930/content_ 72930. htm。

[58] 《2012 年越南水产品出口总额有望达 65 亿美元》, 中国金融信息网, http://world. xinhua08. com/a/20120815/1004367. shtml。

[59] 《越南茶鱼产品全球市场占有率达 99.9%》, 《中国渔业报》 2010 年 5 月 18 日。

[60] 《2005 ~ 2011 年越南农林渔业的就业人数和工资水平》, 越南国家统计局网站, http://www. gso. gov. vn/default_ en. aspx? tabid = 491。

[61] 《越南与俄罗斯将加强水产加工技术合作》, 中国农业网, http://www. zgny. com. cn/ifm/consultation/2012 – 6 – 15/224487. shtml。

[62] 《越南大米海产品有望规模入重庆》, 《重庆晚报》 2009 年 9 月 9 日。

[63] 《越南 80% 的水产饲料市场为外企所占领》, 食品产业网, http://www. foodqs. cn/news/gjspzs01/20119984951554. htm。

[64] 梁茂华: 《越南水产业的现状与展望》, 《东南亚纵横》 2004 年第 6 期。

[65] 《2008 年越南水产业十大新闻》, 《中国渔业报》 2009 年 2 月 3 日。

[66] 《2012 年越南将有 20% 的水产企业破产》, 《三明日报》 2012 年 4 月 17 日。

[67] 《越南政府要求银行降低渔民和养殖业者的贷款利率》, 食品产业网,

http：//www. foodqs. cn/news/gjspzs01/2012815101639800. htm。

[68]《越南政府提倡大规模投资渔业》，《中国海洋报》2001 年 12 月 28 日。

[69]《越南政府要求银行降低渔民和养殖业者的贷款利率》，食品产业网，2012 年 8 月 15 日。http：//www. foodqs. cn/news/gjspzs01/2012815 101639800. htm。

[70]《中国渔政、越南海警开展北部湾共同渔区渔业联合检查行动》，泛珠三角合作信息网，http：//www. pprd. org. cn/news/dongtai/201204/t20120426_266984. htm 。

[71]《越南与菲律宾签署渔业合作协定》，中华人民共和国商务部，http：//www. mofcom. gov. cn/aarticle/i/jyjl/j/201006/20100606994464. html 。

[72]《越南农业农村发展部代表团访问马来西亚和印尼》，dztimes. net，http：//www. dztimes. net/post/business/vietnam – boosts – fisheries – cooperation – with – malaysia – indonesia. aspx。

[73]《越南和印度开展渔业合作》，第一食品网，http：//www. foods1. com/content/26044/ 。

[74]《中国天狮集团在越南海洋省食品及化妆品厂正式落成》，中国对外投资和经济合作网，http：//fec. mofcom. gov. cn/article/xwdt/gw/200911/952838_1. html。

[75]《海南种用美国南美白对虾出口开辟新市场》，《海南日报》2002 年 8 月 14 日。

[76]《越南巨资发展石化产业》，《中国化工报》2009 年 10 月 29 日。

[77]《越南将建第 2 个炼油厂和石化综合装置》，《石油化工》2008 年 第 11 期。

[78]陈继章：《越南经济的支柱产业——石油天然气业》，《东南亚纵横》2004 年第 9 期。

[79]《越南巨资发展石化产业》，中国化肥网，http：//www. fert. cn/news/2009/10/29/2009102913592920104. shtml。

［80］《越南油气集团银行债务居国企之首》，中华人民共和国商务部网站，http：//www. mofcom. gov. cn/aarticle/i/jyjl/j/201206/201206081583 37. html。

［81］邵建平：《如何推进南海共同开发？——东南亚国家的视角》，《当代亚太》2011 年第 6 期。

［82］《越南石油状况简介》，央视网，http：//news. cctv. com/world/20071127/100136. shtml。

［83］《中海油与越南石油联手勘查北部湾油气》，《中国证券报》2005 年11 月 3 日。

［84］《越南旅游业成为吸引外资主力》，《羊城晚报》2009 年 7 月 27 日。

［85］李振民：《浅谈越南旅游业的发展》，《东南亚纵横》1998 年第 1 期。

［86］梁薇：《越南重视海洋经济发展》，《国际经贸》2011 年第 1 期。

［87］《2011 年越南制造业工资水平》，越南国家统计局网站，http：//www. gso. gov. vn/default_ en. aspx？tabid＝483&idmid＝4&ItemID＝14844。

［88］《越南政府决定重组越南船舶工业集团》，《中国船舶报》2010 年 11 月 26 日。

［89］《深圳蛇口友联承修越南 FSO》，《中国船舶报》2009 年 11 月 4 日。

［90］《越南将加大港口建设力度》，《经济日报》2007 年 3 月 26 日。

［91］《中国招商局国际 10 亿美元布局越南》，《21 世纪经济报道》2008 年9 月 10 日。

［92］《印尼海洋产业介绍之三——印尼海洋矿产和生物非常丰富》，《国际日报》（印尼）2011 年 8 月 20 日。

［93］春珲：《印度尼西亚海洋开发状况》，《海洋信息》1997 年第 7 期。

［94］陈思行：《印度尼西亚海洋渔业概况》，《海洋渔业》2002 年第 4 期。

［95］*Indonesia Fisheries Book 2011*，印尼海洋事务与渔业部，http：//www. kkp. go. id/index. php/arsip/c/1125/JICA – Download – Book/？catego- ry_ id＝52。

［96］《世界渔业和水产养殖状况 2012》，联合国粮农组织，http：//www. fao. org/

docrep/016/i2727c/i2727c00. htm。

[97]《印中海洋渔业合作前景亮丽》，《星洲日报》（印尼）2012 年 9 月 18 日，http：//www. sinchew – i. com/indonesia/node/34083？tid = 10。

[98]《"走出去"全面拓展海洋合作》，《中国海洋报》2012 年 8 月 24 日。

[99]《印尼海洋产业介绍之六——印尼海洋渔业》，《国际日报》（印尼）2011 年 11 月 24 日。

[100]《携手开拓印尼海洋协力挖掘海中蓝金》，中国远洋渔业信息网，http：//www. cndwf. com/news. asp？news_ id = 8021。

[101]《国家海洋局代表团访问印尼海洋与渔业部并出席第六届中印尼海洋科研与环保研讨会》，国家海洋局网，http：//www. soa. gov. cn/soa/management/international/webinfo/2012/11/1352105058247043. htm。

[102]《印度与印度尼西亚签订渔业合作备忘录》，中国水产养殖网，ht-tp：//www. shuichan. cc/news_ view – 76943. html。

[103]《印尼菲律宾两国延长渔业合作期限》，阿里巴巴食品网，http：//info. china. alibaba. com/detail/5691092. html。

[104]《印尼石油和天然气板块概观》，Global Business Guide Indonesia，ht-tp：//www. gbgindonesia. com/zh – cn/energy/article/2011/overview_ of_ the_ oil_ gas_ sector_ in_ indonesia. php。

[105]《印尼海洋产业介绍之——海洋油气业发展困难重重》，《国际日报》（印尼）2011 年 8 月 16 日。

[106] 赵春珍：《中国与印尼能源关系：现状、挑战和发展策略》，《南洋问题研究》2012 年第 3 期。

[107] *Indonesia Oil & Gas Report*，Published by Business Monitor International Ltd，Q4 2012，p. 19.

[108]《BP 世界能源统计年鉴》（2012 年 6 月），Chinese_ BP_ statsReview2012，第 22 页，http：//www. bp. com/en/global/corporate/about – bp/energy – economics/statistical – review – of – world – energy – 2012. html。

[109]《印度尼西亚天然气需求上升》，中国出口信用保险公司网，ht-

tp：//www. sinosure. com. cn/sinosure/xwzx/rdzt/tzyhz/dqjmhzyhj/ 11411. html。

[110] 《海洋油气业发展困难重重》，中国—印尼经贸合作网，http：// www. cic. mofcom. gov. cn/ciweb/cic/info/Article. jsp？a_ no＝269460& col_ no＝458。

[111] 《中国石油在印度尼西亚报告》，中国石油天然气集团公司网，ht- tp：//www. cnpc. com. cn/resource/cn/other/pdf/yinni. pdf。

[112] 《中信资源收购印尼 Seram Island Non－Bula 区块 51% 权益》，中信 资源投资有限公司网新闻稿，http：//www. citicresources. com/ big5/media/press/p060712. pdf。

[113] 《中国—印尼能源合作现状与前景分析》，燃博网，http：// news. gasshow. com/News/SimpleNews. aspx？newsid＝179282。

[114] 《中石化首个海外油库落户印尼巴淡岛》，观察者网，http：//www. guancha. cn/Business/2012_ 10_ 14_ 103551. shtml。

[115] 《海外创业——合作共赢》，中国石油新闻中心，http：//news. cnpc. com. cn/system/2012/01/17/001362108. shtml。

[116] 《中国石油商南下印尼》，光明网，http：//www. gmw. cn/content/ 2005－07/26/content_ 277809. htm。

[117] 《新石油与印尼公司共开采东爪哇岸外油田》，《联合早报》（新加 坡）2006 年 1 月 6 日。

[118] *Handbook of Energy Economic Statistics Indonesia*，Center for Data and Infor- mation on Energy Mineral Resources Ministry of Energy and Mineral Re- sources，2010，p53.

[119] Progress of International Visitor by Country of Residence 2006－2010， 印尼旅游与创意经济部，http：//www. budpar. go. id/budpar/asp/ detil. asp？c＝119&id＝1479。

[120] Indonesia Economic Impact Report，World Travel & Tourism Council （WTTC），http：//www. wttc. org/.

[121] 《新加坡 2011 年游客和消费额均创新高》，中国经济网，http：//finance. ce. cn/rolling/201202/13/t20120213_ 16825566. shtml。

[122] *Malaysia Tourism Report*，published by Business Monitor International，Q4 2012.

[123] Global Business Guide Indonesia – tourism，http：//www. gbgindonesia. com/zh – cn/services/article/2011/tourism_ untapping_ the_ potential. php.

[124] Progress of International Visitors by Country of Residence Year 2006 – 2011，印尼旅游与创意经济部，http：//www. budpar. go. id/budpar/asp/ringkasan. asp? c = 87。

[125] 《2006 年中国旅游业统计公报》《2011 年中国旅游业统计公报》，中国国家统计局。

[126] 《印尼旅游局中国推广处成立》，中国经济网，http：//www. ce. cn/xwzx/gnsz/gnleft/mttt/200811/24/t20081124_ 17481382. shtml。

[127] 《印尼设定百万游客目标》，中国经济网，http：//intl. ce. cn/specials/zxgjzh/201207/06/t20120706_ 23466594. shtml。

[128] 《印尼港口情况调研，2010 年驻亚洲国家经商处（室）调研汇编》，中华人民共和国商务部，http：//template1. mofcom. gov. cn/aarticle/bv/af/201110/20111007780231. html。

[129] 《历史数据和趋势数据》，世界银行驻中国代表处，http：//chinese. doingbusiness. org/custom – query#Economies。

[130] 《东盟航运业加快互联互通》，中华人民共和国驻印度尼西亚共和国大使馆，http：//id. china – embassy. org/chn/yncz/t941307. htm。

[131] 《新加坡渔业》，《水产科技情报》1978 年第 1 期。

[132] 陈思行：《新加坡渔业概况》，《海洋渔业》1987 年第 3 期。

[133] 陈思行：《独具活力的新加坡渔业》，《中国渔业报》2005 年 1 月 3 日。

[134] *FAO Fishery Statistic*，联合国粮农组织，http：//www. fao. org/index_ en. htm。

［135］周敏：《世界分国地图——新加坡》，中国地图出版社，2005。

［136］段兆雯、张兆琴：《新加坡特色旅游对陕西旅游业发展的借鉴》，《西安邮电学院学报》2010年第11期。

［137］伍琴琴、刘连银：《进入新世纪以来新加坡旅游业发展战略研究》，《东南亚纵横》2009年第7期。

［138］《新加坡决定加大旅游业发展力度》，新华网，http：//news. xinhuanet. com/world/2005 – 01/11/content_ 2446824. htm。

［139］《新加坡企业2012年第3季度债券发售额达122亿美元》，中国经济网，http：//intl. ce. cn/sjjj/qy/201210/11/t20121011_ 23745476. shtml。

［140］《新加坡致力打造世界清洁能源枢纽》，《经济日报》2008年9月23日。

［141］《新加坡洁净能源发展路径》，21世纪网，http：//www. 21cbh. com/HTML/2009 – 11 – 20/154645. html。

［142］《新加坡计划建太阳能光伏浮岛发电站》，人民网，http：//world. people. com. cn/GB/157278/16158176. html。

［143］《新加坡确立发展清洁能源新目标》，《经济日报》2007年4月4日。

［144］《新加坡节能环保调研报告》，中国贸促会，http：//www. 360doc. com/content/10/0513/21/620041_ 27460787. shtml。

［145］《世界部分国家解决电力问题的方案》，《中国煤炭报》2004年12月7日。

［146］《新加坡多项举措强化节能管理》，《中国质量报》2011年8月24日。

［147］《高端装备制造专题之海洋工程 复制新加坡模式、转型者有望最受益》，东方证券股份有限公司，http：//stock. stockstar. com/JI20120 20200000576. shtm。

［148］《我国海洋工程装备制造行业发展现状及建议》，中国国际经济合作协会，http：//cafiec. mofcom. gov. cn/aarticle/tongjipeixun/201207/201 20708214737. html。

[149] 《山东日照海洋装备制造产业项目开工》，中国石油和化工网，http：//www. cpcia. org. cn/html/16/20114/876519281. shtml。

[150] 《新加坡概况》，中新合作经贸网，http：//www. csc. mofcom – mti. gov. cn/csweb/csc/info/Article. jsp？ ano＝137174&col_ no＝123。

[151] 《新加坡争霸海洋工程市场》，中远船务工程集团有限公司，http：//www. cosco – shipyard. com/newsx. asp？ id＝1793。

[152] 《新加坡产业、政策》，东盟贸易采购中心中文国际站，http：//www. aseantradecenter. com/news/201011/29/4552. html。

[153] 《文莱渔业发展概况》，中华人民共和国商务部对外贸易司，http：//wms. mofcom. gov. cn/aarticle/subject/ncp/subjectdybg/200704/20070404527262. html。

[154] 《文莱概况》，中华人民共和国驻文莱达鲁萨兰国大使馆，http：//bn. china – embassy. org/chn/sbgx/t908060. htm。

[155] 《广东省与文莱签署渔业合作谅解备忘录》，中国对外投资和经济合作，http：//fec. mofcom. gov. cn/article/xwdt/gn/200809/948646 _ 1. html 。

[156] 《文莱与广西签署渔业合作备忘录》，中华人民共和国驻文莱达鲁萨兰国大使馆经济商务参赞处，http：//bn. mofcom. gov. cn/aarticle/todayheader/201103/20110307444638. html。

[157] 《中国与文莱渔业合作项目喜获丰收》，中国 – 东盟博览会官方网站，http：//www. caexpo. org/gb/cafta/t20121030_ 104681. html。

[158] 段有洋、勾维民、高文斌：《中国与文莱渔业合作的分析》，《大连水产学院学报》2009 年第 11 期。

[159] 《文莱油气工业现状》，中国宏观信息网，http：//www. macrochina. com. cn/xsfx/wbhj/20040811067611. shtml。

[160] 鞠海龙：《文莱海洋安全政策与实践》，《世界经济与政治论坛》2011 年第 9 期。

[161] 《文莱油气产业本地人就业率仅 37%》，中华人民共和国商务部，ht-

tp：//www. mofcom. gov. cn/aarticle/i/jyjl/j/201207/20120708225052.
html。

[162] 《文莱努力提高油气产业本地化》，中国日报网，http：//www. chi -
nadaily. com. cn/hqgj/jryw/2012 - 07 - 02/content_ 6327156. html 。

[163] 《文莱为油气业扩建发电厂》，中华人民共和国商务部，http：//www.
mofcom. gov. cn/aarticle/i/jyjl/j/201206/20120608157316. html。

[164] 《文莱旅游业占 GDP5. 8% 》，中华人民共和国商务部，http：//www.
mofcom. gov. cn/aarticle/i/jyjl/j/201201/20120107931342. html。

[165] 《旅游业将成文莱新经济增长点》，新华网，http：//news. xinhuanet.
com/world/2012 - 09/06/c_ 112988648. htm。

[166] 各国和地区渔业概况研究编写组：《世界各国和地区渔业概况》，海
洋出版社，2002。

[167] 世娟、黄硕琳：《马来西亚的渔业管理与执法体制》，《中国渔业经
济》2002 年第 1 期。

[168] 李明华：《马来西亚海水鱼类养殖概况》，《水产科技》2005 年第
5 期。

[169] 郭文路、黄硕林：《南海争端与南海渔业资源区域合作管理研究》，
海洋出版社，2007。

[170] 各国和地区渔业概况研究课题组：《世界各国和地区渔业概况》，海
洋出版社，2002，第 158 ~ 174 页。

[171] 中国海洋局：《2008 年中国海洋经济统计公报》，中华人民共和国国土资源
部，http：//www. mlr. gov. cn/zwgk/tjxx/201003/t20100316_ 141490. htm。

[172] 张平远：《马来西亚将建 30 个国家级的水产品工业园》，《水产科技
情报》2009 年第 1 期。

[173] 张士海、陈万灵：《中国与东盟渔业合作的框架与机制》，《海洋开
发与管理》2006 年第 1 期。

[174] 蒋兰陵：《油气业对印尼与文莱经济发展影响的对比分析》，《东南
亚研究》2008 年第 4 期。

[175] 唐文林:《中国－东盟自由贸易区之贸易发展路径研究》,《东南亚纵横》2008 年第 12 期。

[176] 王晓惠:《海洋经济对东南亚社会经济发展影响分析》,《海洋经济》2011 年第 1 期。

[177] 李金明:《南海争议区油气资源共同开发的实行前景》,《南海经济》2008 年第 4 期。

[178]《文莱油气产业与多元化经济》,《中国石油报》2005 年 5 月 30 日。

[179]《马来西亚油气工业现状简述》,《中国石油与化工经济分析》2006 年第 1 期。

[180]《新加坡吉宝能源与马来西亚国油公司签署 22 亿新元天然气协议》,中华人民共和国商务部,http://www. mofcom. gov. cn/aarticle/i/jyjl/j/201204/20120408091283. html。

[181]《失去南海就相当于失去中国油气总资源的三分之一》,《中国经济导刊》2011 年 3 月 28 日。

[182] 朱坚真:《南海周边国家及地区产业协作系统研究——兼论中国－东盟自由贸易区的产业协作模式》,中国海洋出版社,2003。

[183] 朱坚真:《构建中国－东盟自由贸易区产业协作系统的思考》,《桂海论丛》2002 年第 4 期。

[184] *Malaysia Fleight Transport Report*,BMI International,Q4 2012.

[185] My Forsight,2012(1),p. 29.

[186] 程成:《1999~2004 年马来西亚入境旅游市场探析》,《当代亚太》2005 年第 6 期。

[187] 张百珍:《中国旅游服务贸易国际竞争力比较》,《经济研究导刊》2012 年第 3 期。

[188]《菲律宾》,中国远洋渔业信息网,http://www. cndwf. com/bencandy. php? fid = 138&id = 581。

[189]《菲律宾渔业政策和法规》,菲律宾渔业资源网,http://www. bfar. da. gov. ph/pages/Programs/gma－strat. html。

[190] http：//www. globalsecurity. org/military/world/philippines/industry - shipbuilding. htm.

[191] 吴瑞荣：《赴台湾渔业考察报告》，《中国渔业经济》2002 年第 2 期。

[192] 赵玉榕：《台湾渔业产能与两岸整合》，《台湾研究集刊》2007 年第 4 期。

[193] 卢宁、韩立民：《两岸海洋渔业发展的困境及渔业学术合作展望》，《中国渔业经济》2008 年第 6 期。

[194] 周通、周秋麟：《台湾海洋资源与海洋产业发展》，《海洋经济》2011 年第 12 期。

[195] 宋晓建：《积极借鉴台湾经验发展福建海洋渔业》，《发展研究》2006 年第 3 期。

[196] 王德芬：《两岸渔业合作的现状与发展趋势》，《中国水产》2009 年第 12 期。

[197] 《台湾地区油气田》中国天然气工业网，http：//www. cngascn. com/html/news/show_ news_ w1_ 1_ 15837. html。

[198] 《台湾海峡地下珍藏油气储量逾36 亿吨》，《文汇报》1989 年 9 月 5 日。

[199] 周玉芬、陈惠玲：《探寻海洋油气后续基地有潜力》，《中国矿业报》2003 年 5 月 24 日。

[200] 《两岸合作开发台湾海峡油气资源》，国家石油和化工网，http：//www. cpcia. org. cn/html/16/20123/101354. html。

[201] 《台湾传统发电形式》，台湾电力公司网站，http：//www. taipower. com. tw. sixxs. org/。

[202] 朱成章：《台湾电力业的状况及面临的问题》，《海峡科技与产业》2002 年第 2 期。

[203] 吕威贤：《台湾风力发电史》，台湾工业技术研究院，百度文库，http：//wenku. baidu. com/link？ url = A_ hwlRyr6B8aOSoBnhcAfua

DwGJrUTD2gWFV1a – j1wOhsiPUzEhB90Ex6VkwrYaR5lfqKE8Gecq
DE4O7FL7mhbmiQ4LpcMs6Q_ CAiPuGY17。

[204] 《海洋温差发电技术》，国际电力网，http：//power. in – en. com/
html/power – 200720070921125705. html。

[205] 《台湾海洋大学研发小型潮流发电机》，中国新闻网，http：//www.
chinanews. com/tw/2011/11 – 15/3462331. shtml。

[206] 崔晨曦：《台湾西部港口与上海港 SWOT 分析》，《中国储运》2009
年第 6 期。

[207] 陈明义：《走进台湾造船业》，《炎黄纵横》2011 年第 2 期。

[208] 柳勇、林云华：《大陆与台湾旅游业合作的 SWOT 分析及政策建
议》，《商场现代化》2007 年第 13 期。

[209] 孙旭东、王欣：《海峡两岸油气工业合作的互补性探讨》，《中国石
油大学学报》（社会科学版）2009 年第 10 期。

[210] 赵仪文：《台湾石化产业分析》，《科技与产业》2010 年第 1 期。

[211] 张荣华、亓慧坤：《海峡两岸在石油石化领域共谋发展的前景分
析》，《中国石油大学学报》（社会科学版）2007 年第 6 期。

[212] 董友涛：《海峡两岸深入开展旅游合作的政治经济意义及建议》，
《桂海论丛》2008 年第 9 期。

[213] 《台湾统计年鉴》（2011），台湾统计局，2011。

[214] 刘容子：《中国区域海洋学——海洋经济学》，海洋出版社，2012。

[215] 《中石油收购新加坡石油公司股份》，《北京晨报》2009 年 6 月
22 日。

[216] 闻武刚：《中国—印度尼西亚油气资源合作研究》，《东南亚纵横》
2011 年第 7 期。

后 记

　　本课题是"中山大学环南中国海研究计划"资助项目，得到前中山大学党委常务副书记、现中山大学环南中国海研究院院长梁庆寅教授，及研究院领导的大力支持和悉心指导，课题组深表感激。

　　课题研究历时一年余，其间得到有关领导和同人的热心帮助方得以顺利完成。感谢岭南学院陈平教授、杨海生博士等对本课题给予的指导和帮助。

　　感谢社会科学处处长李仲飞教授、袁旭阳副处长及副处长何兴强教授提供的支持与帮助。

　　感谢课题组成员罗道俊、贺淑玉、杨宜晴、俞露、黄泽旭、陈芷君付出的艰辛劳动和杰出工作。

　　课题完成后，我又参加了国家海洋局南海分局主持、中山大学参与合作的国家开发银行委托项目"南海海洋经济圈构建与发展报告"，课题中的对策建议对本书具有很好的启发与参考价值。在此，对徐志良处长、谢健院长、陈蕾主任等课题组成员的热情帮助表示感谢。

　　感谢所有关心课题组的人们，虽未一一提及姓名，但你们的关爱我们会铭记在心。

吴迎新

2014 年 5 月于中山大学康乐园

图书在版编目（CIP）数据

环南中国海现代产业体系与经济圈研究／吴迎新等著 . —北京：
社会科学文献出版社，2014.8
（环南中国海研究系列）
ISBN 978 - 7 - 5097 - 6028 - 4

Ⅰ. ①环…　Ⅱ. ①吴…　Ⅲ. ①南海 - 产业经济 - 研究
Ⅳ. ①F127

中国版本图书馆 CIP 数据核字（2014）第 100649 号

· 环南中国海研究系列 ·
环南中国海现代产业体系与经济圈研究

著　　者／吴迎新　等

出 版 人／谢寿光
出 版 者／社会科学文献出版社
地　　址／北京市西城区北三环中路甲 29 号院 3 号楼华龙大厦
邮政编码／100029

责任部门／社会政法分社（010）59367156　　　　责任编辑／赵慧英　关晶焱
电子信箱／shekebu@ ssap. cn　　　　　　　　　责任校对／王立华
项目统筹／王　绯　王　玮　　　　　　　　　　责任印制／岳　阳
经　　销／社会科学文献出版社市场营销中心（010）59367081　59367089
读者服务／读者服务中心（010）59367028

印　　装／三河市尚艺印装有限公司
开　　本／787mm×1092mm　1/16　　　　　　印　　张／18.5
版　　次／2014 年 8 月第 1 版　　　　　　　　字　　数／270 千字
印　　次／2014 年 8 月第 1 次印刷
书　　号／ISBN 978 - 7 - 5097 - 6028 - 4
定　　价／69.00 元